DMAX

PURE
[FÜR ECHTE KERLE]
DRINKS

ER ULTIMATIVE GENUSS-GUIDE VON ROLF DEILBACH

Müller
Rüschlikon

IMPRESSUM

Einbandgestaltung: Patricia Braun

Titelfoto: © Oleksandr Babich - Fotolia.com

Bilder auf der Rückseite:
Brown Forman GmbH (links)
Habbel Destillerie (Mitte)
Finch-Whisky-Destillerie (rechts)
Vektorgrafiken:
Destille: Markus Köllmann
Ähren: EngravingFactory/Shutterstock.com
Fass: VectorPot/Shutterstock.com
Beeren: MoreVevtor/Shutterstock.com
Schiff: Vector TraditionSM/Shutterstock.com
Agave: Sabelskaya/Shutterstock.com
Cocktail-Glas und Shaker: Tracie Andrew/Shutterstock.com

Alle Angaben in diesem Buch wurden nach bestem Wissen und Gewissen gemacht. Für einen eventuellen Missbrauch der Informationen in diesem Buch können weder der Autor noch der Verlag oder die Vertreiber des Buches zur Verantwortung gezogen werden. Eine Haftung für Personen-, Sach- und Vermögensschäden ist ausgeschlossen.

ISBN 978-3-275-02104-8

Copyright © by Müller Rüschlikon Verlag
Postfach 103743, 70032 Stuttgart
Ein Unternehmen der Paul Pietsch Verlage GmbH & Co. KG
Lizenznehmer der Bucheli Verlags AG, Baarerstr. 43, CH-6304 Zug

1. Auflage 2017

Sie finden uns im Internet unter
www.mueller-rueschlikon-verlag.de

Nachdruck, auch einzelner Teile, ist verboten. Das Urheberrecht und sämtliche weiteren Rechte sind dem Verlag vorbehalten. Übersetzung, Speicherung, Vervielfältigung und Verbreitung einschließlich Übernahme auf elektronische Datenträger wie DVD, CD-ROM usw. sowie Einspeicherung in elektronische Medien wie Internet usw. ist ohne vorherige Genehmigung des Verlages unzulässig und strafbar.

Lektorat: Claudia König

Innengestaltung: tebitron GmbH, 70839 Gerlingen

Druck und Bindung: Graspo CZ, 76302 Zlín

Printed in Czech Republic

WIDMUNG

Ich widme dieses Buch allen Männern, die richtig gute Drinks als Genussmittel schätzen und deshalb konsequent »Stopp« sagen, wenn sie genug haben. Männer, die einfach Freude am Leben haben, egal ob mit oder auch ohne Alkohol. Ihr seid echte Kerle!

INHALTSVERZEICHNIS

VORWORT 04

DER LAUF DER DINGE, EINE EINFÜHRUNG 08

DEUTSCHE SPIRITUOSEN 36

WHISKY UND WHISKEY ... 76

GIN UND VODKA 134

R(H)UM 164

NOCH MEHR KULT-DRINKS 194

RUND UM TASTING, DIE EIGENE HAUSBAR UND DEN PERFEKTEN COCKTAILGENUSS 226

ANHANG 250
NÜTZLICHE INFO-KONTAKTE | DANKSAGUNG | BILDNACHWEIS

VORWORT

> » EUCH IST BEKANNT, WAS WIR BEDÜRFEN:
> WIR WOLLEN STARK GETRÄNKE SCHLÜRFEN. «
> JOHANN WOLFGANG VON GOETHE

(Quelle: Goethe, Faust. Eine Tragödie. Vorspiel auf dem Theater, 1808. Direktor)

Besser als Goethe hätte ich den inhaltsgebenden Sinn sowie das Lese- und Erlebnisziel dieses Buches auch nicht auf zwei Sätze verdichten können. Es ist eben Goethe, der es im »Faust« genau auf den Punkt bringt. Und das gleich in zweierlei Hinsicht: Die Spirituosen selbst, die sich in der Folge finden lassen, sind »stark Getränke«, allesamt pure Drinks. Die Art des Umgangs mit ihnen, nämlich »schlürfen« und nicht kippen, ist meine Empfehlung. Und, nebenbei bemerkt, gibt es eine bessere Begründung für den Kauf von Whisky, Rum, Gin oder einer anderen edlen Spirituose in der Preisklasse 30 Euro und mehr als den berechtigten Verweis auf unseren größten Dichterfürsten? Von meiner Seite ein klares Nein! Also, lassen wir es ab jetzt für Männer, die Spirituosen mögen und mit ihnen maßvoll genießend umgehen, unterhaltsam, informativ und auch ein wenig lehrreich angehen.

Ein umfassendes Werk über jede Art von Spirituose und die unzähligen guten bis sehr guten Destillate dieser Welt ist dieses Buch leider nicht – da muss ich direkt eine Überdosis Wasser ins literarische Tasting-Glas gießen. Trotz der Unterstützung durch ein erstklassiges Expertenteam ist es ebenso wenig ein klassisches Fachbuch. Die Limitierung auf 256 Bild- und Textseiten steckt einen engen Rahmen, der manches Detail und, wie ich fürchte, viele lohnende Zusatzinformationen nicht liefert oder nur anreißt. Wer also seine klug dosierte Genussleidenschaft für Spirituosen schon in eine ganz bestimmte Richtung kanalisiert hat und dabei beispielsweise zehn oder mehr Fachbücher ausschließlich zu Whisky, Rum, Gin und Co. gelesen hat, den mache ich zu seiner Lieblingsspirituose mit diesem Buch nicht wirklich klüger.

Wer hingegen wissen will, wie er den Einstieg in eine ganze Reihe verschiedener Welten der genuss- und erlebnisreichen »Hochprozentigkeiten« findet, der ist ab jetzt beim Weiterlesen gut aufgehoben. Meine Themenexperten – allen voran der bekannte Kölner Bartender Marian Krause – und ich nehmen Euch mit auf eine kleine, feine Weltreise. Zu Orten und Menschen, für die »Schnaps nicht einfach Schnaps« ist, sondern für die ihre Destillatkreationen Ausdruck ihrer Leidenschaft, ihrer Kreativität und ihres beruflichen Könnens sind. Egal, ob als Manufakturprodukt kleinster Destillen in Eurer eigenen Region, als hochwertiger Brand mittelständischer Festlands- und Inselbrennereien in Europa und Übersee oder als erstklassiges Ergebnis von Masterblendern oder Masterdestillern von besten Bränden aus den großen internationalen Spirituosenkonzernen. Am Ende alles reine Geschmackssache. Bis auf einen einzigen Punkt: Die Binsenweisheit »Gutes muss nicht teuer sein« gilt bei richtig guten Spirituosen leider nicht. Pure Drinks, die nichts kosten, können geschmacklich selten was. Weil sowohl hochwertige Rohstoffe als auch extrem teure technische Apparaturen, ein aufwendiger, von Experten durchzuführender und zu überwachender Herstellungsprozess inklusive einer – je nach Art der Spirituose – zum Teil langjährigen schwundbehafteten Fassreife ihren Preis fordern. Da haben wir über die Branntweinsteuer noch gar nicht geredet – auf jeden Liter reinen Alkohol kommt aktuell und hierzulande über 13 Euro Steueraufschlag nur aus der Besteuerungsecke ...

Was allerdings mehr als nur ins Geld geht, ist ein falscher Umgang mit Alkoholerzeugnissen. Freud und Leid liegen gerade beim Alkohol – insbesondere bei hochprozentigen Spirituosen – extrem nah bei einander. Vor allem immer dann, wenn aus klugem gelegentlichen Genuss von Spirits eine zu enge und häufige Bindung wird. Der Griff zur Flasche – so wie wir ihn verstehen und auch so nur empfehlen – bringt nur dann positive Erlebnisse, wenn die Flasche danach nicht sofort halb oder gar komplett leer ist. Zu sorgloser oder ganz konkret wirkungsbestimmter Konsum von Alkohol endet häufig im sozialen und gesundheitlichen Fiasko – der Abhängigkeit. Deshalb noch ein Appell unter uns Kerlen: Wem Spirituosen nicht bekommen, wer sie geschmacklich schlicht nicht mag, wer Alkohol-Problemfälle in seinem sozialen Umfeld hat und deshalb auf Distanz zu allem Alkoholischen geht, der ist nicht weniger Mann als alle anderen. Vielleicht manchmal sogar mehr, weil er die Kraft und den Mut hat, deutlich Nein zu Spirituosen zu sagen. In jedem Fall verdient das Respekt statt blöder Sprüche.

Allen anderen nun viel Spaß mit den puren Drinks, ihren Entstehungsgeschichten und Erzeugern sowie einem randvollen Fässchen von Zusatzinfos.

Zum Wohl! Cheers! À votre santé ! Salud! Salute! Sa sdorowje! Kanpai!

Euer

Bevor es in den Einzelkapiteln sprichwörtlich ans »Eingemachte« geht, wir also über die zum Teil recht verschiedenen Rohstoffe sowie Destillier- und Lagerverfahren und deren handfeste Genussergebnisse sprechen, werfen wir erst einen Blick zurück und zur Seite. Mit der Schreiberei kenne ich mich aus, mit einer ganzen Reihe von Spirituosen als probierfreudiger Genießer natürlich ebenfalls. Allerdings fehlt mir Fach- und Detailwissen zum technischen Teil der Spirituosenerzeugung und zur fasslagernden Veredelung einiger Destillate. Schön, wenn man Experten kennt, die bereit sind, etwas von ihrem großen Wissen abzugeben.

Zu Beginn werde ich etwas zu den Auswahlkriterien der »Puren Drinks« im Buch sagen. Anschließend erfahrt Ihr, warum heute alles, was mit der Destillation zu tun hat, leichter geht als früher. Dann folgt eine Einteilungsübersicht der Drinks nach ihren Grund- und Rohstoffen sowie deren Brennverfahren. Und wir werfen – dank der Unterstützung verschiedener Experten – einen Blick auf die aktuellen Destillierverfahren und die verwendeten Fässer und erfahren einiges über Fassreife und Fasslagerung. Wo die rechtlichen Probleme beim Spirituosengenuss liegen, wenn daraus unversehens falscher Konsum wird, erklärt uns TV-Verbraucherschützer und Rechtsanwalt Franz Obst. Von der Theorie in die Praxis führen die Tipps zum Aufbau eines bezahlbaren erstklassigen Whisky-Startersortiments. Das Kapitelende liefert ein paar nachdenklich-humorvolle Anmerkungen zu einer Trend-Spirituose.

KAPITEL 1

DER LAUF DER DINGE, EINE EINFÜHRUNG

KAPITEL 1

- **12** Pure Drinks, um die es geht
- **13** Destillieren ist doch einfach, das konnten sicher schon die alten Römer
- **18** Pure Drinks dank bester landestypischer Rohstoffe und erstklassiger Destillationstechnik
- **23** Vom Lagertank ins Fass – wie holzgelagerte Spirituosen zum Genuss-Drink reifen
- **29** Rechtsanwalt und Mediator Franz Obst über Spirituosengenuss und seine rechtlichen Problemzonen
- **32** Der Profi-Tipp zur 1.000-Euro-Frage – ein Whisky-Erlebnispaket für Einsteiger

PURE DRINKS, UM DIE ES GEHT

Was sind das eigentlich für »Pure Drinks«, die dieses Buch ausmachen? Die Welt der Spirituosen ist inzwischen ein unendlich großer Kosmos mit hunderttausenden verschiedenen »Flaschengalaxien« – vielleicht sogar Millionen. Da muss man Grenzen ziehen, sonst läuft das Ganze aus dem »Schreib-Ruder«. Ich mache die Auswahl der Drinks erst einmal an den Volumenprozenten der Alkoholanteile fest. Ich konzentriere mich darauf, alles unterhalb eines Alkoholanteils von 15 % wegzulassen. Mit einer Einschränkung: die Destillate können auf Trinkstärken unter 15 % Volumenalkohol durch Veredlungsprozesse in Form von Cocktails rutschen. Da kann der eine oder andere Leser dann schon mal mit der Frage um die Ecke kommen, was ein Cocktail mit einem puren Drink zu tun hat. Sehr viel, wie ich finde! Weil gut gemachte Cocktails nichts Anderes sind als Geschmacksentwickler und Geschmacksförderer der Ausgangsspirituose. Sie verwässern oder verändern die Grundspirituose aber nicht bis zur Unkenntlichkeit. Im Gegenteil, sie heben und entwickeln deren Natur und Geschmackserleben. Wie das geht, beweisen die Cocktailklassiker, die sich im letzten Kapitel finden.

»Pure Drinks« sind nach dieser Vorselektion und Definition – rein theoretisch – alles, was sich gemeinsam mit (oder ohne) Wasser aus Nahrungs-, Nutz- und zuweilen auch Heilpflanzen – also Rohstoffen, wie vor allem Obst, Getreide und stärkehaltigem Gemüse – häufig unter Zugabe von Hefen und ggf. Enzymen zu Alkoholhaltigem vergären und danach zu Höherprozentigem destillieren lässt.

Wer Merksätze mag, für den habe ich folgende Spirituosen-Definition im Angebot:

»Spirituosen sind alle zum menschlichen Genuss bestimmten Getränke, in denen aus vergorenen zuckerhaltigen Stoffen oder aus in Zucker umgewandelten und vergorenen Stoffen durch Brennverfahren gewonnener Alkohol als wertbestimmender Bestandteil enthalten ist und deren Mindestalkoholgehalt – vorbehaltlich abweichender Regelungen – 15 % vol. beträgt.«

Kann man sich leicht merken und taugt ebenfalls als verbaler Alkoholtest nach etwas längeren Tasting-Tagen in Whisky-Kernregionen. Wer das dann fehlerfrei innerhalb von 15 bis maximal 20 Sekunden vortragen kann, der darf noch am nächsten Glas nippen. Listen and repeat! Cheers.

Natürlich passt das nicht alles ins Buch. Auf das weite Feld der klassischen Obstbrände werden wir ebenso verzichten wie auf das der Weinbrände. Das sind einfach zu eigene charakterstarke und nicht auf ein paar Seiten komprimierbare Spirituosenarten. Gerade Obstbrände sind hierzulande genauso eine Genusswelt von besonderer Bedeutung wie die vielfältigen exklusiven und exquisiten Weinbrände als Referenzklassen der Süd- und Sonnenländer Europas.

Weniger soll somit mehr sein und das bedeutet: Männer-Drinks sind unser Thema, die neben ihrer Tradition derzeit voll im Trend liegen. Überwiegend mit reichhaltigem Eigengeschmack schon in der Destillation, aber auch mit nur dezenten Aromen, wie beispielsweise beim Wodka.

Trend-Destillat Nr. 1 ist momentan der Gin, das zeigen die wachsenden Verkaufszahlen im Handel. Gin wird aber im Vergleich zu Wodka, den Halbbitterlikören und auch den diversen Whisky-Arten deutlich weniger gekauft. Dennoch zeigt die steil nach oben gehende Interessenkurve, dass er ein »Echter-Kerle-Drink« mit Erzählgeschichte ist. Was natürlich mindestens genauso für die fassgelagerten und damit besonders aromenreichen schottischen, irischen, amerikanischen und – Mann höre und staune – inzwischen sogar deutschen sowie japanischen Whiskys gilt. Völlig normal, weil fassgelagerte Spirituosen, wie Whisky, Rum, Cognac, Brandy und zum Teil auch Tequila ihre ganz eigenen Geschmackswelten liefern. Über die es viel zu erzählen gibt und die sich erstklassig bei Tastings erkunden und erleben lassen.

DESTILLIEREN IST DOCH EINFACH, DAS KONNTEN SICHER SCHON DIE ALTEN RÖMER

Bevor es zu Biochemie und Ingenieurswissen mit dem heutigen Feinschliff des Destillierens geht, erst ein kurzer Einblick in die Historie der Gewinnung von Hochprozentigem durch Destillation. Wer in diesen Tagen hochprozentigen Alkohol versuchsweise herstellen will, der braucht kaum noch seinen Hintern aus dem heimischen Sessel hochzuhieven. Mit Restwissen aus Chemie- und Physikunterricht im Hinterkopf, etwas Heimwerker-Knowhow, einer ordentlichen Metallsäge und einem Lötkolben im Werkzeugschrank – vielleicht tut es ja auch ein leistungsstarker Metallkleber – lässt sich unter Zuhilfenahme ausgedienter Kochtöpfe

(Vorsicht, aufgrund der Behältnisgröße ist das bei uns nicht legal!) und ein paar Kupfer- oder Edelstahlröhrchen schon ein netter Destillierapparat basteln. Das Prinzip wurde im schulischen Kleinstlabor schließlich oft genug vorgeführt, da nur mit einem Bunsenbrenner, Wasser, Zucker, Hefe, ein paar Glasrohren plus hitzefesten Spezialglaskolben.

Wer dieses Grundwissen konserviert hat und sich dazu aus dem Lebensmittelladen ums Eck Rohstoffe wie geschrotetes Getreide und ein Hefepäckchen beschafft, der kann mit Feuer unter dem Pott munter drauflosdestillieren. Das Ergebnis der längeren Version mit selbst gemachter Maische taugt ab dem Vorlauf für Scheibenreiniger und beim Mittellauf über 75 °C Verdampfungsergebnis sogar für einen vorsichtigen, bitte mit Wasser verdünnten, »Übungsschluck«. Nicht besonders schmackhaft, aber das positive Ergebnis reiner Lehre.

Ist also alles Pillepalle. Alkohol – ohne geschmackliche Qualität – destillieren kann ja jeder. Klar – jetzt. Aber vor 20 Jahren wusste auch noch keiner, dass es mal Autos ohne Fahrer gibt und vor ca. 120 Jahren glaubte selbst unser deutscher Kaiser, Wilhelm II., das Auto sei eine vorübergehende Erscheinung, und sah die Zukunft der Mobilität im Pferd. Was uns das sagen will? Was für uns heute technisch leicht ist, war ein extrem langer Lern- und Entwicklungsweg. Insbesondere, weil am Anfang nicht nur das technische Wissen, sondern auch die passenden Werkstoffe fehlten. Aufgeschrieben wurde ebenfalls wenig bis gar nichts in den geschichtlichen Ursprungszeiten der ersten einfachen Destillationsversuche.

Wer die Destillation von Alkohol ge- oder erfunden hat, lässt sich bis heute nicht faktensicher geschweige denn datumsgenau sagen. Es gilt aber als sicher, dass es bereits in vorchristlicher Zeit in den Hochkulturen der Sumerer sowie im alten Ägypten einfache Verdampfungsverfahren – also eine Art von Destillation – zur Herstellung von Kräuterwässern und ätherischen Ölen für Medizin und Kosmetika gab. Frühes dokumentiertes Wissen um die Verdampfung und Kondensation von Wasser und anderen Flüssigkeiten ist unter anderem schon bei Aristoteles (* 384 v. Chr. | † 322 v. Chr.) zu finden. Bereits Hippokrates (* 460 v. Chr. | † um 370 v. Chr), der Altertumsgelehrte und Urvater der heutigen Ärzteschaft, beschrieb den Wein als vermeintliches Mittel zur Wundheilung und kannte auch

RECHTLICHER HINWEIS:
Das Ganze ist spätestens dann streng verboten, wenn der Brennkessel bzw. die Brennblase mehr als 500 Milliliter fasst. Wer im Kopfrechnen stark ist, der weiß jetzt schon, dass im Ergebnis pro Brennvorgang aus seinem Konstrukt nur ein Schnapspinnchen Destillat rauskommt. Eine taugliche, gesetzeskonforme Fertigapparatur aus Kupfer kann man übrigens im DMAX-Shop bestellen.

seine berauschende Wirkung. Zur Isolierung und Vergeistung des Alkohols war ihm aber offenbar trotz einiger Experimente nichts eingefallen.

Bier und Wein stehen im Wissensvergleich zu Alkoholdestillaten für eine weitaus längere Entwicklungsgeschichte, sie waren als reine Vergärungserzeugnisse schließlich viel leichter zu gewinnen.

Belassen wir es dabei und verlassen uns darauf, dass wir in einem Zeitsprung von über einem halben Jahrtausend in unsere Zeitrichtung nichts übersehen haben, und blicken ausnahmsweise mal gut gelaunt in Richtung Naher Osten. Dort sollen bereits im 9. Jahrhundert in alten Schriften Destillationsverfahren für Dattelwein beschrieben worden sein. Ab da kommt uns die Alkoholdestillation geografisch schrittweise näher: Um das Jahr 1000 soll man auf dem Gebiet der heutigen Türkei bereits gewusst haben, wie Alkohol zu destillieren ist. Egal, ob es Kreuzfahrer oder Mauren auf ihren kriegerisch motivierten Dienstreisen, sprich Feldzügen, waren oder – wie in England – im Auftrag des Herrn missionierende Mönche, die Kunde und Kenntnisse der Destillation wurde nach Europa getragen. Hin zu Klosterbrüdern und später auch Alchemisten, den frühen Heilgelehrten, die die angelieferten Kenntnisse verinnerlichten und verbesserten, um daraus nach bestem Wissen und gottesfürchtig großem Gewissen heilmedizinische Wirkung zu erzeugen. Rein wissenschaftlich betrachtet, eine gesundheitliche Einbahnstraße mit maximal berauschend-betäubendem Grenznutzen, wie hinreichend bekannt ist. Aber immerhin wurden Apparaturen gedengelt, die man nach dem Prinzip von Versuch und Irrtum mit Wein oder Maischen befüllte, befeuerte und über grobe Rohre dazu nutzte, durch Kondensation irgendwie destillierten Alkohol und das, was an schädlichem Fusel mit dranhing, aufzufangen und zu verproben.

Kurz zusammengefasst, kann also davon ausgegangen werden, dass bereits ab dem Jahr 1000 unserer Zeitrechnung in größerem Stil destilliert wurde, um z. B. Branntwein zu gewinnen. Im Ergebnis noch nichts Tolles, da aufgrund der geringen Kenntnisse und begrenzten technischen Möglichkeiten relativ wenig genießbares Destillat dabei herauskam.

Das wurde erst im späteren Mittelalter anders und besser, als sich Gelehrte – die Alchemisten – der Destillation annahmen und die Kühlleistung der gebräuchlichen Apparate verfeinerten. Die so gewonnenen Alkoholerzeugnisse bezeichnete man, wie die Aufzeichnungen beweisen, zunächst als **»aqua ardens«**, also brennendes Wasser. Passt schon, der Wasseranteil war im Vergleich zu den heutigen, mit moderner Technik gebrannten Destillaten noch ziemlich hoch. Weil das »Zeug« ja offenkundig brennbar war, knapp über die Hälfte der Ergebnisflüssigkeit. Erst langsam konnte mit immer besseren Gerätschaften und verfeinerten Kenntnissen die Alkoholkonzentration weiter gesteigert werden. Es ging voran. So beschrieb der Florentiner Arzt **Taddeo Alderotti**, ebenfalls bekannt unter dem Namen **Thaddaures Florentinus**, bereits in der zweiten Hälfte des 13. Jahrhunderts in seiner Schrift **»de virtutibus vitae«**, dass ein Anfangsdestillat zur Gewinnung höherer Alkoholkonzentration mehrfach erhitzt werden muss. Er erklärte außerdem, wieviel Destillatanteil erneut gebrannt werden sollte. Den Quellen zufolge bezeichnete er das Ergebnis von sieben Destillatdurchläufen in seiner frühen Lern- und Lehrschrift als **»perfecta«** und das nach zehn Destillationsschritten erzielte höherprozentige Ergebnis als **»perfectissima«**.

Da solch ein Aufwand selbst damals bereits mächtig in die Penunzen ging, begnügten sich viele kluge Alchemisten jener Zeit mit nur vier Destillationsläufen. Im Ergebnis ebenfalls schon ziemlich hochprozentige Alkoholika – wie beispielsweise das **»aqua igenua rectificata«**, also gereinigtes Feuerwasser, was damals für medizinische Zwecke hergestellt wurde. Und natürlich verabreicht, insbesondere in Zeiten der Pest, in denen man dem noch besseren **»aqua vitae rectificata«**, was als gereinigtes Lebenswasser übersetzt wird, medizinischen Positivnutzen zur Schmerzlinderung zuschrieb. Was dem Grunde nach als gesundheitlich gebotenes und maßvoll verabreichtes »Betäubungsmittel« ja noch gut gemeint war, verlor in den Elendszeiten von Kriegen und der Pest beim Volk allerdings schnell seine Unschuld. Der auch ohne Schmerzanlass konsumierbare **Schnaps** wurde im späten Mittelalter zum Rauschlieferanten und somit zu einem gefährlichen Suchtmittel. Die Herrscher griffen regulierend mit Verboten und Besteuerung ein. Gut so, insbesondere für die durch Kriege leeren Staatskassen.

Lesenswertes zur inzwischen recht ausgefeilter Destillationstechnik verfasste der Straßburger Arzt **Hieronymus Brunswig** im Jahr 1512 mit seinem zeitgenössischen Ratgeber »Großes Destillierbuch«, der auf über 600 Seiten medizinische Anwendungshinweise wie auch wichtige Rezepte zur Gewinnung pflanzlicher Destillatextrakte dokumentiert und mit zahlreichen Abbildungen von Destillationsapparaturen unterlegt ist.

Nachdem also ungefähr seit dem 15. Jahrhundert in den meisten Ländern des heutigen Europas, eine »professionelle« Herstellung destillierter Getränke möglich war, ging es trotz, aus heutiger Sicht, mittelmäßiger Destillierapparate schon mit sehr ordentlichen Destillaten an ganz verschiedenen Ecken unseres Kontinents los – alles landestypisch und auf Grundlage der besonders üppig vorhandenen regionalen Rohstoffe. Südländer, wie die Franzosen, Spanier und Portugiesen, wandten sich wegen der reichlich vorhandenen Weinstöcke und deren Traubenertrag der Gewinnung von Weinbränden zu. Die Nordeuropäer – sowohl auf dem Festland wie auch in Britannien – hatten es mehr mit Bränden aus Feldfrüchten. Die durch haltbarmachende Fasslagerung, aber eher zufällig und ungesteuert, ebenfalls sehr wohl aromatischen Geschmack entwickelten.

In der **neuen Welt** waren es europäische Seefahrer und Eroberer, die dem destillierten Alkohol aus Zuckerrohr zu seiner Entwicklungsgeschichte verhalfen. Erst siedelten Italiener, Spanier und Portugiesen – beginnend mit Christoph Kolumbus – die Zuckerrohrpflanze zur Zuckergewinnung in der Karibik und Südamerika an, um in der Folge auch aus der als Nebenprodukt entwickelten Rumerzeugung ein spannendes Exportgeschäft zu machen. Weniger schön war später der logistische Zusatznutzen, eine Art atlantischer Dreieckshandel zur Auslastung der Frachtflächen jener Segelschiffe, der auf den Schiffsrouten zwischen den europäischen Heimatländern, Westafrika und den Kolonien in der Karibik und den lateinamerikanischen Festland stattfand. Auf dem ersten Teil der Seereise wurden Waffen, Schmiedemetalle, Stoffe und auch Alkohol von Europa nach Afrika verschifft, um dort vorzugsweise gegen Sklaven eingetauscht zu werden, bevor man weiter in die Karibik segelte, wo diese unrühmliche »menschliche Elendsfracht« in den Zuckerrohrplantagen landete. Für den Rückweg nach Europa war auf den Schiffen dann wieder reichlich Platz für Tabak, Baumwolle, Rohrzucker und natürlich fassgelagerten Rum.

In der frühen Neuzeit bekamen die Spirituosen, deren Herstellung und auch gesetzliche Regelungen immer mehr Konturen entwickelten, zum Teil bis heute bekannte Namen. Nach dem **Armagnac** aus der Gascogne kennt man in Frankreich historisch mit dem **Cognac** einen Weinbrand, der seinen Herkunftsort konkret benennt. Etwa zur gleichen Zeit, im Jahr 1507, wurde **Nordhäuser Kornbranntwein** zum ersten Mal urkundlich erwähnt, weil mit dem »**Bornewyn-Zins**« der Freien Reichsstadt Nordhausen die Besteuerung von Hochprozentigem aktenkundig wurde. Im späteren 16. Jahrhundert trägt sich dann **Lucas Bols** als Begründer der holländischen Alkoholindustrie in die Geschichtsbücher ein, indem er mit dem **Genever** den legitimen Vorläufer des **Gins** destilliert. Es läuft mit den Spirituosen immer besser. Und es schmeckt – weltweit.

Das liegt vor allem an der gezielten Auswahl stets höherwertigerer Rohstoffe sowie den immer ausgefeilteren Destillationsapparaturen und natürlich auch am Ehrgeiz der Winzer, Maischer, Mälzer, Destillateure und Blender, ganz charakteristische Geschmackswelten möglichst wiederholungssicher zu erzeugen. Was einmal mit einfachen Destillierkolben und

Brennblasen begann, wird in den erfindungsreichen Zeiten der Industrialisierung mit großen Entwicklungsschritten zum verfahrens- und ergebnissicheren Geschäftsmodell und Wirtschaftszweig. Aus bäuerlichen Kleindestillen und herrschaftlichen »Destillierküchen« entwickeln sich mittelständische Spirituosenhersteller, die ihre Märkte suchen und finden.

Längst ist der hochprozentige Alkohol an den Tischen des einfachen Volkes angekommen. Er wird ja auch immer erschwinglicher. Dass dabei – gerade in wirtschaftlich schwierigen Zeiten – aus dem maßvoll konsumierten Genussmittel durch übermäßige Konsumexzesse immer wieder eine gefährliche Sucht aufflackert, ist wohl der Natur des Menschen geschuldet. Dieses **Alkoholmissbrauchs** erwehren sich die christlichen Kirchen – Moslems ist der Alkoholgenuss ohnehin streng verboten – und jeweils Herrschenden regulatorisch mit Verboten und hohen Abgaben wie Steuern und Zöllen. Was zum Teil die **Schwarzbrennerei** begünstigt, aber auch schon mal handfeste Aufstände zur Folge hat. Wie dem auch sei, die Spirituosen sind in weiten Schichten der Gesellschaft angekommen. Und diese wird in Hinblick auf Qualität und Geschmack ab dem 18. Jahrhundert immer wählerischer.

Das war ein Scheideweg auch für die bis dahin vorherrschende handwerkliche Destillation, die ihr Qualitätsergebnis in Form des Alkoholgehaltes und Geschmacks bis dahin vor allem durch mehrere zu wiederholende Brennläufe im Alambique- oder nach dem Pot-Still-Verfahren gewann.

Der Quantensprung in Richtung industrieller Herstellung hochwertiger und vor allem hochprozentig reiner Spirituosen gelang einem Iren namens **Aeneas Coffey**. Er meldete 1830 in Großbritannien einen säulenförmigen Destillierapparat zur kontinuierlichen Mehrfachdestillation zum Patent an. Eine epochale Entwicklung in der Spirituosenherstellung, selbst aus heutiger Sicht, denn sein **Column Still** oder auch **Coffey Still** genannter Brennapparat ist der Urvater der heute zur industriellen Erzeugung von hochreinen Spirituosen überwiegend eingesetzten **Kolonnendestillation**, dem **Patent-Still-Verfahren**. Ein Entwicklungssprung wie die erste Fernfahrt von Bertha Benz mit einem Automobil in der Geschichte der Menschheit im Jahr 1888 im Vergleich zu den heutigen Weltraummissionen.

Mit diesem netten Vergleich verabschieden wir uns aus der geschichtlichen Betrachtung und machen im Hier und Jetzt der Erzeugung purer Drinks weiter. Wer mag, macht eine Lesepause und verkostet mal den fassgelagerten **»Premium Dry Gin Reserve«** von **Windspiel** und als Kontrast den **»Gentle 66 Gin«** vom **Birkenhof**. Oder den **»GRANIT Bavarian Gin«** von **Penninger**, der 2017 aus gutem Grund bei den **»World Drinks Awards«** in London zum zweiten Mal in Folge als »weltweit bester Gin traditionellen Stils« prämiert wurde. Alles drei herausragende »Pure Drinks« und erstklassige Vertreter ihrer deutschen Manufaktur-Destillerien!

Pause vorbei? War richtig gut, oder?! Dann lasst uns weitermachen – im Text.

PURE DRINKS DANK BESTER LANDESTYPISCHER ROHSTOFFE UND ERSTKLASSIGER DESTILLATIONSTECHNIK

Bei richtig guten Drinks gilt die Standardformel aller Genüsse: Beste heimische Rohstoffe, bestes Wasser und erstklassiges Erzeuger-Knowhow machen das perfekte Ergebnis in der Flasche aus. Gute Rohstoffe in Verbindung mit schwacher Destilliertechnik oder schlampiger Destillation bringen da ebenso wenig wie schlechte Rohstoffe in Verbindung mit erstklassiger moderner Technik – wobei diese zweite Kombination immer noch für hochreinen Alkohol taugt, aber selten für mehr. Wer von allem nur das Beste will, der achtet bei seinen Drinks darauf, dass das Gesamtpaket stimmt und woher dieses Paket stammt. Original Schottischer Grappa wäre da wohl eher ein experimentelles Erlebnis, genau wie Tequila von der Alb oder Kornbrände aus Antigua. Wer was Vernünftiges im Glas haben will, der wirft mal einen Blick auf die Botanik des Herkunftslandes und zieht daraus erste Schlüsse.

Bei allem Sinn für die spielerische Experimentierfreude heutiger Destillateure, aber »Deutscher Manufaktur-Rum« ist selten mehr als ein – geschmacklich häufig sogar gelungenes – Destillier- und Finishing-Experiment auf Melasse-Basis. Mir fehlen bei so was einfach die passenden Bilder im Kopf, wenn ich das Glas zu Nase und Mund führe.

Bei schottischem Single Malt sieht das ganz anders aus. Da liefert mir mein Kopfkino schon beim Eingießen ins Glas das volle Programm: Ich höre Bäche rauschen, sehe vor meinem geistigen Auge das klare Wasser fließen, denke an die im Küstenwind wogenden Getreidefelder unter klarem blauen Himmel und sehe die uralten Destillen, aus deren Brennhäusern es verlockend würzig-alkoholisch duftet. Ich fühle die Herkunft des edlen Schlucks lange bevor er mich tatsächlich in seiner Aromenvielfalt erreicht. Wunderbar! Genau wie beim Rum, überwiegend aus Mittel- und Lateinamerika, oder den Wein- und Tresterdestillaten aus dem Süden Europas. Deshalb ist es mir wichtig, dass pure Drinks eine ehrliche, echte, historisch nachvollziehbare Rohstoffheimat haben. Und damit glaubhafte eigene Geschichten liefern. Achtet mir, werte »Trinkgenuss-Kerle«, also auf die Herkunft und Authentizität Eurer Destillate!

In »Übersee« gedeihen ebenfalls die meisten Spirituosenarten auf Grundlage der klimatisch besonders stark verbreiteten Agrar-Rohstoffe, aber auch durch »gelernte« Destillier- und Trinkkulturen, die durch die Kolonialisierung in die Länder kamen. Nordamerika kennt deshalb erstklassigen Getreidewhiskey so wie Mittel- und Südamerika R(h)um, Cachaça, Tequila und Mescal.

Der asiatische Kontinent verfügt über erstklassige Reisschnäpse plus eine erlernte Genussfreude am lokalen Whisky, egal ob aus Getreide oder lokalen Bodenfrüchten erzeugt.

Spirituosen sind auf der ganzen Welt Bestandteil der Genusskulturen. Vorwiegend auf einer landestypischen Rohstoffbasis in Verbindung mit historisch gewachsenem Wissen um die Kunst der erstklassigen Destillation.

Schauen wir uns nun den Destilliervorgang genauer an. Um diesen besser zu verstehen, habe ich einen Experten besucht. Von ihm wollte

Die meisten Spirituosen haben ihre Herkunft und Heimat dort, wo es die besten Rohstoffe zu ihrer Destillation gibt. Die britische Insel erzeugt auf Rohstoffbasis deshalb perfekte Whiskys und auch Gin. Das nord- und osteuropäische Festland produziert Getreide- und Kartoffelbrände, wie Wodka, Korn, aber inzwischen auch Whisky, sowie aromaveredelte Spirituosen, wie Genever, Gin und Kümmeldestillate. Obstbrände natürlich auch, vor allem ab der »südlicheren« Mitte Deutschlands, genau wie unsere französischen Nachbarn. Der deutlich sonnenverwöhntere europäische Süden steht historisch für Brände aus Wein und die Trester-Destillation.

ich wissen, was bei der Destillation neben einer im mehrstufigen Prozess vernünftig gewonnenen, vergorenen Maische oder der abgeläuterten Gärflüssigkeit namens Würze so wichtig ist.

Dazu vorab noch eine Anmerkung zum Stand der Destilliergerätetechnik in Deutschland: Wir sind nicht nur das Land der Dichter, Denker und feinstaubbefreiten Nebenstraßen mit den meisten Schlaglöchern, wir sind unverändert auch ein Hotspot für erstklassigen Anlagenbau und modernste Technik. Völlig normal, dass auch die Brennereitechnik bei uns zuhause ist. Deutschland ist schließlich ein Land, in dem sowohl die Schnapsbrennerei wie auch die Destillation von Obstbränden eine jahrhundertelange Tradition besitzen, Herstellung der passenden Destillierapparate und Anlagen inklusive.

Es sind Brennereianlagenbauer wie zum Beispiel die Firmen Holstein in Eriskirch oder Müller in Oberkirch-Tiergarten oder der mittelständische Hersteller und Traditionsbetrieb Carl in Eislingen mit seiner knapp 150-jährigen Unternehmensgeschichte und Herstellungserfahrung, die heute in der ganzen Welt mit ihren Brennereianlagen vertreten sind. Modernste deutsche Destillationstechnik und ihr Anwender-Knowhow sind Erfolgsgaranten für zahlreiche internationale Spirituosenerzeuger, vom Kleinbetrieb bis zur Großbrennerei. Anlagen im eigenen Land natürlich inklusive.

EIN EXPERTE ERKLÄRT

Destillationsanlagen liefern **thermische Trenntechnik,** bei der Substanzen nach ihren spezifischen Siedepunkten getrennt werden. Spirituosenbrennereien wollen natürlich – was auch sonst – den bei der alkoholischen Gärung entstandenen Alkohol abtrennen und konzentrieren. Die Eigenschaft, dass sich beim Sieden einer vergorenen Maische der Alkohol im Dampf anreichert, liefert den entscheidenden Nutzen. Wenn man zum Beispiel eine Maische mit 5 % enthaltenem Alkohol verdampft, erhält man einen Dampf mit über 35 % Alkohol. Wenn dieser Alkoholdampf kondensiert, hat die gewonnene Flüssigkeit denselben Alkoholgehalt. Nach diesem Funktionsprinzip arbeiten einfache Destillationsanlagen, die nur aus einer Brennblase plus Helm mit Kühlrohr bestehen, z. B. ein **Pot Still**, siehe nachfolgende Abbildung. Bei ihnen muss es mindestens zwei Destillationsläufe geben, um saubere und alkoholhaltigere Drinks zu bekommen. Die Destillationsläufe erfolgen entweder nacheinander oder in einer Reihe miteinander verbundener Anlagen. Das sehen wir zum Beispiel bei den Whiskydestillen in Schottland, siehe ab Seite 86.

Wer hochprozentige Spirits in einem einzigen Arbeitsgang destillieren möchte, der setzt ansonsten auf oder neben seine **Brennblase** eine Verstärkerkolonne mit mindestens drei **Destillierböden**. Zur Erzeugung hochreinen Alkohols – insbesondere für möglichst geschmacksneutrale Destillate wie Wodka – sind bis zu 56 Böden möglich. Wobei das dann nicht nur mächtig hohe Turmbauten sind, die eigentliche alkoholverdichtende Wirkung nimmt auch pro Boden immer mehr ab, wie bei den Motoren unserer Autos. 350 PS liefern da gut und gerne schon mal 300 km/h Höchstgeschwindigkeit, 700 PS aber eben keine 600 km/h, sondern auch nur noch 50 Stundenkilometer mehr. Egal, auf jedem Destillierboden so einer Verstärkerkolonne findet jedenfalls noch ein zusätzlicher Siedevorgang mit dem schönen Effekt weiterer Alkoholanreicherung statt. Diese Technik reicht vor allem für die kleineren Brennanlagen der Abfindungsbrenner. Aber auch schon für zahlreiche mittelgroße Craft-Destillen, die aufgrund ihrer Erzeugermengen hierzulande bereits als Verschlussbrennereien aufgestellt sind. Der Unterschied zwischen Abfindungs- und Verschlussbrennerei liegt bei der Versteuerung des reinen Alkohols.

Bei modernen **Verschlussbrennereien** kommt häufig die große Kolonnentechnik (Patent-Still- oder Column-Still-Verfahren) mit sechs oder mehr Destillierböden und einem Dephlegmator, der den die Kolonne verlassenden Dampf noch mal kondensiert, zum Einsatz. Klingt kompliziert, was es für Laien auch ist. Aber die beruhigend einfache Quintessenz fast jeder technischen Einrichtung, Apparatur oder Maschine – und dabei wollen wir es dann auch zum Thema Destilliertechnik belassen – lautet: Entscheidend ist, was hinten rauskommt!

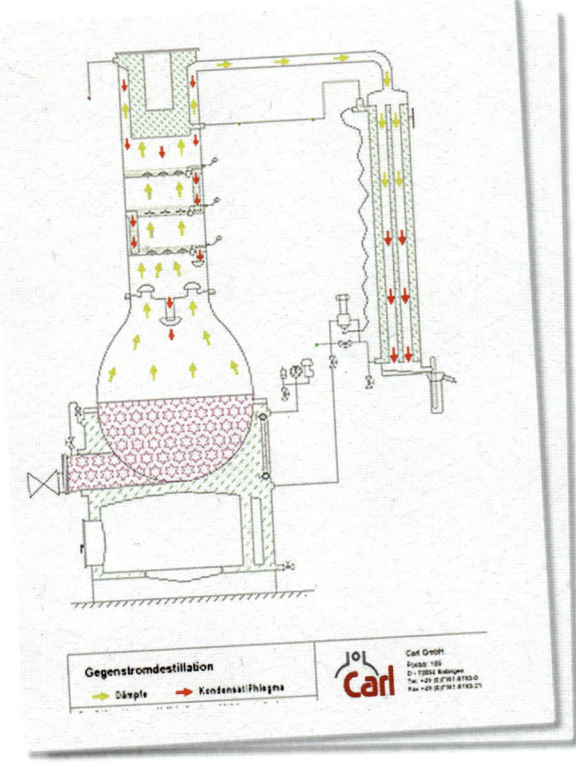

»Hinten« heißt bei einer ordentlichen Brennanlage komischerweise immer »Vorlage« und meint den verriegelbaren Hahn, aus dem das Destillat in den Auffangbehälter läuft. Da muss es »schmeckbar« und hochprozentig passen! Egal, ob davor eine traditionsreiche Pot-Still-Anlage oder eine hoch moderne Kolonnenkonfiguration für den alkoholverdichtenden Destilliererfolg sorgt. Wer mehr wissen möchte, kann sich ein Fachbuch zulegen oder alles munter »ergoogeln«. Ansonsten könnt Ihr bei YouTube einfach mal »Herstellung Spirits« eingeben. Mein Favorit ist bei YouTube die »3 D Animation Herstellung Whisky«. Oder der geneigte Leser wirft einen Blick auf die Homepage von **»Carl Brennereieinrichtungen«** unter www.carl.info.

Alle Unklarheiten beseitigt? Dann machen wir mal was aus den frisch destillierten »Hochprozentigkeiten«, die meist mit Wasser auf Trinkstärken gebracht werden. Bei klaren hochprozentigen Destillaten mit Geschmack und den meisten Kräuterschnäpsen heißt »machen« dann einfach nur noch Lagerung und Flaschenabfüllung. Denn bei Wacholderdestillaten, Anis- und Kümmelschnäpsen sowie Kräuterdestillaten entwickelt sich der wesentliche Teil des später gewünschten Geschmackserlebnisses bereits durch das Maischen und während des Destillationsprozesses über die Zugabe von Kräuter- oder Gewürzmazeraten (Ansatzverbindungen dieser Grundstoffe zusammen mit Wasser und Alkohol). Bei diversen Wodka-Sorten braucht es nicht mal solche »Aufsatz-Zugaben«, das trinkfertig mit Wasser gestreckte Stöffchen sucht und findet meistens den direkten Weg vom Lagertank in die Flasche.

Ganz anders läuft das bei den Spirituosen mit Eigengeschmack, wie den diversen Weinbränden, Whiskys und Rums. Natürlich ist auch bei ihnen die Auswahl bester Rohstoffe, eine anspruchsvolle sorgsame Destillation und die Zugabe bester Wasserqualität bei den Maischedestillaten wichtig. Hinzu kommen bei ihnen das Finish und die Fassreife. Das ist eine Wissenschaft für sich, die mit der Auswahl der geeigneten Fasshölzer beginnt.

VOM LAGERTANK INS FASS – WIE HOLZGELAGERTE SPIRITUOSEM ZUM GENUSS-DRINK REIFEN

Wer könnte sich als Experte für dieses Thema wohl besser eignen als Markus Eder. Er ist als Miteigentümer der Wilhelm Eder GmbH in Bad Dürkheim (Rheinland-Pfalz) der Fachmann mit der in Deutschland größten Fachexpertise, wenn es um die Themen Fassreife, Fassmanagement und fassgelagertes Warehousing von hochwertigen Spirituosen geht. Sein Unternehmen produziert nicht nur eigene Destillat-Fässer, er ist auch derjenige, der weltweit exquisite vorbelegte »Fass-Schätze« findet und weitergibt. Fässer, die heute in ausgewählten Spirituosenmanufakturen zum Reife- und Lagereinsatz kommen. Er sorgt mit seinem Fachwissen und seiner Beratung dafür, dass aus erstklassigen Destillaten später im Fass kein »Ausguss-Ausschuss« wird, sondern die richtig gut destillierten Drinks ihren perfekten Charakter erhalten. Herzlichen Dank an Markus Eder für den folgenden Beitrag.

Die uns heute bekannten und in der Form sehr ähnlichen Holzfässer finden wir bereits bei den Römern. Sie wurden im Mittelalter mit den damals zur Verfügung stehenden technischen und handwerklichen Mitteln fast perfektioniert. Holzreifefässer in der heute bekannten Form, z. B. das Barrique mit ca. 225 bis 230 Litern, wurden in Zeiten der christlichen Seefahrt hauptsächlich aus Eichenholz produziert. Heute verwenden wir insbesondere im Destillatbereich eine Vielzahl unterschiedlicher Eichenspezies mit ebenso vielfältigen Geschmacksausrichtungen. Wir nutzen aber auch Hölzer der Esche, des Maulbeerbaums, der Kastanie, der Akazie, des Kirschbaums und weiterer Baumarten.

In unserem Betrieb arbeiten wir ständig an neuen Konzepten, um weitere Aroma-Hölzer einsetzen zu können. Holzfässer wurden mit dem Aufkommen von Beton-, Stahl- und Kunststofftanks – und in Amerika durch die Prohibition – immer weniger. Durch diese Entwicklung gingen im Laufe der Zeit auch die alten Handwerksberufe wie Küfer, Böttcher oder Fassbinder immer mehr zurück. Früher gab es fast in jedem Ort einen Vertreter dieser Berufsgattung. Sie gehörten zum täglichen Leben dazu, wie heutzutage beispielsweise der Elektriker oder der IT-Fachmann. Nachdem im deutschsprachigen Raum fast 40 Jahre lang keine oder nur ganz wenige Küfer und Böttcher aus- und weitergebildet wurden, waren diese Handwerksberufe fast in Vergessenheit geraten. Eine Renaissance dieser Berufe fand durch die Weinmacher statt, die ihre Rotweine Anfang der 1980er-Jahren in kleinen Holzfässern einlagerten.

Markus Eder – der Experte, wenn es um »Fässer« geht.

▲
Blick in die Küferei-Halle
der Firma Eder.

Heutzutage ist das Böttcherhandwerk weitestgehend die Sache von wenigen »Global Playern«, die Destillat- und Whiskyfässer in großem Stil produzieren. Durch den Hype der letzten Jahre um Bourbon und Whisky werden heute die mit Abstand meisten Destillatfässer in der klassischen Bourbon-Fass-Größe von ca. 190 Litern in den USA produziert.

In Deutschland gibt es wenige hochspezialisierte Betriebe, die Großfässer und Sonderfässer für die Alkoholindustrie und Weinwirtschaft bauen. Professionelle Fassgrößen sind heute Behälter mit einem Inhaltsvolumen zwischen 190 und etwa 500 Litern. Sie werden für die Reifung von Spirituosen wie Whisky, Cognac, Rum und Tequila eingesetzt. Dies sind heute auch die bedeutsamsten Destillate, die eine Fassreife beanspruchen. Oftmals werden hierzu eine Auswahl von Fässern aus unterschiedlichen Eichensorten und aus Vorbelegungen genutzt, um ein entsprechend gleichbleibendes und konsistentes Aroma über Jahre der Reifung hinweg sicherzustellen.

Die **Auswahl der Fässer**, die mitunter einen Einfluss von nahezu 70 % am späteren Endprodukt – dem Destillat – haben, ist heute Aufgabe des **»Masterdestillers« zusammen mit dem Fasslieferanten**. Vor allem, um die jeweilige Geschmackssignatur der Marke zu gewährleisten. Holzfässer werden unter Einbeziehung aller wissenschaftlichen Möglichkeiten produziert, wie Laboranalysen des Rohstoffs Holz und der Technik des Toastens, womit das geschmackgebende Befeuern der Fässer gemeint ist. Nichts soll dem Zufall überlassen bleiben. Die Industrie verlangt nach konformen, immer wieder zu reproduzierenden Fässern. Überhaupt spielen Zertifikate und der Nachweis, dass beispielsweise Eichenholz nachhaltig erwirtschaftet und geerntet wurde, eine sehr große Rolle.

Bei einer Umschlagszeit von bis zu 250 Jahren für Eichenbäume, die bei uns in Europa wachsen, eine große Herausforderung. Da hier langfristige Planungen – meist über mehrere Generationen hinweg – erforderlich sind. Um es plastischer zu formulieren: heute ernten wir Eichenhölzer, die zu Napoleons Zeiten angebaut wurden! Die großen Spirituosenhersteller fordern Herkunftsnachweise, Nichtkontaminations-Bestätigungen, Nachweise und Bestätigungen der Küfer hinsichtlich fairer Arbeitsbedingungen sowie die Einhaltung moderner, verfahrenssicherer Produktionsanforderungen. In einem Handwerk, das nach wie vor körperlich anspruchsvoll ist, eine nicht immer leicht zu meisternde Aufgabe. Es werden hochspezialisierte Maschinen benötigt, die die Fassherstellung in großen Stückzahlen ermöglichen und durch die die Fassgrößen genau eingehalten werden.

Vor und während der Produktion müssen ständig Qualitätskontrollen des Eichenholzes stattfinden, um den optimalen Feuchtigkeitsgehalt des Holzes nach dessen Vorbereitung zur Fassdaube und der anschließenden Trocknung im Freien zu gewährleisten. So darf beispielsweise kein Splintholz in die Fassverarbeitung mit einfließen, um spätere Undichtigkeiten auszuschließen. Last but not least muss sichergestellt sein, dass keine Umweltgifte das Holz belasten, genannt sei hier vor allem das Blei. So merkwürdig sich gerade der Verdacht einer Blei-Kontaminierung bei einem Naturprodukt wie Holz anhört, die Logik und Erklärung, die sich dahinter verbirgt, ist verblüffend einfach: Es geht um zig Millionen uralter Gewehrprojektile und Granatsplitter aus den letzten beiden Weltkriegen, die in die Bäume einschlugen und sich in den Stämmen einlagerten. Ein Problem, von dem besonders die damals stark umkämpften Vogesen, ein besonders großes und wichtiges Herkunftsgebiet von Fassholz, bis heute betroffen sind.

Durch die Vorgabe, dass Bourbon immer nur in neuen 190-Liter-Fässern aus Amerikanischer Weiß-Eiche reifen darf, gibt es nach dem Entleeren dieser Fässer einen großen Überhang an gebrauchten Fässern. Diese finden mit Kusshand in der Rum-, Tequila- und Whisky-Reifung ihre weitere Verwendung. Auch in Deutschland finden unter anderem vorbelegte Fässer aus oben benannter Herkunft ihre Verwendung beim Einstieg der Reifung – vor dem Finishing-Prozess, der

vielfach erst nach den vorgeschriebenen drei Jahren Mindestreife von Whisky seine Fortsetzung findet. In diesem Finishing, was oftmals das i-Tüpfelchen im langen Prozess der Entstehung des Destillats ist, kommen häufig Fässer aus weiteren Vorbelegungen zur Verwendung, wie Sherry-, Süß-, Portwein- oder Sauternes-Wein-Fässer, um nur einige zu nennen. Hier sucht der Masterdestiller nach sensationellen Aromen, um sein Produkt einzigartig zu gestalten.

Aber auch neue Fässer spielen bei der Reifung eine große Rolle, sie sorgen für die goldene Farbe der fassgelagerten Brände. Sie geben außerdem Rückgrat, Volumen, im Sinne von Körper, und bestimmen, ob ein Destillat eher süß und würzig gelingt, wie bei Fässern aus europäischen Eichenhölzern, oder eher vanillig, wie bei Fässern aus Amerikanischer Eiche. Amerikanische Eichen-Fässer, deren Hölzer oftmals aus den Ozarks in Missouri stammen, geben einen rötlich-goldenen Farbton ab. Wohingegen feine Eichenhölzer aus den Vogesen, dem Pfälzerwald oder dem Spessart tiefgoldene Farbnuancen an das spätere Destillat abgeben.

Extrem wichtig ist das **Fassmanagement**. Denn es gilt, möglichst keine Fässer leer stehen zu lassen, diese verlieren sonst sehr schnell ihr Aroma, denn Alkohol verdunstet und das Fass wird, weil Holz bekanntlich arbeitet und austrocknet, sehr schnell löchrig. Es kann dann nur mit großer Mühe zur erneuten Befüllung aufgearbeitet und weiterverwendet werden. Besonders Fässer, die wie oben beschrieben, zum Finishing von Destillaten benutzt werden, stammen aus **»Low-alcohol«-Belegungen** und sind daher anfällig für mikrobiologische Negativveränderungen. So verestert ein frisch entleertes, wertvolles Sherry-Fass binnen weniger Tage zu einem Essig-Fass und kann in der professionellen Reifung nicht mehr genutzt werden.

Grundsätzlich erfordert es sehr viel Erfahrung und Vorstellungskraft, um die unterschiedlichen Fässer miteinander zu kombinieren. **Denn eins ist sicher: Ein gutes Fass macht aus einem schlecht destillierten Brand kein Spitzenerzeugnis – das gilt natürlich auch umgekehrt.** Die oftmals so geschätzte und hochbezahlte lange Fasslagerung ist kein Garant dafür, dass dies dem Fassinhalt auch besonders zuträglich war. Das einzulagernde Destillat muss in jedem Fall vorzüglich gebrannt sein, d. h., die Zusammensetzung der Maische hat entscheidenden Einfluss. Ebenfalls großen Einfluss aufs Produkt hat die zum Einsatz kommende Brennanlage und die Technik, Erfahrung und Kunstfertigkeit des Destillateurmeisters.

Gut Ding braucht Weile. Leider ist es nicht damit getan, ein hochgeschätztes Destillat für wenige Wochen oder Monate in irgendein beliebiges Holzfass zu geben. Nein, hier bedarf es sorgfältiger Überlegungen, zum Beispiel, welches Toasting auf welchem Holz in welcher Zeit die Sicherheit bietet, den hohen Anspruch an das Produkt zu erfüllen.

Besonders spannend sind da relativ neue Versuche, auch Alkoholika wie Wodka und Gin im Holzfass auszubauen. Richtig gemacht und richtig gereift sicher eine Bereicherung für die Liebhaber wertvoller Destillate. Wir selbst arbeiten zudem intensiv am Revival der holzfassgelagerten Obstbrände. Es ist uns ein besonderes Anliegen, den hochprozentigen Früchten wieder eine Bühne zu geben. Und dies zumindest mittelbar auch, um die vielen, inzwischen wieder angelegten Streuobstwiesen zu erhalten – sowohl als gewollte Kulturstätten wie auch als schützenswerte Lebensräume von Honigbienen und anderen Nützlingen.

Wer jetzt neugierig ist, weil er für eine Eigenabfüllung ein gutes gebrauchtes Fass, vielleicht direkt an der fachlich fundierten Quelle, erwerben möchte, oder ein schickes Deko-Fass zur Gestaltung seiner Hausbar, der sieht sich am besten auf der Homepage www.wilhelm-eder.de in der Rubrik »Produkte« um. Selbstabholung ist übrigens möglich.

Ich möchte direkt den nächsten Experten zu Wort kommen lassen. Es folgt ein spannender Beitrag von Rechtsanwalt Franz Obst aus Koblenz, einem erfolgreichen Strafrechtler, der sicher dem ein oder anderen aus seinem TV-Format und regelmäßigen Fernsehauftritten bekannt ist. Franz Obst hat seine ganz eigenen Ansichten zum richtigen Maß beim Alkoholgenuss.

RECHTSANWALT UND MEDIATOR FRANZ OBST ÜBER SPIRITUOSENGENUSS UND SEINE RECHTLICHEN PROBLEMZONEN

Ganz ehrlich: Ich bin ein großer Freund von puren Drinks! Whiskys mit Herkunft und Zukunft faszinieren mich genauso wie ein erstklassig im Fass gereifter Armagnac oder Rum aus der Karibik. Zuhause oder auch unterwegs, am Abend. Ein Longdrink-Klassiker in der passenden Bar-Atmosphäre inspiriert mich. Und richtig gute Hotel- oder Innenstadt-Bars empfinde ich auf meinen Reisen, je nachdem, wie anstrengend der Tag vorher war, als Ruheoasen oder Kommunikationsmagneten. Da trinkt man ein oder zwei Gläser. Heute. Früher war mein Umgang mit Spirits ganz anders. Gerade in meiner Studienzeit habe ich es – wie wohl jeder junge Kerl – ordentlich krachen lassen. Nach dem Motto »Viel hilft viel. Und einer geht ja immer noch!« Egal, past is finished. Gerade für uns Juristen ist der Alkohol ein sicherer Arbeitsbeschaffer. Was dem Zahnarzt die Süßigkeiten sind, ist im anwaltlichen Geschäft der übermäßige und unkontrollierte Alkoholkonsum. Allerdings mit dem Unterschied, dass die Folgen meist noch gravierender sind. Ich erspare mir hier jeden moralisch erhobenen Zeigefinger, schließlich sind Spirituosen ja nicht schlecht, im Gegenteil. Blöd, gefährlich und häufig auch teuer ist der falsche Umgang damit.

TIPP ZUR WAHRUNG DER PRIVATSPHÄRE

Ich empfehle dringend, die Kontrolle über das eigene Bildmaterial nicht aus der Hand zu geben. Wenn »feste« Feste gefeiert werden, gibt es davon nicht selten Bild- und Filmmaterial, was nicht nur den eigenen Freunden in den sozialen Netzwerken gute Unterhaltung bietet. Sondern von Dritten – gerade im beruflichen Kontext – auch gesucht und gefunden werden kann. Die »Karriere-Schleifspuren« durch selbst juristisch nur mühsam wieder einfangbare private Party- und Feierbilder in den sozialen Netzwerken sind somit beträchtlich. Ist das falsche Bild erst in der Welt, folgt der Ärger unbestellt! Das Netz vergisst schließlich nichts. Und viele Personalchefs haben inzwischen Internetwege in die sozialen Netzwerke, die sie gerne zur Beurteilungsrecherche von Bewerbern nutzen. Deshalb mein Tipp: Solche Bilder, hoher Unterhaltungswert hin oder her, erst gar nicht zulassen. Das heißt, entweder werden nur die Gläser und Flaschen fotografiert und öffentlich gemacht, oder die Smartphones bleiben gleich ganz ausgeschaltet auf der Garderoben-Ablage. Und kommen erst nach dem Tasting oder der Party wieder zum Einsatz.

Rechtliches: Jeder Gastgeber muss Gästen, deren offenkundige Fahruntüchtigkeit ihm nicht entgangen ist, die Selbstfahrt im Auto strikt verweigern. Er hat nämlich schlicht dafür zu sorgen, dass seine Gäste nicht betrunken Auto fahren. Wenn ein Unfall passiert, haftet er mit. Das nennt sich Garantenpflicht und ist im § 13 Strafgesetzbuch klar geregelt. Gastgeber sind also erstklassig beraten, ihren Gästen entweder eine Schlafstelle vor Ort zu organisieren oder deren sicheren Sitzplatz im Taxi zu überprüfen. Jeder beruflich mit Straßen-, Wasser- oder Luftverkehr befasste Fahrzeugführer tut zudem gut daran, neben den denkbaren strafrechtlichen Konsequenzen einer Trunkenheitsfahrt mal einen Blick in seinen Arbeitsvertrag wie auch die Unfallverhütungsvorschriften seiner Zunft zu werfen. Arbeitsrichter kennen bei unprofessionellem Alkoholkonsum, der in den beruflichen Rahmen hineinwirkt, entgegen der ansonsten eher dem sozialschwächeren Arbeitnehmer zugeneigten Urteilsfindung, absolut kein Pardon. Trunkenheitsfahrten sind grundsätzlich ein maßgeblicher Karrierekiller, nicht nur, aber auch durch die zum Teil langjährigen Fahrverbote! Außerdem gilt beispielsweise nach aktueller

Rechtsprechung für Legalwaffenbesitzer mit eintragungspflichtigen »scharfen« Waffen – das sind auch viele Sportschützen – mittlerweile eine 0-Promille-Vorgabe im aushäusigen Umgang mit ihren Waffen. Nachgewiesener erhöhter Alkoholkonsum führt somit in vielen Lebenslagen zu mächtigem Rechtsverdruss, bei dem selbst ein geringer offiziell testierter Promillewert immer seltener die Gerichte zu großzügiger Milde veranlasst.

Die Abbaugeschwindigkeit von Alkohol beträgt bei Männern übrigens ca. 0,15 Promille pro Stunde. Wenn jemand beispielsweise im Rahmen eines normalen abendfüllenden Whiskytastings zehn Sorten mit jeweils maßvollen 2 cl verkostet hat, hat er dabei über 100 Gramm reinen Alkohol aufgenommen und – ein normales Körpergewicht von 90 Kilo und eine Körpergröße von ca. 185 cm angenommen – am Ende der Veranstaltung um Mitternacht ca. 0,7 bis 0,8 Promille im Blut angesammelt, Und erst dann beginnt im Körper der Alkoholabbau. Wer mit einem Körpergewicht von 80 Kilo und einer Körpergröße von 170 cm deutlich tiefer ins Glas schaut und jeden Whisky in einer Zeit von 19 bis 24 Uhr relativ konstant dreifach vermisst, kommt beim Glockenschlag 0 Uhr auf völlig unakzeptable und zudem medizinisch höchst bedenkliche mehr als 2,5 Promille. Fürs Protokoll und zum Abspeichern: 2 kleine Schnäpse, also 4 cl normale Spirituosen mit durchschnittlich »nur« 33 vol. %, haben bereits 10 Gramm reinen Alkohol an Bord. Wer als Mann mittleren Gewichts und normaler Größe 2 kleine Pils und einen Schnaps in einer Stunde konsumiert, der hat schon rund 0,3 Promille auf der Uhr. Und sollte danach mindestens zwei Stunden die Finger vom Steuer lassen, um allen Unwägbarkeiten aus dem Weg zu gehen! Wer mehr wissen will – und verantwortungsbewusste Männer mit Sinn für klugen Spirituosengenuss wollen das meist – dem empfehle ich als Rechtsanwalt und Gleichgesinnter, die Internetseite **www.kenn-dein-limit.de** der Bundeszentrale für gesundheitliche Aufklärung. Dort findet sich neben nützlichen Hinweisen und berechtigten Mahnungen und Warnungen auch ein Promillerechner. Aber bitte nicht zur Grenzauslotung, sondern zur Prävention von Fehlentwicklungen! Genießt das Leben und die feinen Spirituosen, aber macht da möglichst kein unnötiges Anwaltsgeschäft draus. Die Kosten eines Gerichtsverfahrens können in Summe schnell mal den Gegenwert von ein paar Hundert Flaschen erstklassiger Spirits erreichen, urteilsabhängige Strafen noch gar nicht eingerechnet. Was für eine Verschwendung!

ALKOHOL IM STRASSENVERKEHR

Für Fahrer unter 21 Jahren und Fahranfänger in der Probezeit gilt absolutes Alkoholverbot! Bei einem Verstoß gegen die Null-Promille-Grenze drohen folgende Strafen:

- Aufbauseminar/Nachschulung mit Kosten von mindestens 200 Euro
- Verlängerung der Probezeit
- Bußgeld in der Regel von 250 Euro
- 1 Punkt im Verkehrszentralregister

Ab 0,3 Promille … Bei Anzeichen von Fahrunsicherheit und Verursachung eines Unfalls drohen dem Fahrer folgende Strafen:

- 2 Punkte im Verkehrszentralregister (bei Fahrverbot)
- 3 Punkte im Verkehrszentralregister (bei Entzug der Fahrerlaubnis)
- Geld- oder Freiheitsstrafe (bis zu 5 Jahren)

Ab 0,5 Promille … Ohne Anzeichen von Fahrunsicherheit drohen folgenden Strafen:

- 2 Punkte im Verkehrszentralregister
- Bußgeld bis zu 3.000 Euro
- Fahrverbot (bis zu 3 Monaten)

Ab 0,5 Promille … Bei Anzeichen von Fahrunsicherheit und Verursachung eines Unfalls drohen folgende Strafen:

- 2 Punkte im Verkehrszentralregister (bei Fahrverbot)
- 3 Punkte im Verkehrszentralregister (bei Entzug der Fahrerlaubnis)
- Geld- oder Freiheitsstrafe (bis zu 5 Jahren)

> **Ab 1,1 Promille ... Es drohen in jedem Fall folgende Strafen:**
> - 3 Punkte im Verkehrszentralregister
> - Geld- oder Freiheitsstrafe (bis zu 5 Jahren)
> - Entzug der Fahrerlaubnis

> Vielen Dank an Franz Obst für diesen kurzweiligen Beitrag zu einigen der zahlreichen rechtlichen Fallstricke beim Spirituosenkonsum. Und back to the Drinks, Männer! Es geht auf die Zielgerade des Einstiegskapitels. Mit einer Überleitung, die gleichzeitig die feine Einleitung für die puren Drinks bildet.

DER RICHTIGE WEG ZUR BESTEN DRINK-AUSWAHL: PROBIEREN GEHT ÜBER ETIKETTENKAUF ...

Höhere Preise sind häufig bei Spirits – außerhalb der Spekulationsebene vor allem bei Whisky, Rum und Cognac – ein brauchbarer Qualitätsindikator. Genau wie die Herkunft der Spirituosen aus traditionsreichen Brennereien. Was ebenfalls immer hilft, ist ein Händler, der sich mit Spirituosen auskennt und fair berät. Egal, ob spezialisierter Wein- und Spirituosen-Fachhandel stationär wie online oder klassischer Lebensmittel-Einzelhandel mit mindestens zehn Regalmetern Destillatauswahl. Das bieten große SB-Warenhäuser und Verbrauchermärkte zum Teil mit gut geschulten Fachberatern am Regal genau wie zahlreiche eigentümergeführte Lebensmittelläden. Neben der Produktberatung vor Ort werden von qualifizierten Händlern immer häufiger auch Tasting-Events angeboten. Zum Teil mit unterhaltsam informativem Rahmenprogramm.

Aber Achtung: Der gemütliche vollbärtige Mann im schottischen Kilt, der perfekt ins gängige »Whiskyexperten-Klischee« passt, kann auch überwiegend marketinggesteuerte Verkaufsfolklore sein. Der zeigt dann mit sonorem Bass in perfekt vorgetragenem »Denglisch« an einem munteren Abend mit am Ende immer höher befüllten Nosing-Gläsern das ganze Sortiment nur eines Spirituosenkonzerns. Und kaum einer merkt es, sind ja schließlich acht bis zehn verschiedene Sorten unterschiedlicher Marken in den Gläsern. Diese Art von Tasting ist weder verboten noch schlecht, schließlich haben einige Spirituosenkonzerne viele verschiedene interessante Whisky- und/oder Rum-Marken in zudem erstaunlicher Qualitätsvielfalt im Bestand. Aber deutlich lehrreicher sind die Veranstaltungen, bei denen es vielleicht etwas weniger Lach- und dafür mehr Sachgeschichten mit einer genau choreografierten Auswahl der Drinks aus verschiedenen Erzeugerquellen gibt.

Solche Events werden von guten Getränkehändlern mit Experten meist aus der »Bar-Szene« organisiert. Diese Personen sind zwar auch zum Teil »Markenbotschafter« ihrer Lieblingsspirituosen, haben aber trotzdem einen wachen Sinn für die herausragenden Spezialitäten anderer Anbieter und sind souverän genug, diese ebenfalls zu empfehlen. Wichtig ist, dass bei einem Tasting nicht nach jedem verkosteten Drink der Bestellzettel herumgereicht wird und dass die Bewertungen während des Veranstaltungsverlaufs nicht glasweise »absaufen«. Deshalb sind Wasser, neutrales Weißbrot und Spucknäpfe auf den Tasting-Tischen kein Deko-Ersatz, sondern nützliche Bestandteile eines gelungenen Verkostungsevents.

Was in jedem Fall nach einem guten Tasting bleiben sollte, ist ein deutlicher Erkenntnisgewinn zu der verprobten Spirituosenart im Allgemeinen und zahlreichen spannende Duftnoten und Geschmacksfacetten der getesteten Destillate im Detail. Häufig durch das männliche »Haben-will-Gen« getriebene Erfolgserlebnisse in Form einiger neuer Spirituosenschätze im eigenen Bestand inklusive. Läuft doch, Männer! Alles richtig gemacht. Wieder was gelernt, dabei reichlich

Spaß gehabt und zum Schluss solide Beute eingesackt. Und, was nicht zu unterschätzen ist, dabei auch noch einige gleichgesinnte »Genuss-Kerle« kennengelernt, mit denen man sich – Sympathie vorausgesetzt – ja dann und wann mal treffen und über Drinks fachsimpeln kann.

Lust auf eine zeitsparende Abkürzungsalternative speziell zum ersten eigenen Whisky-Sortiment? Quick, aber überhaupt nicht »dirty«, sondern mit viel Erfahrung zusammengetragen? Wie wäre es hiermit ...

DER PROFI-TIPP ZUR 1.000-EURO-FRAGE – EIN WHISKY-ERLEBNISPAKET FÜR EINSTEIGER

Um herauszubekommen, was einem speziell bei Whisky am besten mundet oder wie ein perfekter Bestandskanon aussehen könnte, gibt es neben Versuch und Irrtum durch »Regallotterie« die gerade beschriebene Tasting-Option als langzeitliche genussreiche Lernkurve. Aber was ist mit den »Genuss-Kerlen«, denen das zu mühsam ist? Und die sofort rausbekommen wollen, wie vielschichtig das Thema »Whisky« ist, am liebsten über ein bezahlbares und trotzdem richtig gutes, ausgewogenes Sortiment, bei dem von allem ein paar spannende Flaschen am Start sind. Probieren und studieren, ohne Fehlkäufe. Unmöglich? Pustekuchen. Geht nicht, gibt's bei mir nicht ...

Hilfe naht! Vom Wein- und Spirituosen-Fachhändler meines Vertrauens, dem ich einfach ein paar passende Fragen gestellt habe. Über Whisky for Money. Ein gutes Starterpaket oder Basissortiment zum Beginn einer wunderbaren Genussfreundschaft zwischen Mann und Destillat. Als Basis habe ich den Gegenwert eines verregneten einwöchigen Kurzurlaubs auf Mallorca beziehungsweise einer mittelpreisigen Küchenmaschine genommen – also überschaubare 1.000 Euro. Daraus machen wir was genussreich Sinnvolles, insbesondere weil uns dabei ein Mann wie Helmut Koch hilft. Er hat an den Adresskoordinaten Breitengrad 50.378745 und Längengrad 6.9476 – wer es einfacher haben will: Im Broel 1, 53518 Adenau/Eifel – allein über 500 verschiedene Whisky-Sorten in seinem Fachgeschäft an Bord, zig Rums, Gins, Cognacs & Co. nicht mitgezählt.

Beweisfotos aus Adenau ...

Helmut Koch hat sehr klare Vorstellungen, wie man als Einsteiger 1.000 Euro für ein Whisky-Erlebnispaket richtig investiert.

Daraus werden bei ihm zwischen 20 und 30 feine Flaschen zu Preisen zwischen 20 und 50 Euro das Stück, plus ein extrem lohnender »Preisausrutscher« in die 100-Euro-Liga. Schwerpunkt Schottland mit rund 15 oder 16 Flaschen. Zum Anfang lieber weniger Experimente in Richtung Rauch und Torf, das geht später immer noch. Also überwiegend **Highland** und **Speyside Whiskys**. Und jetzt kommt was ganz Wichtiges: sowohl **Single Malts** wie auch (!) **Blended-Sorten**. **Blended Whiskys**, wir kommen da später noch im Themenkapitel drauf, sind, losgelöst von der industriellen Massenware, die man zuhause mit Cola trinkbar macht, erstklassige Spirituosen, insbesondere die Blended-Malt-Destillate, bei deren Komposition Fachleute Hand und Gaumen angelegt haben, um hervorragende Geschmackserlebnisse zu kreieren. Also bitte nicht angewidert die Nase rümpfen, wenn ein erfahrener Whisky-Genießer von seinen »Blends« schwärmt. Lieber interessiert zuhören und sich ein Glas zum Probieren geben lassen.

Whisky-Experte und Fachberater Helmut Koch.

Helmut Koch empfiehlt, sich je sieben oder acht **schottische Highland** und **Speyside Single Malts** plus ausgesuchte **Blended Whiskys**, gerne auch ein oder zwei davon in Fassstärke, in den Erstbestand zu holen. »Blendeds« beispielsweise von **Robert Burns**, **Douglas Laing**, **Lombard** oder **Compass Box**. Als Preis-Leistungsempfehlung und Beweis dafür, dass gute **Blended Scotch Whiskys** auch schon in der 20-Euro-Preisklasse zu haben sind, verweist er auf den fünfjährigen **Bank Note Scotch**, abgefüllt vom traditionsreichen unabhängigen Bottler **Rattray**. Ein Flüster-Tipp unter den torfigen Single Malts, einer darf es ja sein, ist übrigens der ebenfalls von **A. D. Rattray** stammende, relativ junge **Cask Islay**, der aus einer streng geheimen Destillerie stammt und für ein geniales Geschmackserleben steht. Richtig, richtig gut! Ein besonderer Vertreter seiner Highland-Art als Single Malt ist für Helmut Koch zudem der **Wolfburn Northland**.

Neben den Schotten gehören für unseren Experten außerdem drei oder vier milde **Irish Whiskeys** in die Erstauswahl. Entweder aus dem Kreis der bekannten Marken wie **Bushmills** – da ist es für ihn der relativ günstige **10-jährige Single Malt** oder **Jameson** sowie **Tullamore Dew**. Noch spannender findet er aber **Quiet Man**, **Hyde** und **West Cork** – alle mit Preisen unter 30 Euro. Die meist etwas weicheren, dreifach-gebrannten irischen Whiskeys brauchen sich hinter ihren schottischen Nachbarerzeugnissen trotz häufig günstigerer Preise keineswegs zu verstecken. Sie werden ebenso sorgfältig destilliert wie erstklassig im Fass gereift und entwickelt. Ihr einziges Manko – wenn es denn eines ist – liegt im geringeren Marketingrauschen und den fehlenden Trend-Aufschlägen.

»America First« sieht unser global genießender Spirituosenfachmann aus dem äußersten Westen von good old Germany für Whiskys leider nicht. Empfiehlt aber trotzdem, eine Auswahl von drei oder vier richtig guten **amerikanischen Whiskeys** zum puren Genuss auf die Erstbestandsliste zu setzen. Bevorzugt **Kentucky Bourbon** und **Tennessee Whiskey**. Einer seiner Favoriten – meiner übrigens auch – ist der als handgefertigter Bourbon vielfach prämierte **Woodford Reserve**. Als spannendes Kentucky-Ergebnis der völlig anderen geschmacklichen Art hat er den **1776 Rye Whiskey** mit seinen über 90 % Roggenanteil auf dem Empfehlungsradar. Bei **Tennessee Whiskey** ist die Traditionssorte **Sour Mash** des zwölfjährigen **George Dickel** für ihn eine gute Wahl, genau wie ein Klassiker, der **Single Barrel** von **Jack Daniel's**.

Zwischenbilanz: Schottland satt, Irland gut vertreten, Amerika Nord auch. Fehlt dem Experten was zur Grundbestückung? Es könnten ja für 1.000 Schleifen noch ein paar Flaschen dazu, wenn bis jetzt alles preislich im Rahmen zwischen 20 bis maximal 50 Euro blieb. Also Zukauf im Land der aufgehenden Sonne, **Japan**. Erzeugnisse aus Japan findet unser Ratgeber richtig spannend. Tolle **Blended-Whisky-Kultur**, großartiges Knowhow und damit eine spannende Ergänzung fürs Grundsortiment. Die ebenso im Freundeskreis für Aufmerksamkeit sorgt wie sie eine dekorative Zierde fürs Regal ist, feine Geschmackserlebnisse inklusive. Auch unter 50 Euro! Zum Beispiel den **Agashi White Oak** oder den **Hibiki Japanse Harmony**. Letzterer kratzt aber am Budget. Und dies bei den älteren Jahrgängen so richtig, da werden aus tausend Euro dann drei oder vier Flaschen.

Und **deutsche Whiskys**? Dazu sagt er ganz klar Ja! Ein paar immer, auch schon zum Start. Was erst vor zehn bis fünfzehn Jahren in kleinen Destillen, überwiegend Abfüllbrennereien, begann, ist inzwischen zum echten Diskussionsthema auch bei den Vertretern der angeblich einzig reinen Lehre – also den Genießerfreunden schottischer Blends und Single Malts – geworden. Mit Whiskylinien wie **Slyrs** von **Lantenhammer**, **Finks schwäbischen Finch Whiskys**, den **Hillock Whiskys von Habbel** und einigen weiteren mit viel Leidenschaft und erstklassiger Destilliertechnik plus Fishing und Fasslager-Wissen agierenden kleinen und mittelgroßen Brennereien. Richtig alte Single Malts jenseits der 12-Jahre-Fasslagerung kennt man in Deutschland im klassischen Handel somit noch nicht. Aber dafür spannende heimische Destillate insbesondere bei den fünfjährigen Whiskys. Für Helmut Koch liegt hier noch viel Potenzial im feinen Kleinen, denn zu Regalfüllern im Lebensmittelhandel taugen diese Erzeugnisse mangels Masse eindeutig nicht. Raritätenpotenzial wittert er dafür schon für einiges, was heute noch in den Warehouse-Fässern schlummert und dort fachkundig gehegt und gepflegt wird. Sein Tipp: Abwarten, und dabei bitte nicht nur Tee trinken.

Ich habe bei der Auflistung der Grundbestückung zwar nicht genau mitgerechnet, aber einige Flaschen lagen ja trotz spannender Trinkinhalte erkennbar in der 20-Euro-Preisliga. Was die Frage erlaubt, ob diese Auswahl nicht durch einen Stoff abgerundet werden darf, der sowohl Genuss- wie auch Sammlerpotenzial für zukünftige »Whiskyliebhaber« bietet. Wo, bitte, ist diese Flasche? Sie war bereits im Bild! Wir zoomen mal auf das, was unser Experte so unschuldig lächelnd in die Autorenkamera hielt.

Könnt Ihr es erkennen? Es ist ein 21 Jahre alter **Glendronach Parliament Single Malt** mit perfekten 48 % vol., gelagert ausschließlich in Oloroso- und Pedro-Ximenez-Sherry-Fässern in einer der ältesten schottischen Highland-Destillerien. Da lacht das frisch erschlossene Whisky-Genießerherz. Well done, good job ... für sportliche, aber absolut klug angelegte zirka 100 Euro Ladenpreis.

ÜBERALL GIN

Hättet Ihr nach so viel gehaltvoller Sachinformation Lust auf einen kurzen augenzwinkernd nachdenklichen Zwischenruf? Ich habe mir mal ein paar leicht »unsachliche« Gedanken zu einem Drink gemacht, der momentan besonders stark im Interessenfokus steht und mächtig gehypt wird: Gin!

Nicht alles Flüssige, was glänzt oder ein schickes Etikett hat, schmeckt auch spitze!

Gin gibt es, wie alle anderen Spirituosen auch, in »sensationell«, »sehr gut«, »echt ordentlich«, »na ja« und in »nur billig«. Mit einer aufgrund der Vielzahl von mischbaren Botanicals sagenhaften Geschmacksvielfalt und Markenauswahl. Von Klassikern wie dem London Dry Gin bis hin zu Old Tom. Großartige Spirituosen, auf die ich später noch detailliert in zwei Kapiteln eingehe. Was mir bis dato aber völlig unbekannt war, ist die Kategorie »German Marketing Bullshit-Gin«. Eine ganz besondere »Destillat-Ecke« mit ständig zunehmender Angebotsauswahl. Offenbar entstanden auf Hinterhöfen und in Untergeschossen deutscher Universitäten mit Marketing- und Grafikdesign-Studiengängen. Anders kann ich mir das nicht erklären. Da muss es für zukünftige Studienabbrecher als Gin-»Markengründer« in den Kellern und Katakomben der Studieranstalten ein gewaltiges Angebot an Gewürz- und Kräutermischungskursen (Unique Botanical Creating) und Etikettendesign-Seminaren geben! Sonst würden Teile des Handels nicht mit einem überschwappenden Angebot neuer deutscher Gin-Sorten überflutet. Traumhaftes Etikettendesign von bäuerlich-ländlich über retro bis voll punkig. Dabei liegt keine dieser putzigen Deko-Pullen unter 30 Euro Ladenpreis. Und überall haben ganz besondere Kräuter im Mazerat geköchelt, von der Frucht des ostbengalischen Huppu-Duppu-Strauches bis zu bei Westwind und Dreiviertelmond geernteten teilveganen Wacholderbeeren aus der Heinrichsheide.

Dieser Marketing-Gin bietet einfach mehr als all das »normale Zeug« aus klassischen Destillerien. Und ist, ich habe mich tatsächlich an ein paar dieser Pullen rangetraut, tatsächlich geschmacklich ein Erlebnis der besonderen Art. Was vom Duft nicht immer ganz an die Rasierwasser meiner bevorzugten französischer Parfümeure rankommt, aber im hammerharten Abgang manches grobe finnische Hausdestillat schlägt. In der verdauungsfördernden Wirkung sogar um Längen! Prost. Am besten gleich im Regal oder Onlineshop stehen lassen oder – falls doch gekauft – mit Brauchwasser verdünnt in den Gulli kippen. Damit wieder Platz im Spirituosenbestand für richtig gute Gin-Sorten und -Marken ist. Die übrigens durchaus aus Deutschland kommen können. Solange Ross (Brennerei) und Reiter (Vermarkter) zueinanderpassen und namentlich positiv bekannt sind. Wie zum Beispiel bei Monkey 47, Windspiel, Granit, Bill, Gentle 66, Siegfried und einigen anderen.

Ich gestehe es direkt. Ich bin und bleibe ein echter Fan nicht nur von High-End-Genüssen, sondern mindestens so sehr von ebenso einfachen wie guten Gaumenfreuden. Das gilt bei mir für ein ordentlich gereiftes Jungbullen-Steak vom Metzger aus dem Nachbardorf genau wie für einen sauber gebrannten fairen Bauernkorn dem man seine Getreideherkunft erschmeckt. Oder einen frisch auf die Flasche gezogenen jungen aromatischen Tresterbrand aus der 30 Kilometer entfernten unscheinbaren Winzerei-Destille. Natürlich ist ein original japanisches Wagyu-Rib-Eye-Steak eine ebenso geniale Geschmacksoffenbarung wie ein 40jähriger Single Malt-Whisky in Single Barrel-Qualität. Königsklasse im Geschmack und dito beim Preis. Aber deshalb ist doch ein normales handwerklich und fachkundig erzeugtes lokales Gegenstück nichts Verkehrtes oder gar Schlechtes.

KAPITEL 2

DEUTSCHE SPIRI- TUOSEN

KAPITEL 2

40	Einleitung
48	Birkenhof-Brennerei
51	Die Lantenhammer-Destillerie und Slyrs Whisky
55	Black Forest Destillerie
56	Bill Gin, Alte Hausbrennerei Billen
58	Hillock Park Distillery, Habbel's Destillerie & Brennerei
61	Sauerländer Edelbrennerei
62	Emil Scheibel Schwarzwald-Brennerei
63	Brennerei Ziegler
64	Windspiel Manufaktur
66	Finch Whiskydestillerie
69	Spreewood Distillers
69	Feinbrennerei Sasse
70	Number Nine Spirituosenmanufaktur
71	Gin- und Wacholderbrennerei Steinhagen
72	Obsthof am Berg
72	Spezialitäten-Brennerei & Whisky Destillerie Liebl
73	Hausbrennerei Penninger

EINLEITUNG

Vielen lokalen Spirituosen fehlt vielleicht die nachgewiesene Prominenz des »Besten vom Besten«, dafür sind sie aber öfter und leichter zu haben. Meist liefern sie zu ihrem richtig guten Genusserlebnis auch noch spannende Geschichten. Gutes muss demzufolge – das gilt auch für unsere Drinks – nicht zwingend teuer oder unbedingt aus fernen Landen sein. Da »echte Kerle« nach meiner Definition ohnehin eher normale, selbstbewusste und lebensneugierige Genuss-Männer als überhebliche Snobs sind, versteht Ihr ganz schnell, wo ich mit dem Kapitel über deutsche Spirituosen hin möchte …

Und noch etwas, ebenfalls gleich zu Beginn. Ich respektiere jeden in seiner ganz eigenen Wahrnehmung und Entscheidung zur Spirituosenauswahl. Wem stünde es zu, darüber zu befinden, was anderen gut oder schlecht schmecken darf? Das muss jeder für sich selbst entscheiden. Deshalb wird es hier wie in den weiteren Kapiteln nur positive Vorstellungen und Vorschläge geben. So viel Freundlichkeit hat ihren Grund: Es gibt nämlich inzwischen gerade in Deutschland so reichlich besonders gute Drinks, dass ich den ganzen Platz für deren Geschichten brauche. Da bleibt kein Raum für Negativkommentare zu Gabiko und Weinbrandverschnitt.

MEIN TIPP

Meine erste Empfehlung zu deutschen Drinks geht an die selbstbestimmten Entdecker und neugierigen Geschmackseroberer unter Euch: Begebt Euch doch einmal auf die Suche nach guten Brennereien in Eurer Heimatregion. Am besten dann, wenn wenig Touristen auf Erkundungstour sind. Wer selber suchen möchte, der findet meist guten Rat zu Brennereien bei deren Rohstoff- und Zubehörlieferanten, wie zum Beispiel Raiffeisen-Märkten mit angeschlossenem Landhandel. Oder befragt ortsansässige Apotheker. Aber dort am besten den Chef höchst persönlich. Das klappt übrigens auch im Urlaub bei der Destillensuche. Warum ausgerechnet Apotheker? Aus drei Gründen: Sie sind der nicht zur Schweigepflicht verdonnerte und leicht auffindbare ortsgebundene »Info-Trichter« des Gesundheitsbusiness und kennen somit so gut wie jeden wichtigen Kopf rund um ihren Firmensitz. Außerdem können Apotheker sich die feinen lokalen Genussprodukte wirtschaftlich ganz gut leisten. Und, das ist ein echtes Plus dieser Leute: Sie lassen nichts Alkoholisches in ihren Körper, was nicht ihre eigenen hohen Qualitätsansprüche erfüllt. Ich habe das x-mal in Weinregionen ausprobiert und zuletzt auch in Süddeutschland in ländlichen Regionen ein paar Volltreffer zu exzellenten Nebenerwerbs-Brennereien gelandet.

Deutschlands Spirituosenlandschaft im Qualitätssegment – bei der ich die Obstbrände wie angekündigt als Drinks weglasse – ist inzwischen zu einem interessanten kleinen, aber umso feineren und stetig wachsenden »Spirit-Kosmos« herangereift. Der sich, insbesondere wenn es um die fassgelagerten Getreidebrände geht, bei einer ganzen Reihe von Destillen durchaus mit den Erzeugnissen der traditionellen Herkunftsländer messen kann, vor allem von Whisk(e)y. Aber dies für uns normale Genießer außerhalb der Expertenriege im Grunde ja gar nicht muss. Wozu unbedingt vergleichen, wenn das Eigenständige den wahren Reiz ausmacht? Wir haben für Freunde purer Drinks im ganzen Land großartige Angebote. Selbst der lange Zeit unter Genießern totgesagte Korn findet neue Freunde. Dank leidenschaftlicher Craft-Destiller sowie alteingesessener Traditionsbrennereien, die wieder Sinn für Qualitätserzeugnisse entwickeln und ihren Mitarbeitern Freiräume für Neuentwicklungen schaffen.

Bei meinen Recherchen habe ich durchweg Positives erleben dürfen und großartige Menschen in einer ganzen Reihe von Betrieben auch persönlich kennengelernt. Die, egal ob kleiner Abfindungsbrenner oder Mitarbeiter einer großen mittelständischen Brennereigruppe, alle eins wollen: Spirituosen erzeugen, auf die sie stolz sein können. Die Genießer im eigenen Land und auch aus anderen Trinkkulturen begeistern und zu zufriedenen Wiederholungskäufern machen. Ich habe viel darüber erfahren, dass gute Destillate zu erzeugen sowohl eine Handwerkskunst als auch ein perfekt austarierter Produktionsprozess mit moderner Industrietechnik sein kann. Der dann aber nicht nur aus den Hightech-Brennblasen- und Kolonnenapparaten besteht, sondern sein erstklassiges Geschmacksergebnis aus einer Vielzahl von manuellen Eingriffen und besonderen Zutaten bezieht – insbesondere bei der Gin-Erzeugung.

Geschmack ist – wie wir wissen – ein subjektives Empfinden, da spielen die Eindrücke, die unser Kopf dazu beisteuert, natürlich eine ganz gewichtige Rolle. Die besten Geschmacksbilder erzielt man sicherlich, wenn sich zum genussbereiten Flaschen- oder Glasinhalt auch die Vorstellung zur Entwicklung des jeweiligen Destillats gesellt. Am besten durch eigenes Erleben.

Probiert das einfach aus: Trinkt daheim mit Muße erst ein paar Gläser eines richtig guten deutschen Gins, Whiskys oder Vodkas. Besucht anschließend, wo das möglich ist, die Herkunftsbrennerei. Macht dort am besten eine Betriebsführung mit – beginnend mit einigen zerkauten Getreidekörnern, gemälzter Gerste oder zwischen den Fingern zerriebenen Kräutern und Gewürzen aus der Botanical-Mischung für Gin. Wenn Ihr dann an köchelnden Maischebottichen und aromatisch duftenden Brennblasen und Destillierkolonnen vorbeigezogen seid und direkt von der Vorlage kosten durftet, danach bei Whiskys vielleicht sogar noch das Warehouse mit seinen gut gefüllten Fassreihen inspiziert habt, fahrt heim und macht es Euch gemütlich. Das nächste Glas des vor einiger Zeit verprobten Drinks schmeckt nun sicher anders – viel besser. Jetzt ist die Wertschätzung für die erstklassigen Grundstoffe, das reine Quellwasser, den langsamen Gär- und aufwendigen Destillationsvorgang und die Fassreife mit ins Glas geflossen. Da will keiner mehr »kippen«, der Drink wird auch ohne offizielles Tasting nun Schluck für Schluck bedächtig aufgenommen. Willkommen in der Welt der deutschen Spitzendestillate!

Das lässt sich, mit dem Blick auf Whisky, aber noch mal etwas anders ausleben. Größer, prächtiger und ungleich umfassender. So wie es Genusskerle mögen, mit einem richtigen Plan! Einer Reise mit Zielpunkten auf der Deutschlandkarte, die ganz großes Kino versprechen. Eroberungen einer vielleicht nicht komplett neuen Welt, aber doch von vielen unbekannten, aber dafür absolut erkundungswerten Geschmackslandschaften.

Geboten vom Verband Deutscher Whiskyhersteller e.V. – einem ganz besonderen Spirituosenbund. Mit Whisky-Genuss-Pausen zwischen Bremen und Angermünde im deutschen Norden bis runter nach Albbruck, Kressbronn und Grabenstätt im Süden der Republik. Dort und dazwischen liegt Whisky-Deutschland at it's best. Versprochen! Ich habe es ausprobiert. Nicht die ganze Strecke des deutschen »Whisky-Pfads«, aber ein paar dieser Landmarken mit Brennereien drauf wurden von mir besucht. Das war so gut, ich könnte sofort wieder los! Geht einfach im Netz auf die Seite www.deutsche-whiskybrenner.de und seht Euch in Ruhe um. Am besten zum Aufwärmen mit einem guten Glas in der Hand …

Als Autor war ich in der Pflicht, nicht nur auf der Seite herumzustöbern, sondern mir Eindrücke vor Ort zu verschaffen. »Live« liefert nun mal immer das beste Ergebnis. Insbesondere, wenn es um die Menschen geht, die sich auf den risikoreichen Weg gemacht haben, dem Whisky in Deutschland eine eigene Dimension zu bescheren. Ich war neugierig auf diese Leute, die sich – so eigenartig das klingen mag – nach der Erzeugung ihrer Destillate vor allem in Geduld üben müssen. Das Lebenswasser Whisky hat nach der »Destillationsgeburt« längere Wartezeiten zu bestehen, bevor es seine Trinkbestimmung findet. Unter drei Jahren Fasslagerung läuft da wenig. Und viele Oldschool-Whiskyfreunde sind bis heute der Meinung, ein Whisky unter 10 bis 12 Reifejahren hätte nicht genug Aromenvielfalt und Geschmack zu bieten. Das ist mittlerweile zwar durch zahlreiche Blindverkostungen von Experten deutlich widerlegt, aber es bringt selbst dem besten »New Make« wenig, wenn er von der Destille nach einer kurzen einjährigen Ruhepause im Fass zu schnell in Flaschen abgefüllt wird. Wer also lässt sich wohl auf so ein Abenteuer ein? Erst viel Arbeit und hohe Investitionen in Technik, Wareneinsatz sowie extrem teures Verwahrgehölz und dann jahrelang nur staubige Fässer umfüllen, Inhalte wenden, warten und dabei zusehen, wie sich Jahr für Jahr knapp ein Zwanzigstel des Inhaltes in Luft auflöst. Die paar schmackhaften Fassproben zwischendurch rechtfertigen dieses Stoiker-Dasein mit einer satten Portion Masochismus aufgrund spürbarer Schmerzen wegen des unvermeidbaren Verdunstungsverlusts der Edelware wohl kaum. Oder doch?

Am besten man besucht so einen vermeintlichen »Stoiker und Masochisten« einfach mal. Ich habe dazu den derzeitigen Präsidenten des 2012 gegründeten Whiskyverbandes, Hans-Gerhard Fink, der gleichzeitig Eigentümer der Finch Whiskydestillerie ist, in seiner Brennerei in Nellingen aufgesucht. Der Begriff »Präsident« strahlt ja schon etwas sehr Weltläufiges und Respekteinflößendes aus – den gegenwärtigen US-Präsidenten leider ausgenommen. Und dann sogar noch deutscher Präsident eines Welt-Spirituosen-Kulturgutes. Das ist was! Dagegen ist jede noch so attraktive oder zukunftsweisend politisch ambitionierte Weinkönigin nette Regionalfolklore. Herr Fink hat es mir beim Kennenlernen in Nellingen – ich hatte extra vorher noch mein Auto im Nachbardorf gewaschen, um einen guten Eindruck zu machen – leider komplett versaut. Nix da mit präsidialer Attitüde und distanziertem Überlegenheitshabitus. »Ich bin Hans-Gerhard Fink, Bauer Fink«, so wurde ich von einem drahtig sportlichen Mann mittleren Alters mit wachem offenem Blick und festem Händedruck auf seinem Hof begrüßt. So, so. »Bauer Fink.« Das klang im Nachsatz wenigstens ein bisschen nach »Mein Name ist Bond. James Bond!« Also diesem unbestimmbaren, aber latent warnenden Unterton im Vorstellungsritual. Leider wieder Fehlanzeige. Hans-Gerhard »Bauer« Fink hat weder was von unserem Bundespräsidenten, noch von britischen Geheimagenten. Er ist einfach nur ein kluger, sympathischer und gerader Zeitgenosse, der vor allem mit Leib und Seele Landwirt wie Whiskydestiller ist. Und ehrenamtlich nebenbei noch, gemeinsam mit Kollegen anderer Brennereien, im Präsidium, dem jungen, aber aufstrebenden deutschen Whiskyverband Gesicht und Stimme gibt. Er kann das. Landwirtschaft aus Familientradition und mit einem Agraringenieur-Abschluss im Wissensgepäck schon sehr lange. Whiskys unterschiedlichster Art destillieren und via Fassreife zum Gaumengenuss machen ebenfalls. Das Brennerei-Handwerk hat Fink zunächst mit Obstbränden erlernt. Sowie über lange Jahre aktiv wissensverfeinert, begleitet von einem Studienfreund und Experten aus der Destilliertechnik, zur Produktreife geführt. Mit seinem ersten »New Make« im Jahr 1999. Inzwischen ist seine schwäbische Finch Whiskydestille mit ihrem Erzeugermotto »Vom Feld ins Glas« und einer Jahresproduktion von zirka 250.000 Litern unterschiedlichster Whiskyspezialitäten Deutschlands größte Whiskybrennerei. Davon später im Kapitel mehr.

▲
Hans-Gerhard »Bauer« Fink, Präsident des Verbands Deutscher Whiskybrenner.

Bei unserem unterhaltsamen Rundgang durch seine Brennerei – Technik neuester Stand, Destillier-Knowhow dafür deutlich älter – erzählt Herr Fink von den unterschiedlichen Lebensläufen seiner Verbandskollegen quer durch die Republik. Und deren Leidenschaft für die handwerklich erstklassige Erzeugung deutscher Whiskys aus verschiedenen Getreidearten. Zu seinen Kollegenbetrieben zählen sehr traditionsreiche Korn-, Likör- oder Obstbrennereien, deren Eigentümer zum Teil ganz gezielt auf das zusätzliche Standbein Whisky gesetzt und es akribisch und fokussiert mit hohen Qualitätsvorstellungen aufgebaut haben. Oder mutige »Macher«, die aus persönlicher Neigung und Experimentierfreude eher zufällig zu richtigen Whiskydestillateuren und Anbietern wurden. Ebenso dabei sind Seiteneinsteiger wie er selbst, die aus der Landwirtschaft kommen. Genau wie oft junge Winzer und Bierbrauer, die einfach noch mal mehr oder anderes wollten und sich deshalb der Whiskyerzeugung verschrieben haben. Ich lerne, dass überwiegend kleine und mittlere Betriebe die deutschen Whiskys machen. Und dies teilweise ganz klassisch in der kompletten Erzeugerkette vom Getreide auf dem Feld bis zur Flaschenabfüllung. Einige verzichten aber auch auf den Anbauteil und lassen sich Korn oder Malz zum Maischen zuliefern. Zum Teil sogar gleich den Würzsud – den »Wash«. Dann jedoch von besonders guten Bierbrauern. Diesen Destillern fehlt es keinesfalls an hohen Qualitätsansprüchen, sie wollen sich halt nur auf den für sie wesentlichen Kern der Whiskyerzeugung konzentrieren: Den erstklassigen Brennprozess und das Finishing – die Fassreife.

Fink selbst setzt wie die meisten seiner Verbandskollegen bei der Getreideauswahl nicht nur auf die Traditionsgetreide der Welt-Whisk(e)ys. Neben Gerste, Roggen und Mais destilliert er außerdem lokale Urgetreide wie zum Beispiel Dinkel für seine Manufakturwhiskys. Allergrößten Wert legen die guten deutschen Whiskymacher – inklusive jener ohne Verbandsanbindung – auf die Qualitätsauswahl ihrer Lagerfässer. Da kostet ein mit altem Sherry oder jungem Bourbon vorbelegtes Fass mit besonderer Herkunftshistorie beispielsweise aus Übersee oder dem Süden Europas gut und gerne mal ein

paar tausend Euro. Obwohl niemand ganz sicher sein kann, was so ein Extraklasse-Fass final aus dem jungen Getreidedestillat, dem »New Make«, tatsächlich über die Jahre macht. Sieg oder Platz entscheidet sich erst zum Ende der Lagerung, handwerklich bestes Fassmanagement hin oder her. Ich bekomme mit jedem erklärenden Satz von ihm mehr Respekt vor dem, was später ins Glas kommt. Bei »Bauer« Fink und seinen gleichgesinnten Brennereikollegen wird noch oder vielleicht wieder bestes Brennereihandwerk gelebt! Das hier ist Genuss aus der Heimat, durch und durch. Ehrlich und unverfälscht. Vom besten Getreide auf dem Halm bis zum perfekten Trinkergebnis aus der Flasche. Genau so entsteht erstklassiger fassgelagerter Trinkstoff. Weil es bei manchen dieser Betriebe in Summe nur wenige tausend Flaschen sind und selbst Finks eigene, für deutsche Whisky-Verhältnisse relativ große, Finch Brennerei von ganz bestimmten Spezialitäten mit langer Fassreife nur kleine Auflagen auf die Flaschen bekommt, liegt bereits Sammlerpotenzial in der Genießerluft. Zumal die internationalen Auszeichnungen und Prämierungen deutscher Top-Whiskys mittlerweile deutlich zunehmen. Die von steigender Nachfrage und begrenztem Angebot bestimmten Abgabepreise natürlich auch. Einige deutsche Spitzenwhiskys sind bereits im internationalen Teil der weltweiten Fangemeinde auf dem »Kaufen-und-Halten-Radar«, das macht sie garantiert nicht mehr günstiger. Respekt!

Dass natürlich nicht alle richtig guten deutschen Whiskydestiller im Verband Deutscher Whiskyhersteller organisiert sind, gibt Hans-Gerhard Fink unumwunden zu. Und findet das auch nicht schlimm. Viele erstklassige Craft-Destiller sind eben Individualisten. Einige so sehr, dass sie keine Lust haben, ihr Knowhow und ihre zum Teil geheimen Lagerschätze mit einem größeren Kreis gleichgesinnter Lebenswasser-Macher zu teilen. Fink und seine Verbandskollegen ficht das nicht an. Der Whiskyverband ist für alle Brennereibetriebe offen, die mitgestalten wollen und sich den hohen Qualitätsanforderungen an eine Mitgliedschaft stellen. Ein Marketingclub wird aus der Vereinigung deshalb ebenso wenig wie eine Verkaufsgenossenschaft zur flächendeckenden Belieferung des filialisierten Lebensmittel-Einzelhandels. Lieber setzen die meisten der beteiligten Betriebe auf Eigenvermarktung vor Ort. Zum Teil mit richtigen Erlebnisbetrieben und offenen Schau-Brennerei-Arealen. Publikumsmagnete in denen Whiskyfans sehen, fühlen und schmecken können, wie gut deutscher Whisky inzwischen ist. »Bauer« Fink hat bislang darauf verzichtet, plant aber offenbar was Passendes – in den nächsten Jahren.

Zum Abschluss meines Besuchs bei ihm geht es noch ein paar Dörfer weiter. Der Herr Präsident und Bauer – oder andersrum – verbindet mir zwar nicht die Augen und fährt mich danach nicht ziellos im Kreis. Aber seine Ansage wird ebenso höflich wie klar vorgetragen: »Ab jetzt bitte keine Fotos mit Standortkoordinaten auf dem Smartphone und ebenfalls keine Ortsnamen mehr für die Story im Buch.« Zitat Ende. Okay, ist abgemacht! Ich bin überrascht sowie leicht elektrisiert: Also doch noch eine kleine Bond-Story als krönendes Finale? In der Hans-Gerhard »Bauer« Fink-Fassung? Yep, zumindest so ähnlich. Als wir am Zielort ankommen, muss ich zwar nicht die Präsenz meines Revolvers im Quick-Draw-Holster überprüfen, aber ich verstehe ziemlich schnell sein Diskretionsinteresse. Wir parken in einer landwirtschaftlichen Hofanlage mit mehreren großen Hallen. Das darf ich schreiben, davon gibt es überall in Baden-Württemberg schließlich eine ganze Menge. Und auch was drin ist, in diesem unauffälligen, aber trotzdem für wache Augen erkennbar gut gesicherten Gehöft. Die mittlere Halle ist mit diversen Landmaschinen befüllt, ein mega-fetter Traktor und ein mächtiger Mähdrescher inklusive. Sowie, sauber davon getrennt, riesige Getreidelandschaften. Alles sehr beeindruckend und der klare Nachweis landwirtschaftlicher Kernkompetenz inklusive Sinn für PS-starkes Acker-Großgerät. Aber für sowas keine Ortskoordinaten und Außenanlagen-Fotos? Deswegen nicht, aber wegen der Hallen links und rechts davon! Das sind Fassläger, das riecht man schon am Eingangstor.

Nicht die einzigen von »Bauer« Fink, aber zwei, die es echt in sich haben: Fässer, nix als Fässer. Wohl über tausend. In irre langen Reihen zig Meter hoch. Jeweils rund 190 Liter Whisky pro Fass – lassen wir den angels share von etwa 4 % pro Jahr mal weg – in ihren runden Edelholzbäuchen. Der Fink'sche Whisky-Gral. Und was für einer, Männer! Hier würde ich gerne bleiben, vielleicht sogar mal eine Weile im Sommer einziehen. Geht leider nicht, aber dafür gibt es einige Geschmacksproben aus

*Warehouse Finch
Whisky-Destillerie.*

ein paar ganz besonderen Fässern. Unterschiede schmecken. Sowohl der Getreidearten wie auch der Jahrgänge. Kleiner Junge in der Stollwerck-Schokoladenfabrik zu sein, war damals echt klasse, aber großer Kerl heute im Whisky-Warehouse von Finch ist sensationell!

Danke an Hans-Gerhard Fink für dieses Erlebnis. Und all die hoch interessanten Informationen zur bisher zwar noch jungen, aber trotzdem bedeutsamen deutschen Whiskygeschichte. Die sich, da darf man sicher sein, zu einer festen Whiskykultur entwickelt. Mit richtig guten puren Drinks in breiter Geschmacksvielfalt für Genießerfreunde von Craft-Spirits auf Getreidebasis. Seht es Euch einfach an, gleich hier im Buch. Und danach bei Besuchen von richtig guten Brennereien im ganzen Land. Es muss ja nicht nur Whisky sein, sondern gerne auch ein anderer Qualitätsbrand. Hauptsache, es schmeckt Euch und Ihr seid glücklich!

Wir brechen jetzt zügig auf, zu zehn etwas ausführlicheren Erzeugergeschichten, plus weiteren Kurzportraits sowie einigen zusätzlichen Hotspots in Stichworten. Eines dazu vorweg: Es werden weder Spitzenränge noch Trostplätze durch die Reihenfolge in diesem Kapitel verteilt. Dieses Kapitel lebt von seinem Mischungsverhältnis. Weil es nicht nur eine Spirituosenart abhandelt, sondern die Schwerpunktdrinks Whisky und Gin aus Deutschland. Jeder der aufgeführten Betriebe ist auf seine Art einzigartig und besonders. Und viele nicht genannte sind das auch. Weil sie alle eines wollen: Deutschen Qualitätsspirituosen zu mehr Bedeutung und Interesse zu verhelfen. Genau das will ich ebenfalls! Weil ich der festen Überzeugung bin, dass sie es verdient haben, gemocht, geschätzt und häufiger getrunken zu werden. Macht mit und lasst Euch überzeugen. Genießt, mit mir gemeinsam diese kleinen Geschichten rund um und über die neuen deutschen Erlebnisdrinks.

Ich beginne dazu mit einer Familienbrennerei, bei der sowohl Whisky, Gin sowie auch regionale Traditionsspirituosen eine tragende Rolle spielen.

BIRKENHOF-BRENNEREI

Blickfang im Birkenhof-Besucherforum: die moderne Whisky-Destille.

Zu Besuch beim »Team Klöckner« in Nistertal, im Westerwaldkreis in Rheinland-Pfalz. Der Wind pfeift mächtig rund um das schicke Besucherforum, in das die moderne, kupfern blitzende Destilliertechnik eingebettet ist. Zum »Whisky Warehousing« ein idealer Platz, der für ein paar ganz besondere Geschmacksnuancen sorgt. Bei Familie Klöckner steht bei allem Sinn für Publikumsinteresse und Wohlfühlatmosphäre vor allem eines im Mittelpunkt: das Erzeugen bester Destillate!

Mögen die mächtige moderne 1.400-Liter-Whiskydestille und die in einem Nebenraum verbauten Kolonnentürme auch noch so das Auge des Besuchers erstrahlen lassen, Peter und Steffi Klöckner und ihre Söhne Lukas und Jonas – als 8. Birkenhof-Generation – bleiben geerdet und freundlich gegenüber jedermann. Sie sind aufgeschlossene Botschafter ihrer Spirituosen-Genusswelt, zu der neben Whiskey auch Gin gehört. Man sollte die Gelegenheit zu einem persönlichen Austausch nutzen, um mehr über ihre Passion für fassgelagerte Getreidebrände zu erfahren.

Denn es gibt viel zu erzählen und auch geschmacklich zu erkunden. Es geht zurück bis ins Jahr 2002, das Geburtsjahr des »Fading Hill«-Whisky vom Birkenhof. Craft Whisky made in Westerwald. Das Birkenhof-Team verfügt nicht nur über handwerkliches Brennerei-Knowhow in Verbindung mit High-Tech-Destilliertechnik, sondern versteht auch eine Menge von Marketing. Ein erstklassiges Gesamtpaket!

Whisky spielt für den Birkenhof eine immer wichtigere Rolle, die Anzahl der Whiskysorten aus Nistertal ist dennoch überschaubar. Eine ganze Reihe der inzwischen über 200 Whiskyfässer bergen zum Teil sehr unterschiedliche Destillatschätze, die erst in einigen Jahren gehoben werden. Auf die Flaschen kommt nur, was von den Klöckners als Whisky mit besonderem Genusserlebnis für trinkwürdig befunden wurde. Was verkauft ist, ist aus dem Markt. Da gilt es, als Whiskyfan schnell zu sein, wenn sich eine neue Abfüllung ankündigt. Ich war schnell und möchte Euch zwei Whiskys vom Birkenhof vorstellen:

Fading Hill 2016 ist ein Single Malt mit sechsjähriger Fassreife. Er wurde 2009 destilliert und kam 2015 in die Flaschen. 46 % vol. bringt er aus seiner Fassreife als Single Cask aus den nur einmal vorbelegten amerikanischen Bourbon-Fässern mit. Ein extrem reiner Whisky, in dem sich Zitrusnoten ebenso finden lassen wie, ja tatsächlich, diskrete Bittermarmeladen-Anklänge. Ein echter Kerle-Drink, dessen ganz eigener Charakter sich schon beim ersten Glas an Nase und Gaumen erschließt. Und dann beim zweiten Glas seine besondere Klasse im Abgang bestätigt.

Mein zweiter Tipp ist ein etwas anderes »Kaliber«. Der im Juni 2010 destillierte, nach knapp sechsjähriger Fassreife in zwei Sherry-Fässern verbundene und in die Flaschen expedierte **Fading Hill 2016 Single Rye** ist als Roggenwhisky ein Kerle-Stoff, den man sich gut merken kann. Schon in der Nase kraftvoll bis markig, auf dem Gaumen mit Belohnungsaromen unter anderem von Waldhonig und Schokolade verweilend und trotzdem im Abgang schon fast wieder defensiv. Ein großartiges Mundgefühl, aus dem sich Kopfkino mit ganz besonders intensiven Bildern entwickelt. Schmeckbare Destillierkunst und fühlbares sorgsames Finish. Sehr gut!

Was mir auf dem Birkenhof ebenfalls große Whisky-Genussfreude bereitet hat und deshalb als Empfehlung taugt, ist ein wahrer Musketier in der Flasche: **D'Artagnan**, ein fünfjähriger Single Malt mit 46 % vol., der im PX-Sherry- und Bourbon-Fass reifen durfte. Wer neugierig auf die Bandbreite der Birkenhof-Brennerei ist, der kommt an weiteren Kerle-Drinks vom Team-Klöckner ebenfalls kaum vorbei: Das ist zum einen der **Gentle 66** Gin, der nach sorgfältiger Destillation im Pot Still in einem Grand-Manier-Fass sein Finish erhält. Und in dem sich neben dem unverzichtbaren Wacholder unter den Kräutern und Gewürzen zum Beispiel Basilikum, Koriander, Zimtrinde und Orangenzesten wiederfinden. Very gentle und absolut zu empfehlen!

Die Reise in den Westerwald endet für mich aber erst, wenn ich Euch noch von einer Entdeckung der völlig anderen Art berichtet habe: **Christians Tropfen**. Das ist ein Hammer-Destillat für alle Kerle, denen Hartes geschmacklich einfach zu weich ist. Ich bin mir nur nicht sicher, wo das im Haushalt hingehört, dieses alkoholische Kräutermazerat mit nur 32 % vol. Es könnte als Universalhilfsmittel bei Magen- und Bauchzwacken wahlweise einen Platz in der Wohnzimmer-Hausbar, im Medizinschränkchen oder direkt neben dem Pflegeöl Ballistol im Werkzeugschrank finden. Passt definitiv überall. Wer etwas über die medizinische Heilwirkung von Kräuterdestillaten herausfinden möchte, der ist hier perfekt aufgehoben. Und sehr ernst gemeint: Er lernt dabei auch noch was über die Faszination der Geschmacksfarbe »bitter«.

Sensationell! Danke an die Birkenhof Brennerei in Nistertal für all diese großartigen Drinks. Mehr davon unter www.birkenhof-brennerei.de.

Weiter geht unsere Reise in die oberbayrischen Alpen nach Hausham und Schliersee. Dort finden sich unsere nächsten Hotspots.

Lantenhammer Brennerei in Hausham.

DIE LANTENHAMMER-DESTILLERIE UND SLYRS WHISKY

Überwältigendes Alpenpanorama, mächtiger Lantenhammer-Auftritt. Passt scho. In jeder Hinsicht. Starten wir gleich mal in deren Zentrale in Hausham, Bayern, wo 2014 mit der Erlebnisdestillerie derzeit Europas modernste Brennerei entstand. Alle waren sie zur Eröffnung da – Spirituosengenießer wie gewählte Häupter. Inklusive der Wirtschaftsministerin Ilse Aigner. Da dieses Kapitel kein Whisky-Monolog werden soll, beginne ich gleich hier vor Ort mit der Geschichte der Brennerei Lantenhammer. Deren Geschichte ist zwar historisch betrachtet deutlich kürzer als die manch anderer Spitzendestillateure in Deutschland, aber in Hinblick auf das, was seitdem aufgebaut und für die Drink-Kultur getan wurde, mehr als nur gehaltvoll. Alles begann in kleinsten Verhältnissen mit einer 1928 von Amalie und Josef Lantenhammer in Schliersee gegründeten Enzianbrennerei, aus der sich im Laufe der Jahrzehnte eine veritable Edelbrand-Destillerie für herausragende Obstbrände entwickelte. Heute werden die Geschäfte von Enkelsohn Anton Stetter in dritter Generation geführt.

Die landwirtschaftlichen Roh- und Grundstoffe werden von zertifizierten Partnerbetrieben aus der Region erworben, natürlich sorgfältig ausgesucht, alles Übrige wird bei Lantenhammer in Hausham und Schliersee (Slyrs) selbst gemacht, Fass-Finish inklusive. Da gibt es mit Ausnahme der Rezepturen und besonderen Kniffe bei der Destillation überhaupt keine Geheimnisse in Schliersee. Wer möchte, kann gucken kommen und selbstverständlich probieren sowie kaufen. Kaufen also auch, Männer. Packt Eure Rotte ins Auto und macht Urlaub in Bayern. Die Familie geht wandern. Und Ihr auch. Nur eben etwas anders … Hausham und Schliersee. Enzian, Gin und dann ordentlich Whisky. Läuft!

Ich müsste ja ganz schön einen an der Murmel haben, wenn ich hier nicht mit Enzian starten würde. Davon habe ich zwar kein hochauflösendes Bildmaterial im Bestand, aber die Visualisierung könnt Ihr Euch mit ein paar Klicks auf www.lantenhammer.de selbst besorgen. Dafür gibt's von mir den passenden Tipp. Einen meiner Favoriten, wenn es um ein Spitzendestillat aus dem Wurzelertrag von »Gentiana lutea« geht, dem Großen Gelben Enzian, der auf Hochalmen wächst: Lantenhammers **Holzfass Enzian**. Ein herber, aber im Abgang sehr souveräner Spirituosen-Kamerad, der aufgrund seiner Fassreife auch eine Solokarriere im Glas verträgt und nicht nur als Begleiter ortsüblich Mahlzeiten seinen Zweck erfüllt. Wenn Ihr vor Ort live erlebt habt, wie und was Lantenhammer brennt, probiert Ihr so oder so alles. Was nicht verkehrt ist, denn sie können – wie alle Brennereien hier im Kapitel – einfach nur (!) richtig gute, hochwertige Spirituosen.

Womit wir beim Gin wären, dem **Bavarka Gin**. Keine Ahnung, ob Anton Stetter oder sein Chefdestillateur Tobias Maier die bayerisch-russische Trinkfreundschaft bei der Namensgebung auf dem Radar hatten. Oder einfach nur diskret darauf hinweisen wollten, dass richtig guter Gin aus dem deutschen Süden sein hochprozentiges Fundament im Kartoffelbrand haben kann. Hat er hier jedenfalls. Definitiv kein Präsent für London-Dry-Gin-Puristen, aber für alle anderen gerne zu empfehlen. Einer von etlichen sportlich-frischen, dynamischen Vertretern in der deutschen Gin-Riege. Den ich mir ganz persönlich nicht nur pur oder als spannenden Mixed-Bestandteil, sondern auch mit einem Bitter Lemon in einem Glas vorstellen kann. Übrigens ist die Flasche leicht zu identifizieren. Ein alpenwiesengrünes, schlankes Design, was in meiner internen Bewertung der »Bottle Beauties« einen Ehrenplatz in der Deutschland-Abteilung bekäme.

Ein guter Zeitpunkt, sich nach Schliersee-Neuhaus zur **Slyrs Whisky-Destillerie** aufzumachen, also zur Whisky-Dependance im schicken Holzmantel. Immer wieder gut, wenn junge Leute sich auf Reisen bilden. Gerade junge, vitale Kerle, »Mannsbilder« sagt man in Bayern dazu, bringen schon mal ganze Geschäftsmodelle von ihren Reisen mit. So ging es auch Florian Stetter nach seiner Schottland-Studienreise: Er wollte Whisky machen. Und das tat er! Sein erster Slyrs Single Malt wurde 1999 abgefüllt und war ruckzuck ausverkauft. Also folgte mehr davon. Durch erstklassiges lokales Getreide, Quellwasser aus der Region – Destillierkunst ohnehin im Genpool und Mitarbeiterbestand – und die passenden Fässer war die hohe Trefferquote schon ziemlich sicher prognostizierbar.

Die Destillerie fand 2007 eine eigenständige Produktionsstätte in Schliersee-Neuhaus. Dort ist das Ursprungsprodukt in seiner aktuellen Version zuhause, der 3-jährige **Slyrs Classic Bavarian Single Malt**-Whisky (43 % vol.), den ich Euch zum Einstieg empfehle. Der Stoff bringt gute Laune in den Körper und macht Lust auf mehr: satte goldgelbe Farbe im Glas, heller feiner Duft, der mich beim Nosing im Sommer an Alpenheu erinnert. Geschmacklich entwickelt sich eine leichte Blockmalz-Note, aber auch etwas Obstiges. Und im Abgang nimmt er sich für so einen jungen Whisky erstaunlich zurück. Da merkt man, dass whiskyerfahrene Destillateurmeister am Werk waren.

Da ein höherer Alkoholgehalt unter Whisky-Fans, Stichwort u. a. »Fassstärke«, eine spannende Sache sein kann, aber manchmal auch zu viel des Guten ist, bedarf es eben echter Fachleute, um eine Spezialität wie den **Slyrs Single Malt Whisky Fifty-One** mit seinen satten 51 % vol. als Genusserlebnis zu entwickeln. In Schliersee-Neuhaus kann man das! Der Fifty-One hat außerdem als Cuvee nach den Bourbon-Fässern noch Sherry-, Portwein- oder

edle Sauterne-Fässer von innen gesehen, bevor er mit Gebirgswasser auf seine soliden 51% vol. gebracht wurde. Mächtig und prächtig, kann man nicht anders sagen. Da ist es keine Feigheit oder gar blöd, nach der ersten Verkostung ein wenig mineralarmes Wasser ins Glas zu bringen, um sich seine Fassaromen noch besser zu erschließen.

Noch mehr Slyrs geht jederzeit mit einer inzwischen breiten Auswahl sehr unterschiedlicher Whisky-Kreationen. Diese Whiskys lassen sich nicht nur vor Ort oder im Onlineshop des Unternehmens erkunden, sondern sind auch bei gut sortierten Whiskyhändlern im ganzen Land erhältlich. Whiskys, bei deren Geschmackswelten sich mancher Genießerfreund still und leise die Frage stellt, ob Florian Stetter und sein Destiller-Team um Hans Kemenater bei ihren Inspirationsreisen etwas länger in den Highlands verweilten, zum Beispiel in Tain. Wenn dem so wäre, hat es sich jedenfalls gelohnt. Eigene Pfade auf der Höhe bekannter Whiskywege zu beschreiten, führt – insbesondere mit Finishing-Inspiration – schließlich ebenfalls zum Gipfel. Und macht Lust auf ganz neue Genusshöhen. Wer wissen möchte, was ich damit meine, lässt sich von den Slyrs-Destillern zu ihren **Whisky-Finishings** und den **Raritas-Specials** begleiten. Helmut Koch aus Adenau, mein Tippgeber aus dem Spirituosenhandel, ist jedenfalls schon bekennender Fan der gesamten Kollektion!

Das mit den »Fans« ist ja so eine Sache. Je bekannter ein Drink ist, umso größer ist sein Fan-Club. Gute Drinks, die überall erhältlich sind, und deren Erzeuger oder Handelshäuser oft aufgrund ihrer Größe die Werbetrommel gewaltig rühren können, sind in aller Munde. Wenn die Produktion qualitätssicher mitwächst, und das tut sie bei Bestsellern meist, dann wird das ein mächtiges Ding. Die gute Nachricht: So etwas kann praktisch immer wieder entstehen. Da geht einer (oder mehrere) her und setzt sein eigens erdachtes Konzept in die Tat um. Basta! »Ich will das, also mach ich es. Und ich mache es perfekt!« Enthusiasmus, Erzeuger-Knowhow und finanzielle Sicherheit – gerne inklusive Risikokapital, was sich früher »Familiendarlehen« nannte und heute oft als familienfremdes »Venture Capital« einfließt – und die Sache läuft. Wahlweise mit langfristigem Wachstum oder – wenn man Pech hat – in die Pleite; bei dem dann fremdes »Venture Capital« im Sinne des Familienfriedens der clevere unternehmerische Kapitalzufluss war. Egal, entscheidend ist – jedenfalls bei positivem Verlauf – was hinten rauskommt: Tolle Drinks mit einer Fangemeinde, die wachsen kann, soll oder sogar (kaufmännisch getrieben) muss.

Warum ich das schreibe? Weil es zu den nächsten beiden Drinks als perfekte Überleitung passt. Der eine hat – das behaupte ich einfach mal – in jüngster Zeit eine ganze deutsche Drink-Kategorie überhaupt erst gemacht. Er hat heute eine riesige Fangemeinde, die die Grenzen Deutschlands längst überschritten hat. Er ist zum Produktsynonym geworden, mit eigenem Wikipedia-Eintrag. Die Popularität dieses Drinks wächst wegen seiner Herstellungsqualität, des exzellenten Geschmackserlebnisses, klugen Marketings –

unterhaltsames Storytelling inklusive – sowie der Ressourcen seines neuen Mehrheitsgesellschafters (einer der weltweit größten Spirituosenkonzerne) munter weiter.

Der andere Drink, der direkt danach kommt, hat bei ganz eigener Vorgeschichte einen Fanzirkel, der aktuell wohl bei ein paar tausend Spirituosengenießern liegt. Die Zahl der Fans wächst zwar stetig, aber der Drink wird aufgrund seiner begrenzten Herstellungskapazitäten, des bewusst hausgemachten Marketings und der ebenfalls geringen Vertriebsmöglichkeiten ein Insidertipp bleiben. Zumindest in den nächsten Jahren. Ich kann an beiden Wegen nichts Verkehrtes erkennen, die Drinks sind dafür einfach viel zu gut. Deshalb stelle ich sie Euch jetzt auch vor: den Marktführer bei den deutschen Premium-Gins und einen guten Local-Gin, der es verdient, so viele Fans zu bekommen, wie die Brennereikapazität der Familiendestille es hergibt.

Beim Gin mit der großen Fangemeinde, dem **Monkey 47**, fasse ich mich etwas kürzer, da ihn viele von Euch längst kennen und zuhause im Bestand haben. Trotzdem gehört er unbedingt hier hin. Erstens, weil dieser Gin ein großartiges Produkt ist, zweitens, weil ohne ihn als Wegbereiter der deutsche Gin längst nicht zu dem geworden wäre, was er inzwischen ist: ein Premiumprodukt mit wachsendem Angebot sowie ein Interessenmagnet für die Freunde purer Drinks. Über den zweiten Gin, den **Bill Gin**, erzähle ich etwas mehr, da sein noch junger Werdegang bislang kaum bekannt ist.

BLACK FOREST DESTILLERIE

Es gibt Drink-Geschichten, mit denen lassen sich ganze Bücher füllen. Du kennst das Erzeugnis schon, hast es pur verkostet und danach, weil es so gut war, in Longdrinks und Cocktails eingesetzt. Und sogar an gute Freunde verschenkt. »Großartiger Stoff, müsst Ihr unbedingt probieren! Ein perfekter Dry Gin, ganz feine Sache. Aber aus dem Schwarzwald, mit lokalen Kräutern und Gewürzen. Sensationell, ganz großes Kino.«

Der Gin hat also einen festen Platz bei Dir und Deinen Freunden gefunden. Bei mir war und ist das so. Ich mag den Monkey 47 sehr und bin bekennender Wiederholungskäufer. Was ich nicht hatte, war die Erzählgeschichte zu diesem Getränk; die kam – zwölf eng beschriebene Seiten lang – von der PR-Agentur. Eine richtige Story, spannend vom ersten bis zum letzten Satz – vom »Affen, der in den Schwarzwald kam« bis hin zum Begründer der Black Forest-Destillerie, Alexander Stein aus der Weinbranddynastie Jacobi. Alexander Stein hob den Monkey 47 aus der Taufe, in dem er alte Botanical-Rezepturen wiederentdeckte und perfektionierte. Der Text erzählt von der bis heute handwerklichen Destillation in vier kleinen, aber hoch modernen Alambique-Brennblasen, die allesamt Affennamen tragen, und über die 47 Botanicals im Mazerat. Eine gigantische Geschichte, die sich nicht wirklich sinnvoll kürzen lässt, weil sie einfach zu gut ist. Wer sie komplett haben möchte, mailt bitte die Black Forest-Destillers in Lossburg an: info@monkey47.com.

Ich fasse kurz zusammen: Der Monkey 47 Schwarzwald Dry Gin, den vor etwa 60 Jahren Commander Montgomery »Monty« Collins aus Heimweh erfunden hat, ist ein junger Schwarzwälder Gin-Klassiker, der inzwischen Fans in über 50 Ländern hat. Er wird traditionell handwerklich mit Herz und Verstand destilliert, dabei wird mit der Mazeration der 47 Kräuter und Gewürze begonnen. Zu ihnen gehören neben dem obligatorischen Wacholder ebenfalls zirka ein Drittel regionaler Zutaten wie Fichtensprossen, Holunderblüten, Schlehen und Brombeerblätter. Aber es lassen sich auch – man lese und staune – Schwarzwälder Preiselbeeren darin finden. Sie haben einen spannenden Anteil an der Aromenvielfalt und tragen erheblich zur Originalität des Monkey 47 bei. Ich erspare es mir, die restlichen 41 Pflanzenzutaten zur Gänze aufzuzählen, aber die »Orangenartigen«, wie beispielsweise Zitronen, Limetten, Bitterorangen & Co, spielen bei diesem Gin natürlich ebenso ihre arttypisch wichtige Rolle wie die guten Bekannten Piment, Kardamom, Gewürznelken und Muskat. Da ist also viel Lokalität im Spiel, aber eben auch die Unverzichtbarkeit der »Bontanical Musts« für Gin.

Es lohnt sich also, diesen Gin aus der Heimat von bester Qualität im Bestand zu haben und immer mal wieder zu trinken. Kennt man seine Geschichte, lernt man zu schätzen, wie aufwendig es ist, erstklassige Spirituosen zu erzeugen.

BILL GIN, ALTE HAUSBRENNEREI BILLEN

Kaschenbach, Südeifel. Ziemlich im äußersten deutschen Westen. Whiskypräsident Fink würde wohl strahlen und sagen: »Spitze, Bauernland, da wird Getreide und Obst auf Flaschen gezogen.« Ja, so ist das in der Tat in der Gegend. Willkommen bei echten Kerlen auf dem Land! Kein Marketingfritze hätte sich das so perfekt ausdenken können, wie es hier in der gelebten Realität stattfindet. Da musst Du echt zweimal hinsehen, um es zu glauben. Nicht wegen der ländlichen Gegend mit einer kleinen Brennerei als Dorfbestandteil, sowas gibt es im ganzen Land. Aber genau die kernigen Eifel-Burschen im Schreibmodus hier abliefern zu können, die auf so einem Fundament und einer Schnapsidee richtig guten Gin gemacht haben und ihn authentisch und trotzdem cool rüberbringen, das ist ein Volltreffer. Deshalb nur kurz auf Historienanfang und danach zum Bill Gin und seinen Protagonisten Arno und Matthias Billen.

Die Obstbrennerei Billen mit ihrer kleinen, aber feinen Abfindungsbrennerei gibt es seit 1845.

Wie das so ist auf dem Land, schon seit Urzeiten: Da gab's fast überall Landwirtschaft und um die Gehöfte herum ein paar Streuobstwiesen. Irgendwann war genug Marmelade da und immer noch Obst übrig, das musste verarbeitet werden. Als die Destilliertechnik immer besser wurde – das hatten wir ja schon – legten sich kluge Bauern ab dem 19. Jahrhundert deshalb kleine einfache Destillierapparaturen zu. Und fingen an, Obst zu vergären und zu brennen. Denn das bot im Gegensatz zum Schnaps nicht nur alkoholische Wirkung, sondern sogar Geschmack. Fertig. Die meisten hörten damit aber wieder auf, weil es zu viel Arbeit machte. Die Billens nicht, die behielten ihr Brennrecht, gaben das Destillierwissen von Generation zu Generation immer weiter, verfeinerten ihre Destillierkünste über die Zeit und machten so immer bessere Liköre und Obstschnäpse in Kleinstmengen. Verkauft durch Flüstertipps über schmackhafte Kaschenbacher Regionalspirituosen. Aus der streng limitierten Abfindungsbrennerei für die, egal wie gut der Stoff ist, bei der reinen Alkoholerzeugung mit erreichten

300 Litern Sense ist. Mehr ist nicht erlaubt. Wenn man das für die Veredelungsprozesse zu Obstbränden oder Likören mit drei bis fünf multipliziert, versteht man die zum Haupterwerb denkbar untauglich Verkaufsmenge. Ist das Volumen im Lagertank oder auf den Flaschen, kann sich ein landwirtschaftlicher Abfindungsbrenner in der Regel wieder auf Ackerbau und Viehzucht konzentrieren ...

War's das schon? Pustekuchen, sonst würde daraus sicher keine Tippstory. Zwei der Billen Brothers (Söhne) hatten nämlich an einem ordentlichen, na sagen wir mal, Schoppenabend ihre ganz eigene Schnapsidee. Auf Wacholderbasis. Whiskys hätten für sie komplettes Neuland mit aufwendiger Brenntechnik plus volles Engagement nur für eine völlig unvertraute Spirituosenart bedeutet. Als Likörspezialisten kannten sich Arno und sein Bruder Matthias Billen dafür mit Kräuteransätzen und dem Mazerieren schon erstklassig aus, ebenso mit deren handwerklich sauberer Destillation. Gins kannten sie auch. Als feine Drinks – allerdings in der gekauften Version aus dem Fachhandel. Wäre es da nicht eine Überlegung wert, sich an Gin zu versuchen; ihn selbst zu destillieren? Zwar hochwertigen reinen Alkohol zukaufen, den dann jedoch mit einem erstklassig selbst erzeugten Mazerat aus besonderen Botanicals und klarstem Eifeler Quellwasser zu richtig gutem Gin destillieren und veredeln. Das sollte funktionieren! Let's see ...

Wenn zwei Männer aus der Eifel – die hier im Bild – eine solche Idee haben und sich die Sache zutrauen, dann dauert es bis zu deren Umsetzung nicht wirklich lange. Da werden keine externen Gutachten eingeholt, bunte PowerPoint-Businesspläne mit ellenlangen Marktanalysen gezimmert, Banker eingebunden oder das Für und Wider im erweiterten Freundes- und Bekannten-Stuhlkreis über Wochen durchgekaut. Stattdessen höchstens kleiner Familienrat sowie ehrliche Ressourcenprüfung. Kirchlicher Segen schadet auch nie. Aber dann bitte gleich los. Machen!

Ordentlichen reinen Alkohol beschaffen, verschiedene Botanical-Mischungen anrichten, daraus Mazerate erzeugen und dann destillieren. Immer wieder. Ausprobieren, verändern, verwerfen, neu anfangen, bis es passt. Richtig gut passt. Reicht noch nicht, soll ja möglichst perfekt sein; passender prägnanter Name inklusive. Vor allem eigenständig, ein Original – wiedererkennbar im Kreis der mittlerweile unendlich vielen deutschen Gin-Angebote. Und das auf der technischen Basis einer gut eingespielten 150-Liter-Brennblase. Was wird aus so einem Einsatzkommando?

Bill Gin, ein erstklassiger ehrlicher, purer Drink mit 45 % vol.! Ein Dry Gin aus der Südeifel, der mit nur 12 Botanicals auskommt. Und aus ihnen, reinem Alkohol, reinem klarem Quellwasser und cleverem selbstbewusstem Destillier-Knowhow inklusive Reifezeit ein Trinkerlebnis macht, das richtig hohe Ansprüche erfüllt. Oder kürzer: Zufriedene Gesichter bei allen Kerlen, die Bill Gin verkostet haben! Kein Wenn oder Aber zu den Botanicals. Weniger ist hier mehr. Es sind schlicht und ergreifend die richtigen Zutaten, auch in der Mengenverteilung. Da machste nix, ein guter klassischer Gin kann mit zwölf pflanzlichen Zutaten – vornehmen Ingredienzien – bestens auskommen. Vorausgesetzt, es sind die richtigen und das Mischungsverhältnis wurde klug gewählt.

57

Hier sind es neben Wacholder, Rosmarin, Fenchel, Kardamom, Koriander, Piment, Limette, Lorbeer, Zitronenschale auch noch Ingwer, schwarzer Pfeffer und Lavendel im Gin. Die Mischung stimmt, genau wie das Ergebnis im Glas. Sogar ganz ohne dreiundzwanzig streng geheime Eifelkräuter aus dem Hinterland des Pulvermaars. Halt kein Marketingballast in Flasche und Glas, stattdessen reiner, klarer Bill Gin mit schmeckbaren Botanicals! Von dem selbst unter Volllast aller Beteiligten maximal ein fünfstelliger Flaschenertrag pro Jahr möglich sein wird.

Ich mache es deshalb jetzt kurz. Bill Gin ist im Handel nicht ganz leicht zu bekommen, je weiter weg von der Eifel desto schwerer. Aber der DMAX-Shop hat ihn. Wer noch mehr wissen will: **www.billgin.de**.

Nach diesen beiden ebenso spannenden wie unterschiedlichen deutschen Gin-Solisten erfreue ich Euch jetzt mit der nächsten Craft-Destille, bei der Whisky wieder eine zentrale Rolle spielt. Es geht in den südlichen Teil des Ruhrgebiets. Den ganz südlichen, mit mehr Landschaft drin als Kohlenpötten.

HILLOCK PARK DISTILLERY, HABBEL'S DESTILLERIE & BRENNEREI

Lieber Gott, mach, dass es da so aussieht, wie der erste Teil der Destillen-Bezeichnung klingt! Willkommen in Sprockhövel im Ennepe-Ruhr-Kreis, Regierungsbezirk Arnsberg. Wo von Menschen gemacht, aber wohl von Gott gewollt, eine Destillerie steht, die tatsächlich so aussieht, wie ihr Name es vermuten lässt. Glaubst Du nicht? Ist aber so! Fahr hin und sieh es Dir an. Hier die Anschrift: Gevelsberger Str. 127, 45549 Sprockhövel.

Lohnt sich definitiv. Ich würde mich da zum Beispiel bei einem der monatlichen Whisky-Tastings einloggen, Wohnortnähe vorausgesetzt. Jetzt aber erst ein paar Sätze zur Unternehmenshistorie. Wirklich nur ein paar Sätze, weil ab der dritten Brennereichronik vieles einfach sehr ähnlich klingt. Das ist bei ganz bestimmten Traditionshandwerken wie dem Brennereigewerbe einfach so. In der IT- und Computerbranche fängt fast jede etwas

▲

Destillierkonfiguration
Hillock Park Distillery, Sprockhövel.

ältere Unternehmensstory mit Studienabbrechern und deren Garagengeschäft an, bei vielen der heutigen deutschen Whiskydestillateure mit Schnaps- und Obstbrennerei und/oder Bauernhof.

Auch bei den Habbels begann im Jahr 1878 alles mit einer Kornbrennerei und angeschlossener Landwirtschaft. Im Zeitlauf blieb es dabei, bis sich die Brennerei in den 1970er-Jahren dazu entschloss, ihre Produktion von Korn auf Obstbrände umzustellen. In dieser Zeit schwand das Interesse der Endverbraucher an Korn. Da hatte schon der heutige Eigentümer Michael Habbel das unternehmerische Heft in der Hand. Inzwischen besitzt Habbel die größte Obstbrennerei in der Region. Was will so ein Mann noch mehr, außer feine Obstbrände und edle Liköre zu erzeugen? Michael Habbel wollte Whisky machen. Und tat es. Er nannte den 1977 destillierten Whisky schlicht »Uralter Whisky«. Er wurde u. a. auf der internationalen InterWhisky-Messe gebührend gelobt und ebenso ausgezeichnet!

Bis heute gelten die Whiskys aus dem Hause Habbel, die inzwischen unter der eigenständigen Marke **Hillock Park Distillery** in handwerklich bester Tradition, aber mit einer hoch modernen Pot-Still-Brennblase plus anschließender Destillierkolonne erzeugt werden, als sichere Anwärter für höchste Auszeichnungen der »Whisky-Welt«. »Welt« meint hier auch Welt: Der aktuelle 6½-14tel Single Malt Whisky bekam »Double Gold 2017« und ist »Spirit of the year 2017« beim World-Spirits-Award, kurz WSA. Und so wird es wohl weitergehen, unterstützt von Michaela Habbel aus der nächsten Familiengeneration.

Auf, auf zu den Drinks, meinen konkreten Tipps für Hillock Park Whisky plus Kornbrand sowie Habbel-Gin ...

Auf Seite 60 links im Bild ist der aktuelle »Champion« von Hillock Park. Für den müsst Ihr echt flott dran sein. Da kann das hier schon das Symbolbild für den Nachfolgewhisky sein. Ist halt nicht mehr viel da, von dem Hillock **6½-14tel Single Malt**-Siegertypen mit seinen 45 % Alkoholvolumen. Erzeugt aus 6½- und 14-jährigen Destillaten, die in ehemaligen Bourbon-, Islay- und Cognac-Fässer reifen durften. Und bei deren Vermaischung besondere Malzsorten zum Einsatz kamen. Vanille- und Fruchtaromen sind daher ebenso spürbar, wie sich seine Klasse auf der Zunge als weich und sanft herausstellt. Die Süße von Honig und vielleicht Karamell bleibt ebenso in Erinnerung.

Ein leichter süßer Abgang bestätigt diesen ockerfarbenen Ausnahme-Single-Malt als echten Siegertypen. Selbst wenn er ausverkauft sein sollte, hält Habbel bei Hillock immer wieder ähnliche Spitzenwhiskys im aktuellen Angebot.

Ein im Vergleich dazu »junger Bursche« ist der **Hillock White Dog**, ein »New Make« mit 42 % vol., der an anderer Stelle im Buch wohl unter »Moonshine« laufen würde und hier schlicht als Kornband klassifiziert wird. Mein »Korn« aus der »Wünsch-Dir-was-Abteilung«! Ich will den original »USA-Moonshinern« ja nichts, aber das hier ist mehr: So eine Art Resozialisierungsprogramm für Schwarzbrenner, denen beigebracht werden soll, wie gut die Whisky-Vorstufe ohne Fasslagerung schmecken kann, wenn sie sauber und sorgfältig destilliert wurde. Das ist echt »Feld in der Flasche« in der High-End-Variante. Probiert es einfach mal aus: Zerkaut ein paar Roggenkörner zusammen mit etwas Gerstenmalz, lasst das Ganze im Mund langsam kreisen und vergleicht den Geschmack mit einem Schluck White-Dog – Alkohol natürlich gedanklich vorher abziehen! Ein toller rassiger Brand, der alles andere als schlicht oder derb ist. Könnte man als Kerl ja mal verschenken, hat schließlich sogar ein smartes Etikett.

Sonst noch was Bemerkenswertes aus Sprockhövel? Oh ja! Wer guten Gin nicht auf sein Flaschendesign reduziert, der bekommt bei Habbel was Besonderes: Den **Sloe Gin**, einen vierfach destillierten klaren (!) und nicht Genever-roten Schlehen-Gin der Extraklasse, Botanicals darin hauptsächlich Wacholder und Schlehe. Der Gin ist gaumenfüllend, weich, rund und ziemlich trocken. Medaillengewinner 2014, war ja klar. Johannes Rau, der von mir sehr geschätzte ehemalige Bundespräsident, gab Habbels **Wacholdergeist** mit 50 % vol. eine bundespräsidiale »Genuss-Auszeichnung« als einer seiner Lieblingsdrinks. Eine wirklich gute Wahl für Kerle, die es so direkt, sauber und intensiv mögen. Mehr Infos, Whisky-Tasting-Termine inklusive, gibt es unter: www.habbel.com.

Gehen wir weiter auf unserer Landkarte – kurze Distanz diesmal, es geht ins Sauerland, wo in der Tat meine Wiege stand, ich bin da nämlich geboren. Deshalb erlaube ich mir jetzt auch eine Prise Lokalpatriotismus. Kleine Destillerie, kurze Entstehungsgeschichte, großer Whisky – verfügbar in sehr überschaubaren Mengen. Wunderbar, mein Sauerland! Das Land der tausend Berge, Surfgeschwindigkeiten im Internet bis zu ca. 100 Mbit/s und jetzt sogar mit eigener Whiskydestille. Von wegen »Wald-Walachei, in der das Licht noch mit dem Hammer ausgemacht wird«. Das Sauerland ist absolut gesetzt, voll im Regionen-Trend und komplett auf der Höhe der Zeit! Beweise gefällig? Dann bitte hier entlang zur Sauerländer Edelbrennerei in 59602 Rüthen-Kallenhardt, Nordrhein-Westfalen.

SAUERLÄNDER EDELBRENNEREI

In der Sauerländer Edelbrennerei wurde deutscher Whisky als Familienprojekt erst vor wenigen Jahren aus der »Erzeugertaufe« gehoben. Von dem einstigen Garagen-Destiller-Projekt mit ungewissem Ausgang keine Spur mehr. Heute finden sich im Kreis der mitgestaltenden Whisky-Enthusiasten der Sauerländer Edelbrennerei neben dem Geschäftsführer und Brennmeister Julian Wellhausen der fürs Marketing verantwortliche Thomas Lesniowski, ein Doktor der Meeresbiologie, der diplomierte Betriebswirt Alexander Mülheims als Vertriebsverantwortlicher sowie der Wirtschaftsinformatiker Julius Vosloh. Eine bunt gemischte Familien-plus-Freunde-Truppe, in der jeder seinen festen Platz hat, klare Ausrichtung inklusive: erstklassigen Mc Raven-Whisky und weitere Spirituosen aus besten Grundstoffen destillieren und veredeln sowie das Erzeugerergebnis selbstbewusst und offensiv vermarkten, relativ kleine Abgabemengen hin oder her.

Apropos »Destillieren« und »Mc Raven«: Als Standort der neuen Destilliertechnik dient inzwischen das liebevoll umgebaute alte Sägewerk von Rüthen-Kallenhardt mit seinen Nebengebäuden. Protz hat hier keinen Platz, ein authentisches Destillen-Ambiente, was stark an feine schottische Brennereien erinnert, sehr wohl. Ob und, falls ja, wer von den heutigen Protagonisten sehr früh mit der »guten Sauerländer Weidemilch« einen ordentlichen Schuss »Highland Single Malt« verpasst bekommen hat, weiß ich leider nicht. Ich könnte aber wetten, dass ein paar der Jungs bereits in jungen Jahren davon träumten, später mal Getreideschnaps zu brennen, der nach »Schottland-Abenteuern« schmeckt. Prima, wenn solche Kinderträume irgendwann Realität werden. Ganz egal, ob es tatsächlich so war oder doch ganz anders: Der **Thousand Mountains Mc Raven Single Malt** ist inzwischen sehr real und richtig gut! Ein wirklich schöner Name für so einen Drink. Zumindest solange man nicht nach einem ausgiebigen Tasting des Edelstoffs versucht, noch ein paar Flaschen in der korrekten Schreibweise mündlich sauber ausformuliert zu bestellen.

Das jeweils aktuelle Destillat ist beim **Mc Raven Single Malt** immer das Beste – weil es nämlich noch verfügbar ist. Derzeit sind das der dreijährige Mc Raven 2014 und der 4 ½ Jahre alte, beide jeweils 46,2 % vol. Bestes Sauerländer Quellwasser, sorgfältig erzeugte schonend verzuckerte Maischen, handwerklich professionelle Destillation und natürlich mindestens dreijährige Fasslagerung, überwiegend in Bordeaux-Fässern, sind die qualitativen Leistungsparameter der **Thousand Mountains Mc Raven Single Malts** aus der Kallenhardter Sägewerk-Destille. So kommen die Whiskys ungefiltert und nicht eingefärbt vom Fass in die Flasche. Auf der restlichen Wegstrecke ab dem Glas zeichnen sie sich deshalb durch ein Malz- und Vanille-Aroma ebenso aus wie durch beständig nussige Geschmacknoten auf der Zunge und am Gaumen. Dass es das Spitzenteam nicht beim Whisky belässt, versteht sich fast von selbst. Da der Whisky am besten vor Ort abgeholt werden sollte, passen auch immer noch ein paar weitere Flaschen ins Kunden- und insbesondere Kerle-Gepäck. Wer also zuhause im Regal gerade eine Lücke beim Gin zu verzeichnen hat, der könnte sie zum Beispiel mit dem halbjährig im Grand-Manier-Fass gelagerten Gin der Sauerländer Edelbrennerei schließen. Neugierig geworden? Hier gibt es den kompletten Überblick: www.sauerlaender-edelbrennerei.de.

War doch richtig klasse, ein wenig Whisky-veredelte-Heimatluft zu schnuppern. Und dabei am sprachlich längst verschüttgegangenen rollenden »R« zu arbeiten. Mit Grüßen an die alte Heimat geht es zügig weiter im Text und auf der Deutschlandkarte der puren Drinks zu zwei absoluten Top-Adressen vor allem bei Obstbränden. Es geht um Scheibel und Ziegler. Wen zuerst? Nehmen wir die alphabetische Reihenfolge, die ist wertungsfrei.

EMIL SCHEIBEL SCHWARZWALD-BRENNEREI

Die Emil Scheibel Schwarzwald-Brennerei liegt in Kappelrodeck, einer Gemeinde im Ortenaukreis in Baden-Württemberg. Die vielfach prämierte und unter Obstbrand-Liebhabern hoch geschätzte Schwarzwald-Brennerei bietet alles in Top-Qualität: vom ersten Schritt der Auswahl handverlesener Rohstoffe bis zum Handbinden und Versiegeln der Flaschen – Manufakturschaffen mit Herzblut und Hingabe. Ich verzichte hier zugunsten der Beschreibungen der Destillate auf die Darstellung der Unternehmenshistorie. Nicht verzichten möchte ich auf den Hinweis auf eine seit 1921 über mehrere Generationen ebenso solitär geschmacksschöpfende wie hundert Prozent qualitätsfokussierte Familiendestillerie, deren Destillat-Kreationen schlicht Maßstäbe setzen. Wer auf perfekte Obstdestillate steht, der wählt sich bei Scheibel für gut angelegtes Geld einfach in die Flacon-Liga der **Edition Michael Scheibel »Alte Zeit«** ein und bekommt dadurch genau diese hymnischen Geschmackseinschätzungen. Egal, ob es wahlweise der Holz-Feuer-Brand »Gelbe Bergpflaume«, »Edel Williams« oder beispielsweise der »Apricot-Brandy« ist. Sorry, aber der kurze Ausflug »ins Obst« musste einfach sein. Er wiederholt sich bei den Puren Drinks auch nur noch einmal. Leider.

Scheibel produziert in seinen Brennereien »Alte Zeit« und »Neue Zeit« Spitzenprodukte in Flaschen. Die »Alte Zeit« steht für den handwerklich perfektionierten Teil der über dem Holzfeuer destillierten Brände. Die »Neue Zeit« ermöglicht durch die Kolonnenkonfiguration eine Destillation über Gold zur perfekten Geistgewinnung.

Zwei weitere Schätze aus den Bereichen Wodka und Gin der Schwarzwald-Brennerei stelle ich im Folgenden vor.

Links im Bild seht Ihr **it's Wodka**. Klar ersichtlich, was es ist, denn es steht ja sogar drauf. »It's the plain truth. Wodka at it's best!«, würde ich noch gerne anfügen. Mit sattem Ausrufezeichen. Ein ultrareines Destillat aus Norddeutschem Weizen. Das nach seinem knapp einjährigen Finish in speziell getoasteten neuen 350-Liter-Eichen-Fässern mit Schwarzwälder Quellwasser zu seiner Genussstärke von 50,5 % vol. feinst eingestellt wurde. Eingestellt auf ein Trink-Erlebnis mit intensivem, kraftvollem Duft von Vanille, Mandel, Honig und Kaffee-Aromen. Mit komplexen Geschmacksspitzen, die nicht nur Röstaromen des jungen Fasses bieten, sondern zusätzlich würzige getrocknete Pflaumen und Vanille auf der Zunge erschmecken lassen. Das ist Wodka? Ja, so kann Wodka sein. Ein sensorisches Erlebnis.

Abgebildet rechts daneben findet sich die fassgelagerte Scheibel-Interpretation eines zweiten Drink-Klassikers – **The oriGINal**. Dieser Gin ist durch und durch ein Original. Keine Schlacht um eine möglichst dreistellige Anzahl an Botanicals, stattdessen nur das, was bei Gin tatsächlich in Mazerat und Lutter sein sollte und für ein Aromen- und Geschmacksfundament sorgt. Dafür jedoch zusätzlich eine ebenso kreative wie sorgsame Reife. In ganz besonderen Eichen-Fässern, die zuvor mit Scheibels Cherry-Brandy belegt waren. Hier gebietet die Fairness gegenüber anderen guten Gin-Destillateuren aber den freundlichen Hinweis, dass diese Möglichkeiten kaum ein anderer hierzulande hat. Das Ergebnis spricht jedenfalls für sich! Probiert beide aus und macht was daraus, es kann ja nur gut werden. Oder entscheidet Euch für was ganz Anderes. Direkt bei Scheibel vor Ort im schönen Schwarzwald, im Netz unter www.scheibel-brennerei.de oder im Getränke- und Spirituosen-Fachhandel.

Die nächste Brennerei ist im Main-Tauber-Kreis beheimatet, genauer gesagt in Freudenberg am Main.

BRENNEREI ZIEGLER

Die Brennerei Ziegler ist ein High-End-Synoym für deutsche Edelbrände. Edelobst, was irgendwann in eine Ziegler-Flasche gelangen möchte, hat einen langen Werdegang vor sich. Ganz egal, ob für den legendären Ziegler **»Nr. 1 Wildkirschbrand«** oder die noch exklusiveren Jahrgangs-Kirschbrände. Überall steckt nur das Beste vom Besten drin. In Freudenberg erzeugt man »High-End«-Elixiere: von im Eichen- und Kastanien-Fass gelagerter »Alte Zwetschge« aus dem 2008er-Jahrgang, für deren Ergebnis in der 0,7-Liter-Flasche 15 Kilo besonders spät geerntete Zwetschen benötigt werden, bis zum »Williamsbirnenbrand«-Klassiker, für dessen Erzeugung 14 Kilo Williams-Christ-Birnen aus dem Wallis, dem Vinschgau und der Steiermark in Destillat und Flasche landen. Trinkt mehr bestes Obst, Männer! In 2 cl Zieglers Williamsbirnenbrand stecken ganze 400 Gramm Birnen – also die von Ernährungsspezialisten empfohlene Tagesration an Obst.

Die ehrwürdige Brennerei Ziegler kann auch ganz anders, sie stellt nämlich hervorragenden Whisky her.

Mein Tipp ist die **Aureum 1865 Grave Digger Edition**. Dies ist ein Single Malt Whisky mit 43 % vol. der ganz besonderen Art. Er ist aus einer Idee von Axel Ritt entstanden, dem Gitarristen der Metal-Band »Grave Digger« aus Gladbeck. Ein Whisky aus sechsjährigem Single Malt, der im ersten Jahr sowohl in neuen Allier-Eichen-Fässern als auch in neuen Kastanien-Fässern reifte und anschließend für fünf Jahre in Ex-Bourbon-Fässer gelegt wurde. Außerdem ergänzt durch einen Single Malt, der sechs Jahre in Sherry-Fässern von González Byass reifte, und einem kleinen Anteil von Zieglers getorftem Whisky aus Ex-Bourbon-Fässern. Was für ein Drink! Extrem vollmundiger Geschmack mit leichten süßen Sherry- und Toffee-Noten, die sich sehr harmonisch mit einem dezenten Torfton verbinden, der im Abgang erhalten bleibt und spürbar nachklingt. Ab ins Glas damit und The Ballad of Mary (Queen of Scots) in der 2010er-Wacken-Version dazu auf die Ohren. Schottland auf die harte ehrliche und gleichzeitig melancholische Art – der Drink gibt genau das mit.

Die Brennerei Ziegler hat eine kleine, aber feine Grundauswahl an Whiskys, den **Aureum Single Malt Whisky Cask Strength** mit seinen 53,9 % vol. möchte ich als weiteren Tipp ins Rennen schicken. Er findet als »New Make« mit ca. 63 % vol. seine Voreinstellung, bevor er sich je zur Hälfte für ein Jahr in neue Kastanien-Fässer und neue Allier-Eichen-Fässer verabschiedet. Nach diesem Jahr wird der Whisky in gebrauchte Ex-Bourbon-Fässer umgelagert und abschließend in Sherry-Fässern gefinisht. Diese perfekt ausbalancierte Fassreife von fünf Jahren hat den Cask Strengh nicht nur auf seine Stärke von 53,9 % vol. feinstem Alkohol gebracht, sondern zusätzlich sehr vielfältige Aromen in ihm verankert, sehr erwachsen, rund und malzig, mit feinen Frucht- und Sherry-Tönen. Im Abgang liefert er Süße und Wärme. Deutscher Whisky at his best! Man darf also gespannt sein, was Ziegler in der Zukunft aus seinen sicher gut gefüllten Fasslägern in die deutsche »Whiskywelt« entlässt. Wer dazu auf dem Laufenden bleiben möchte, kann sich hier regelmäßig informieren:

www.brennerei-ziegler.de.

Nach so viel Tradition zu reichlich Whisky und etwas Gin zieht es mich in die Newcomer-Ecke – mal ganz aus dem deutschen Whisky raus, hin zu den klaren Bränden und einer Destillerie, die zwar jung an Jahren ist, ihr Können aber so selbstbewusst präsentiert, dass man sofort merkt: hier sind Profis am Werke. Sie erzeugen ihre Spirits mit einer ganz eigenen Handschrift und Intention. Schauen wir doch einfach mal dort vorbei.

Das zufriedene Windspiel-Gründerteam vom Weilerhof. Kartoffeln sehr gut, Spirits ebenso.

WINDSPIEL MANUFAKTUR

Wir befinden uns in Daun im Landkreis Vulkaneifel in Rheinland-Pfalz. Willkommen in dieser besonderen Ecke der rauen ursprünglichen Eifel. Wir sind noch mal in einer Region der stillen, aber konsequenten Macher. Bodenständigkeit beschreibt hier vor allem das Grundprodukt der späteren Destillat-Helden, die sorgsam in Eifelböden kultivierten Kartoffeln. Was danach kommt, ist äußerst fokussiert und konzentriert, es hat seinen durchdachten sowie vorgeplanten Sinn. Und liefert auf diesem Fundament als Enderzeugnis derzeit vier erstklassige Destillate: drei Gins – einen Sloe Gin inklusive – und einen Wodka. Das Windspiel-Konzept lautet: schnell, kraftvoll, ausdauernd. Umgesetzt werden die Ideen auf dem Weilerhof in Daun seit 2014 von fünf Persönlichkeiten mit sehr unterschiedlichen Biografien, aber einer gemeinsamen Leidenschaft. Sie möchten allesamt perfekte Spirits mit Erzählgeschichte erzeugen. Sandra Wimmeler, Denis Lönnendonker, Rebecca Mertes und Tobias Schwoll haben genau das geschafft, rat- und tatkräftig unterstützt von ihrem Destillateur-Meister Holger Borchers. Chapeau!

Der Weg zu den »Craft-Spirits« beginnt tatsächlich bereits mit dem Anbau und der Ernte der Saatkartoffeln rund um den Weilerhof. Es folgt das ganze zeitaufwendige Programm – bis zum finalen Ergebnis in der Flasche, ohne jede Hektik, dafür in sorgsamen Schritten. Auf das eigene Verfahren der dreifachen Destillation für den Gin wird besonders großer Wert gelegt. Und auch beim

Wodka setzt Holger Borchers auf Knowhow und Detailversessenheit. Zur perfekten Destillation werden nach dem zweiten Brand drei Feinbrände hergestellt, bevor anschließend final destilliert wird. Das macht das feine »Wässerchen« besonders mild und erhält dabei die ganz eigenen Nuancen der Kartoffel. Durch dieses »Feintuning« entfällt die Notwendigkeit einer zusätzlichen Filtration. So macht man eben pure Drinks aus Kartoffeln in der Eifel. Und genau diese Umsetzung findet sich in Gin und Wodka, der hier allerdings mit schickem Marketing-»V« geschrieben wird, wieder.

Nachdem ich mittlerweile viele gute Gins völlig unterschiedlicher Geschmäcker – bis auf das Grundrauschen des Wacholders – im Glas hatte, greife ich bei Windspiel direkt zum Premium Dry Gin, dem **Premium Dry Gin Reserve** mit seinen vorzüglich aufbereiteten 49,3 % vol.! Bei ihm beeindrucken mich die durch seine Fasslagerung fein unterstrichene leicht würzige Wacholdernote und die duftig aromatischen weiteren Botanicals. Von denen mir an der Nase bereits Koriander und sogar Lavendel ins Gedächtnis gerufen werden. Meine ich das nur oder schwingt da auch eine leichte Erdigkeit der Kartoffel als Ausgangsprodukt mit? Wie dem auch sei, hier hat jedenfalls ein sehr besonderer Dry Gin den langen Weg bis ins Glas gefunden. Zu dem ich mir, wenn ich ihn nicht ganz pur oder mit einem Tonic Water genießen möchte, von Marian Krause sicher auch eine Cocktailkreation wünschen darf.

Den **Barrel Aged Potato Vodka** zu empfehlen, ist hier nur konsequent. Wenn mir Wodka pur in ein Glas kommt, dann nur einer, der mir sehr genau an der Nase, im Mund und beim Abgang beweist, dass er dies verdient hat. Dieser hier hat es, das beweist er schon beim Nosing. Ich schließe die Augen und lasse den Moment einfach wirken, die ganze Geschichte seiner Aromenwelt, beginnend mit den im rötlich goldenen Licht der Eifel im Herbst geernteten Kartoffeln. Da ist Gehaltvolles im Spiel, noch mehr im Mund und auf der Zunge. Erdigkeit, eine feine Süße, Töne von frischem Holz. Ein purer Drink, der sich natürlich bestens mit Cocktailzutaten verträgt, von mir aber genauso gern nur mit ein oder zwei Eiswürfeln aus mineralarmem Quellwasser getrunken wird.

Sie werden an genau solchen Drinks dranbleiben, die Windspiel-Destiller aus Daun. Und deshalb lohnt es sich, sie auf dem Pure-Drinks-Radar zu haben. Wer sich dazu informieren möchte: www.windspiel-manufaktur.com.

Ich bin gerade wieder drin im »Vom-Feld-in-die-Flasche«-Modus. Ich muss Euch unbedingt noch die Whisky-Destillerie von »Bauer« Fink vorstellen.

Destillieranlage von Finch,
Deutschlands größter Pot Still.

FINCH WHISKYDESTILLERIE

Nellingen/Heroldstatt, beides im Donau-Alb-Kreis. Nellingen allerdings als der Standort des Destilliergerätes, also der eigentlichen Destillerie. Wo die Fasslager sind, bleibt immer noch geheim. Hier steht ein ebenso modernes wie solides Stück Destilliertechnik Jahrgang 2012 aus dem Hause Carl, was gemeinsam mit seinem fachlich versierten Bedienerteam und den anderen Mitmachern bei Finch vor allem mal erstklassige deutsche Whiskys entstehen lässt. In für deutsche Whiskyverhältnisse mächtigen Mengen. Für schottische Verhältnisse aber eher nicht, da läuft diese Dimension als freundlich gut gemachtes mittelständisches Brennerei-Handwerk. Handwerk aber immer, weil bei Finch tatsächlich extrem viel aus einer Hand kommt. Sogar die nur zur Mälzung aus den eigenen Händen gegebene Gerste. Hier wird selbst gemaischt, vergoren, mehrfach destilliert, gefinisht, zum Teil geblendet und abgefüllt. Die Brennblase, die derzeit größte Pot Still Deutschlands, ermöglicht jährlich zirka 250.000 Liter finch Schwäbische Hochland-Whiskys. Macht mal, sind ja Spitzenwhiskys für echte Kerle.

Aber ist das denn noch Manufakturqualität? Definitiv. Allein schon aufgrund der fast lückenlosen Erzeugerkette, des überwiegend manuellen Herstellungsprozesses, langjähriges händisches Fassmanagement inklusive, und last but not least wegen der herausragenden Qualität der Whiskys.

Finch erzeugt ja nicht von einer einzigen Single-Malt-Sorte 250.000 Pullen im Jahr und schießt die dann nach den vorgeschriebenen 1095,75 Tagen Fasslagerung (inklusive Schaltjahrzurechnung) aus den »Fink 200 L-Einheitsfässern Boubon-Jungeiche« schlicht in die Flaschen und den Markt. Nix da, alles bestens verteilt auf eine

spannende Bandbreite unterschiedlicher Getreidearten von der Gerste über Roggen und Weizen bis hin zu Dinkel und – nein, das verrate ich lieber nicht, lagert schließlich noch in den Fässern – sowie fein ausbalancierten Malzmischungen. Auch die Fässer sind keine Massenware aus einer einzigen großen Bourbon-Brennerei oder frisch getoastet vom Küfer. In den Warehouses von Finch lagern und reifen die »New Makes« und die verschiedenen Destillat-Jahrgänge in speziell ausgesuchten hochwertigen Barrique-Fässern aus Frankreich, den USA, Spanien, Portugal und selbst Griechenland. Fässer, die vorher ausschließlich mit erstklassigen Weinen, Sherrys, Portweinen oder Bourbon Whiskeys befüllt waren. Ganz selten werden bei Finch neue Fässer verwendet.

Fink hat mit seiner Finch Destillerie die handwerklich erzeugten deutschen Single-Malt-Whiskys zwar nicht »erfunden«, dieser Genussmarker gebührt bekanntlich seinem Kollegen Habbel, aber bei ihm auf der Schwäbischen Alb wurde seit 1999 sehr viel dafür getan, dass es diese Whisky-Nische im Spirituosenmarkt überhaupt gibt. Und er bleibt genau wie seine Kollegen an diesem – insbesondere wegen der Fassreife – komplexen und kapitalintensiven Unterfangen dran. Mit aktuell 6 unterschiedlichen fünfjährigen oder älteren Whiskysorten auf lieferbaren Flaschen, alle limitierte Abfüllung. Und einige von ihnen sichere WSA-Award Kandidaten, wie ihre längst ausverkauften Vorgänger. Zwei dieser Ausnahme-Whiskys stelle ich Euch nun als Tipps wieder vor.

Das ist zum einen der sechsjährige **Barrique R mit 42% vol.**, ein Single Grain, links im Bild. Erzeugt ausschließlich aus Weizen und Gerstenmalz aus eigenem Finch/Fink-Anbau. Sechs und acht Jahre in den Fasslägern in handverlesenen Barrique-Rotwein-Fässern gereift. Ein zimtfarbener Ausnahmemalt, der Karamellnoten in die Nase sendet und beim Geschmack das Rotwein-Barrique nicht verleugnen kann oder will und mit einem langanhaltenden Finish in

bester Erinnerung bleibt. Eine andere, deutlich kräftigere Präsenz liefert der zweite Verkostungskandidat rechts daneben. Der **Barrel Proof**, der von den Finch-Destillern bei der Fassabfüllung nicht auf Trinkstärke eingestellt wurde, sondern nach achtjähriger Reifezeit erst in Bourbon-Fässern und danach in Portwein-Fässern gehaltvolle 54 % vol. ins Glas liefert. Ein großartiger Single Grain in kastanienbraunem Farbton, der seine Muskeln dezent spielen lässt und sowohl durch klassische Frucht- und Vanille-Aromen wie auch dunkle Kakao- und Schokoladennoten auf sich aufmerksam macht. Der langanhaltende dichte Abgang bestätigt seine Klasse. Schade, dass solche Whiskys immer ein so schnelles Ausverkaufsende haben. Aktuell sind beide aber noch im Markt.

Genau wie die weiteren überzeugenden Finch-Destillate, zu denen ich auch die Albfink Gins zähle, besonders den Albfink Master's Cut Gin mit seinen 16 Kräutern. Kernkompetenz, Herzensangelegenheit und Leidenschaft No. 1 im Hause Finch by Hans-Gerhard Fink bleibt aber der deutsche Spitzenwhisky, da gibt es kein Vertun. In den investiert er, da riskiert er was, da greift er an und ein. Ganz aktuell sowohl bei seiner Destiller-Crew wie auch in der Handelsvermarktung. Ein neuer Masterdestiller ist seit kurzem an Bord und bald wird ein Teil der deutschen Finch-Whiskys auch flächendeckend im guten deutschen Fachhandel zu finden sein. Kein Grund, nicht trotzdem den direkten Kontakt zu halten: www.finch-whisky.de.

Hat es Euch bis hier gefallen? Sind vielleicht schon die ersten Flaschen – natürlich nur zur Überprüfung der Inhaltsqualität der vorgestellten Destillen und ihrer Erzeugnisse – bei Euch im Barbestand? Dann kann es ja weitergehen, jedoch mit erhöhter Schlagzahl in den Beschreibungen. In den anschließenden Kurzportraits nicht minder spannender Destillen konzentriere ich mich auf die Produkthelden – wenn Euch was zu den Unternehmensgeschichten fehlt, holt es Euch bitte über die Homepages der Auswahlkandidaten. Einen Querschnitt verschiedener Werdegänge zu erstklassigen Spirituosenerzeugern habe ich bereits geliefert. Deshalb nun ganz pur zu weiteren spannenden Drinks. Wie bisher in wertungsfreier Reihenfolge, aber halb- bis ganzseitigem Takt.

SPREEWOOD DISTILLERS

Vor allem Whisk(e)y war seit Gründung der Destillerie, die ursprünglich Spreewald Brennerei hieß, durch den Vorbesitzer Dr. Torsten Römer im Jahr 2003 die Kernkompetenz dieser Craft-Destille mitten in einer der schönsten Auenlandschaften Deutschlands. Er nutzte bereits das zur Whisk(e)y-Erzeugung ideale Mikroklima des Biosphärenreservats Spreewald, um mit geschicktem Fass-Management und viel Leidenschaft hervorragende Whisk(e)ys reifen zu lassen. Seit 2016 liegen die Geschicke der Destillerie mit dem neuen Namen »Spreewood Distillers« in den Händen von Steffen Lohr und Bastian Heuser, zwei sehr bekannten ehemaligen Bartendern. Der dritte im Bunde ist Sebastian Brack. Er ist der Erfinder der erfolgreichen Bitterlimonadenmarke »Thomas Henry« und Mitgründer von »Belsazar« Vermouth. Gemeinsam wollen sie zukünftig neben Whisk(e)y auch fassgelagertem Rum einen noch größeren Stellenwert einräumen. Sie planen aktuell nicht nur den Ausbau ihrer Lagerkapazitäten, sondern auch, in eine vorgelagerte Landwirtschaft einzusteigen, um die komplette Erzeugerkette vom Korn bis zum fertigen Produkt im eigenen Betrieb abzubilden. Das idyllische Dörfchen Schlepzig bildet den perfekten Rahmen für ihre Pläne. Zwei Spreewood-Distillers-Drinks stelle ich im Folgenden vor.

Der **Stork Club Single Malt Whisky** mit 47 % vol. aus bestem brandenburgischen Gerstenmalz wurde in ehemaligen Bourbon-, Sherry- und Weißwein-Fässern gefinisht. Ein Whisky mit Charakter und Spreewaldgeschichte, der Geschmacksnoten vor allem von frischem Heu, Honig und auch Südfrüchten erkennen lässt. Lohnenswert! Genau wie der für die Gegend zwar ungewöhnliche, aber dank kompetentem Fassmanagement sehr präsente Rum aus dem Spreewald. Mein Favorit ist hier der **Butterbird Feuerfalter**, ein Blend aus fermentierten, destillierten und gereiften Karibik-Rums mit 47 % vol. in der Flasche. Er ist mindestens drei Jahre in verschiedenen Bourbon- und Wein-Fässern gereift. Ein feiner Bartender-Rum, der aber dank seiner Schokoladen- und Toffee-Noten auch pur eine richtig gute Figur macht! Wer mehr über die Spreewald-Distillers erfahren möchte, Wegbeschreibung inklusive: www.spreewood-distillers.com.

Für den nächsten Tipp geht es ins Münsterland, das Land, in dem mehr Milch als Honig fließt und immer noch ein guter Korn auf den Tisch gehört. Endlich, endlich: Korn! Der Kerle-Drink schlechthin, wenn es nur mehr richtig guten Korn gäbe! Hier ist ein Anfang gemacht, von einem Mann, der für mich das Potenzial hat, Korn in Deutschland wieder in die Genussklasse zu führen.

FEINBRENNEREI SASSE

In dieser Brennerei in Schöppingen, im westlichen Münsterland im Nordwesten des Bundeslands Nordrhein-Westfalen, werden seit über 300 Jahren Spirituosen erzeugt. Heute natürlich völlig anders als zuletzt in den 1980er-Jahren. Heute ist Rüdiger Sasse verantwortlich für die Feinbrennerei. Ein Mann, den sowohl die Publikums- wie auch die Fachpresse, inzwischen als »Herrn Gourmet-Korn« persönlich feiert. Ein Hoffnungsträger und Referenzbeispiel gleichermaßen dafür, dass Korn alles andere als mausetot ist, sondern eine Zukunft hat. Vorausgesetzt, er wird nicht lieblos in riesigen Industriekolonnen erzeugt und dann mit Wasser auf Trinkstärke verharmlost. Über »Genussstärke« sprechen aus gutem Grund die wenigsten bei dieser Massenware. Mit großem Durchsetzungsvermögen und großer Beharrlichkeit zeigt der Westfale Sasse, wie richtig guter Korn erzeugt wird. Stück für Stück, mit sorgfältig gesetzten Schritten und nicht im Hau-Ruck-Verfahren. Vielfalt statt Massenware, perfekter Lagerkorn!

Meine Sasse-Tipps: Links im Bild der **Lagerkorn** mit 32 % vol. Er wird aus bestem Roggen, Weizen und Gerstenmalz im Pot Still erzeugt und reift mindestens vier Jahren in verschiedenen mit Cognac vorbelegten Barrique-Fässern, bevor er vermählt wird und auf die Flaschen kommt. Er bietet eine Komplexität mit gut »erschmeckbaren« Tönen von weißer Schokolade und Vanille. Rechts daneben findet sich **Cigar Special** von Sasse. An dieser Stelle atmen wir kurz durch: Was hier final mit 40 % vol. als »Korn« aus der Flasche kommt, ist ein Whisky. So wurde er zumindest bei der »International Wine and Spirits Competition 2010« ausgezeichnet, als bester Whisky Kontinentaleuropas. Und dies als Korn. Beste Herkunft hat eben Zukunft. Und der Cigar Special hat einen exzellenten Gen-Pool: Ebenfalls im Pot Still aus bestem Roggen und Gerstenmalz als geschmacksgebenden Grundstoffen destilliert, anschließend mindestens fünf Jahre in mit Cognac vorbelegten Barriques sowie amerikanischen Eichen-Fässern gefinisht, kommt hier ein Meisterstück an Nase und Gaumen. Ich schließe mich der Beurteilung meiner Experten an: Der Korn duftet nach Pflaumen und reifen Bananen und einem milden, rauchigen Vanille-Aroma. Geschmacksnoten, die an Malzbonbons erinnern. Am Gaumen entwickeln sich Karamell-, Honig- und Kokos-Rum-Anmutungen, langanhaltender Abgang mit angenehmer Alkohol-Süße. Ihr solltet es versuchen. Mehr Infos zu Rüdiger Sasses Feinbrennerei: www.sassekorn.de.

Ein weiterer, sich immer lohnender Weg führt uns zu einer Brauerei in Thüringen, deren Eigentümer seit ein paar Jahren seiner Leidenschaft für beste Drinks recht freien Lauf lässt. Er erzeugt Craft-Biere und Spirituosen. Das sehen wir uns an …

NUMBER NINE SPIRITUOSENMANUFAKTUR

Diese Manufaktur befindet sich in Leinfelde-Worbis, einer Kleinstadt im thüringischen Landkreis Eichsfeld. Bernd Ehbrecht, der Eigentümer dieser kleinen, aber feinen Spirituosenmanufaktur, ist bislang eher für feine Biere und erfrischende Limonaden seiner Brauerei Neunspringe bekannt, handwerklich erzeugtes Craft-Bier inklusive. Man darf also unterstellen, dass er sich neben Hopfen auch mit Malz gut auskennt und mit perfekter Maische sowieso. Dass, wenn man hochprozentige Trinkgenüsse statt perlendem Flüssigbrot in die Flaschen bekommen will, alles ganz anders wird, hatte er genauso auf dem Radar. Er investierte mutig in entsprechende Technik, Destiller-Knowhow und beste Lagerfässer und ihre edlen Füllungen. All das brachte ein Ergebnis, was zwar in Summe mit nur wenigen Kerle-Drinks keine ganzen Spirituosenwelten bietet, aber in der Kategorie »Klein und richtig fein« einen festen Platz verdient hat.

Champion der Manufaktur ist der abgebildete **Nine Springs Single Malt Whisky**. Er entsteht aus verschiedenen Gestenmalz-Sorten, die durch Maischen, Läutern, mehrtägige Vergärung zu einer Art Jungbier werden (natürlich ohne Hopfen). Im Pot Still wird das Ganze zum »New Make«-Feinbrand destilliert. Schon da ein geschmacklich spannendes Destillat mit betonten Malznoten und harmonischer Würze. Das charakteristische Finish liefert auch hier die ganz eigene Fassauswahl, bei der für die (natürlich) mindestens dreijährige Fassreife sowohl mit Wein vorbelegte wie auch neue Fässer zum Einsatz kommen. Das Ergebnis im Glas kann sich sehen und vor allem schmecken lassen. Ein echtes Geschmackserlebnis, besonders durch die feinen Noten von dunklen Beeren, die sich hier zu Geschmackstönen von Honig und Schokolade gesellen. Richtig gut. Genau wie der Rum aus gleichem Hause namens Alfred's Trail, der deutlich mehr zu bieten hat als eine höchst dekorative Flasche. Viel Vergnügen! Dazu mehr unter www.number-nine.eu.

Kommen wir nun zu einem Gin aus sehr gutem westfälischem Hause. Westfalen meint hier konkret Steinhagen. Klingelt es?

GIN- UND WACHOLDERBRENNEREI STEINHAGEN

Diese Brennerei ist dort gelegen, wo einer der Urschnäpse des deutschen Kerle-Wesens sein Zuhause hat: Der gute alte Steinhäger im Tonkrug – auch »Betonbuddel« genannt. Mit dem hat der Drink, den ich Euch gleich vorstellen möchte, aber nur als weitläufiger Verwandter zu tun. Sie teilen sich den traditionsreichen Herkunftsnachweis als Wacholderdestillate und die Herstellerfamilie, denn beide stammen aus dem Hause Schwarze und Schlichte, einem der letzten wirklich großen Spirituosenhersteller in Deutschland. Der neben gering- und hochprozentigen Spirituosen für die breite Masse auch edle Tropfen erzeugen kann. Gut zu wissen und zudem ein Beleg dafür, dass die Drinks in diesem Kapitel nicht ausschließlich von Klein- und Mittelbetrieben stammen müssen. Wenn große Hersteller es wollen, können sie durchaus mehr als Mainstream-Spirits für alle und jeden. Sie müssen sich nur darauf einlassen, dann gelingen ihnen echte Solitäre – wie mein Tipp, der diesmal leider ohne Bild auskommen muss.

Der **Friedrichs Dry Gin** ist mit seinen 45 % vol. ein echter Meister seines Steinhagener Wacholderdestillat-Fachs. In der zwar modernen, aber nicht kurzlebig zeitgeistigen Interpretation einer mehr als 250 Jahre alten deutschen Wacholdertradition. Bei Friedrichs Dry Gin problemlos mess- und vergleichbar mit den richtig guten London Dry Gins, zu denen wir später im Buch kommen. Bei ihm werden die kompletten Botanicals in einem einzigen Arbeitsschritt gemeinsam verarbeitet und sorgfältig destilliert. Den Zusatz künstlicher Aromen oder Farbstoffe braucht dieser über Kupfer gebrannte Gin natürlich nicht. Hier schmeckt man deshalb, was an Botanicals in ihm steckt. Man schmeckt nicht alles sofort, aber ich konnte zu dezenter, das heißt nicht übermäßig dominanter, Wacholderunterlegung beispielsweise auch Orangen, Sternanis, Rosmarin und Lavendel »erschmecken«. Das ist ein Dry Gin, der Spaß im Glas macht – pur auf Eis, mit dem richtigen Tonic Water oder auch als Cocktail. Mehr dazu unter: www.friedrichs-gin.de.

Lasst uns beim Gin bleiben und zu einer jungen Brennerei kommen, deren »Macher« ganz genau wissen, was sie tun.

OBSTHOF AM BERG

Dieser Familienbetrieb befindet sich in Kriftel, einem Städtchen im Rhein-Main-Gebiet zwischen Frankfurt und Wiesbaden, und wurde 2004 von Holger Henrich, Diplomingenieur der Getränketechnologie, und seinem Bruder Ralf, gelernter Winzer und ebenfalls diplomierter Getränketechnologe, übernommen. Sie erzeugen seit 2006 mit einer deutlich vergrößerten Verschlussbrennerei Whisky, Gin und Rum und wurden mir als Geheimtipp empfohlen.

Auf dem Foto findet Ihr den **Gin Sieben**, den Frankfurter Dry Gin mit den sieben Kräutern, der »Grünen Sauce« unter dem Flaschenkorken und soliden 49 % Volumenalkohol an Bord. Mazeriert und erstklassig handwerklich destilliert von Holger und Ralf Henrich, nach einer Idee von Gregor Haslinger (»Whisky Spirits«, Frankfurt-Sachsenhausen). Gemeinsam versuchten die Genusseroberer auf den Spuren von Goethes Leibgericht, die perfekte Balance zwischen den einzelnen Kräutern in einen Gin zu verwandeln. Eine schöne Herausforderung! Als Basis für ihren Gin haben sie natürlich zuerst ein Wacholderdestillat (Geist) hergestellt. Kerbel und Petersilie sorgen zusätzlich für das Kräuteraroma, die Frische liefern Kresse und der Sauerampfer. Durch Pimpinelle wird der Gin Sieben leicht nussig und der Boretsch steuert noch eine florale Geschmacksnote bei. Bleibt noch Schnittlauch und das Ganze wird zu einem sehr eigenen Gin, der richtig gute Laune ins Glas liefert. Nichts von der Stange, aber auch nicht so exotisch, dass er nur ein Geheimtipp für Frankfurter Banker bleiben sollte. Deshalb teile ich diesen Tipp mit Euch und lege noch einen weiteren vom Obsthof am Berg drauf: den **Gilors Single Malt Whiskys**. Diesen Whisky erzeugen sie im Pol Still und lassen ihn in besten Fässern mit zum Teil völlig verschiedener Vorbelegung reifen – genau das schmeckt man. Das Fachmagazin Whisky Botschafter hat ihr Können erkannt und bereits mehrfach Siegerpodest-Plätze an die Henrich Brüder vergeben. Wer mehr erfahren möchte: www.obsthof-am-berg.de.

Ich führe Euch nun nach Bayern zu einer Brennerei, deren Whiskey einfach gut ist.

SPEZIALITÄTEN-BRENNEREI & WHISKY DESTILLERIE LIEBL

Die Brennerei von Gerhard Liebl liegt in Bad Kötzting im Oberpfälzer Landkreis Cham in Ostbayern. Dieser Mann und seine Spitzen-Destille sind gerade wieder reichlich ausgezeichnet worden, zum x-ten Mal »Edelbrandprämierungen«, im Jahr 2017 allein je einmal ein WSA »Double Gold«, »Spirit of the Year« Gold und einmal Silber als »Distillery of the Year«. Das ist schon richtig groß!

Insbesondere, wenn man weiß, dass erst 1970 die Herstellung von eigenen Spirituosen-Spezialitäten im Hause Liebl aufgenommen wurde, bis dahin war die Firma ein reiner Lebensmittel- und Getränkehandel. »Bärwurz«, »Böhmischer Wind«, »Höllensteiner« und »Latschenwacholder« waren damals deren erste selbst erzeugte Eigenprodukte.

Der nächste Meilenstein, der heute für die ganzen Auszeichnungen eine Mitverantwortung trägt, wird die 2006 erfolgte Installation einer hochmodernen Verschlussbrennerei gewesen sein, denn im Jahr 2009 konnte demzufolge nach Recht und Gesetz erst drei Jahre und einen Tag später der erste eigene Whisky den Weg in die Flaschen finden. Tat er auch in Bad Kötzting. Inzwischen läuft es sehr rund im Whiskybereich von Liebl, der unter **Coillmor** firmiert. Auch bei Liebl spielen das hervorragende Quellwasser, die extrem interessanten Getreide- und Malzmischungen sowie die Fassauswahl, Lagerung und Komposition daraus die genussentscheidende Rolle. Bei Liebl ist vom klassischen vierjährigen Single Malt aus dem amerikanischen Weißeichen-Fass bis zum sieben Jahre in einem Portwein-Fass, das vorher über 30 Jahre mit Ruby-Portwein befüllt war, gelagerten Single Malt mit 46 % vol. einiges am Start. Erstklassige Whiskys, die es alle verdienen, in wertschätzenden Kerle-Körpern zu landen. Mein Favorit von Liebl ist der Coillmór Single Malt Whisky 46 % vol. Bourbon Single Cask Peated. Liebl kann es einfach, und selbst wenn wieder einer von deren Spitzenwhiskys ausverkauft ist, warten schon neue feine Genusserlebnisse auf ihre Flaschenabfüllung.

Da lohnt sich ein Ausflug in den Bayerischen Wald immer! Zumal es hier zusätzlich noch einen breiten Bogen an ganz anderen Kerle-Drinks gibt. Von diversen Holzfass- und Zigarrenbränden über Bavarian Wodka bis zu Bärwurz und Co. Frei nach Beckenbauer ... schaun mer mal, dann sehn mer scho. Mehr unter: www.brennerei-liebl.de.

Wie schauen in der Tat noch bei einer anderen Brennerei auf einen Drink vorbei.

HAUSBRENNEREI PENNINGER

Diese Brennerei liegt in Hauzenberg, im niederbayerischen Landkreis Passau. Dort befindet sich der größte traditionelle Spirituosenhersteller Bayerns. Star und nicht »Sternchen« im Sortiment ist der bekannte »Penninger Blutwurz«. Zusätzlich hat Stefan Penninger, Familiengeschäftsführer in vierter Generation, aber vor ein paar Jahren einen hammermäßigen Gin geschmiedet, der schlicht ein erstklassiger Kerle-Drink ist. Kunst kommt hier von Können, das schmeckt man. Deshalb ist der als Tipp dabei, der **Granit Bavarian Gin**. Ein bayerisches Gin-Statement! Mit der gelernten und gelebten ganz eigenen Destillationshandschrift seiner Erzeuger und einer Erzählgeschichte, die perfekt zur Geschmackswelt des Inhaltes passt. Geschmack, der aus 28 verschiedenen erstklassig abgestimmten Botanicals stammt. Da sind klassische Gin-Gewürze wie Zitronenschalen, Koriander und Kardamom gemeinsam mit ausgewählten bayerischen Kräutern und Pflanzen, wie zum Beispiel Melisse, Bärwurz und Enzian, am Start. **Pennings Granit Gin** reift mehrere Monate im Steingutfass, danach wird er über Granitsteine unterschiedlicher Körnung filtriert und erhält dadurch seine Reinheit und milde Würzigkeit. Ein Mitmach-Gin für alle Anlässe, der nicht nur Tonic-Kombinationen im Glas verträgt. Feiner Kerle-Stoff. Definitiv. Hier die Infoseite der Pennings dazu: www.granit-gin.de.

Am Ende des Kapitels noch ein paar spannende Marker, die ich ebenfalls auf der Liste hatte und an die ich mich sehr sicher bei der Neuauflage erinnern werde: **Glina Whisky, Schlitzer Destillerie, Brennerei Gruel, Juniper Jack**

Gin, Saar Gin, Kammer Kirsch, Stählemühle, Hullmann Korn, J. P. Schütz Eifeldestillerie, Brennerei Böckenhoff, Edelbrände Senft, Hausbrennerei Steinhauser. Was mir noch bleibt, ist ein freundliches »Sorry« in Richtung aller unerwähnte Drinks und ihrer Herkunfts- und Erzeugergeschichten. Dazu final einige Links, bei denen sich das Stöbern lohnt.

Eine recht komplette Aufstellung der deutschen Whisky-Erzeuger findet Ihr unter: **www.deutsche-whiskys.de**.

Wer mitreden oder Fragen stellen möchte, der findet in diesem Forum guten Anschluss: **www.whisky.de**.

Für die Leser, die nicht extra zurückblättern möchten, um nochmal zum VDW und seinen Mitgliedern zu kommen, hier der Link zu deren Mitgliederverzeichnis als »Landkarte«: **www.deutsche-whiskybrenner.de/ deutscher-whiskypfad**.

Spannend für die Fans deutscher Gins, von denen es ja inzwischen über 180 gibt, sind die entsprechenden Blogs. Gebt einfach **ginblog** in die Suchmaschinen ein und seht Euch bei verschiedenen dieser Quellen um.

Ein sehr interessantes Servicetool ist eine deutsche Gin-Landkarte, die ich gefunden habe: **www.gintlemen.com/deutschlandkarte**.

Wir verlassen nun den deutschen »Brennerei-Raum« und wenden uns der Restwelt unserer Drinks zu. Beginnend mit dem – na klar – world wide Whisk(e)y! Gentlemen start your engines ...

Willkommen bei den Inspirations- und Belohnungsdrinks mit Ewigkeitswert, den Bernsteinfarbenen mit kleinen persönlichen wie großen bedeutsamen Geschichten.
Ich habe mit Whiskys meine ganz eigenen Geschichten erlebt. Momente, die mich mit diesen fassgelagerten Genusshelden auf ganz besondere Art verbunden haben und zu denen bis heute immer neue kleine und große Erlebnisse hinzukommen. Mein erster Single-Malt-Kontakt war in der Tat der zwölfjährige Klassiker in der grünen Dreiecksflasche, der **Glenfiddich**, den ich bis heute gerne genieße. Standardware? Wenn ja, na und? Wenn sie gut ist, spricht doch wenig dagegen. Mir schmeckt er jedenfalls immer noch. Genau wie ein richtig guter **Jack Daniel's**! Deren Whiskey Auswahl habe ich in der Bar des »Frankfurter Hofs« gemeinsam mit meinem besten Freund recht intensiv kennengelernt, nach einem grandiosen Frank-Sinatra-Konzertabend Anfang der 1990er-Jahre, an dessen Ende »Ol' Blue Eyes« zu seiner letzten Zugabe »My Way« den für ihn üblichen Jack Daniel's gemeinsam mit einer Fluppe genoss. Ich wollte wissen, was Sinatra daran fand – und habe dadurch bis heute echte Genussfreude an guten amerikanischen Whisk(e)ys, egal wie »Whisky-Puristen« mit Schottlandpräferenz das sehen.
Nachdem ich mit dem Schreiben dieses Buches begonnen hatte, wurde mir von einem Buddy eine Sonderedition von **Tomatin** geschenkt – der 1995er mit 21 Jahren Fassreife, zuletzt fünf Jahre im Oloroso-Sherry-Fass. Was für ein Geschenk! Ein Teil dieses Elixiers wird mich diesen Herbst, sorgsam umgefüllt in eine Kleinflasche, zur Rotwildjagd begleiten! Guter Whisky ist einfach der perfekte pure Drink, egal wann und wo mit Freude genossen. Macht Euch deshalb gemeinsam mit mir auf den Weg, mehr über dieses geniale Lebenswasser zu erfahren.

KAPITEL 3

WHISKY UND WHISKEY…

KAPITEL 3

- **80** Wer hat's erfunden? Ein Blick in die Geschichte des Whiskys
- **81** Whisky, ein mächtiger Wirtschaftsfaktor
- **83** Allgemeines zum Whisky
- **86** Auf nach Schottland, der Heimat des Whiskys!
- **106** Irischer Whiskey
- **114** Amerikanischer Whiskey
- **127** Japanischer Whisky oder »Lost in Destillation«

WER HAT'S ERFUNDEN? EIN BLICK IN DIE GESCHICHTE DES WHISKYS

Wem es wichtig ist, der mag darüber debattieren, wer den Whisk(e)y erfunden hat. Für mich ist viel wichtiger, dass es ihn in höchsten Qualitätsstufen gibt. Deswegen fasse ich mich zum historischen Hintergrund kurz. Es sollen wohl christliche Mönche gewesen sein, die angeblich (!) sogar schon im 5. Jahrhundert die Kunst des Destillierens auf die britischen Inseln trugen. Berühmte Namen sind immer wieder im Spiel, wenn es um die Entstehung von **»uisce beatha«** (Irisch) oder **»uisge beatha«** (Schottisch-Gälisch) als einem glasklaren Destillat, dem »Lebenswasser«, geht.

Beginnend im 5. Jahrhundert mit einem Mönch, dem mittlerweile zum irischen Nationalheiligen gewordenen **St. Patrick**, sowie im Zeitenlauf dem englischen König **Heinrich II.** im 12. Jahrhundert. All die alten Geschichten und Legenden erzählen zwar viel über die Entwicklung alkoholischer Destillation und die mutmaßliche Entstehung der Bezeichnung Whisk(e)y, haben aber nur wenig mit den heutigen fassgelagerten Insel-Whisk(e)ys zu tun, die an einem der landschaftlich schönsten Flecken Nordeuropas erzeugt werden.

Kulturgüter brauchen zu ihrer Historienentwicklung Helden, Mythen, Geheimnisse und Legenden. Schottische Whiskys und irische Whiskeys besitzen reichlich davon. Herkunft mit Zukunft, beginnend mit realen Urkundennachweisen zur Whisky-Destillation etwa ab Anfang des 17. Jahrhunderts. Ein Quantensprung in der Destilliertechnik auch von Whisk(e)ys, vor allem Blends, ist allerdings erst die im Eingangskapitel bereits beschriebene Erfindung der Kolonnendestillation (Column Still) zu Beginn des 19. Jahrhunderts. Die dort seitdem und bis heute überwiegend zur Erzeugung von **Grain Whisky** und von **Blends** genutzt wird.

Ebenfalls ins 19. Jahrhundert – allerdings in die 1840er-Jahre – fällt die erstmalige Erzeugung, oder besser »Mischung«, zunächst verschiedener **Malt Whiskys** und später von leichterem **Grain Whisky** aus beliebigen Getreidearten mit dem teureren, durch seine Rauchigkeit geschmacksintensiven **Malt Whisky** aus reinem Gerstenmalz. Das Blenden, also das Verschneiden und Mischen verschiedener Whisky-Arten und -Sorten, wird den Schotten **Andrew Usher**, senior und junior, Weinhändlern aus Edinburgh, zugeschrieben. Diese Entwicklungsstufe ermöglichte in der Folge die heutige Popularität der britischen Whisk(e)ys überhaupt. Es war das Ziel der Ushers, die sehr ausdrucksstarken reinen Malt Whiskys durch die Mischung mit milderen Grain Whiskys für

WHISKY ODER WHISKEY?

Obwohl sich die beiden Wörter nur durch ein kleines »e« unterscheiden, so bestehen – fragt man Experten – große Unterschiede zwischen den Whisky-Sorten, die das »e« im Namen führen. Normalerweise wird schottischer Whisky ohne »e«, hingegen Irischer und Amerikanischer Whiskey mit »e« geschrieben.

Doch Whisk(e)y stammt längst nicht mehr nur aus diesen drei Ländern, sondern wird weltweit hergestellt. So kommen beispielsweise einige der meistverkauften Whiskys aus Indien. Je nachdem, in welcher Tradition sich die Destiller sehen, schreiben sie ihre Whisk(e)ys.

Die heute sehr geschätzten japanischen Whiskys werden ohne »e« geschrieben. Kanadische Whiskys sehen sich in der schottischen Tradition, also ebenfalls ohne »e«. Ausnahmen gibt es aber auch bei amerikanischen Whiskeys, den Maker's Mark Kentucky Bourbon Whisky schreibt man ohne »e«. Alles gar nicht so einfach ...

breitere Käuferzielgruppen genussfähiger zu machen. Und es war Usher junior als klugem Kaufmann später ebenfalls daran gelegen, seinen Kunden eine konstante Qualität zu bieten. Schöner Nebeneffekt: Die »Verschnitte« mit den aus ungemälztem Getreide in Kolonnendestillation erzeugten und somit schneller und günstiger destillierten »Grains« mit den reinen »Malts« machten die **Blended Whiskys** deutlich günstiger. 1860 ging so bei Andrew Usher junior der **»Old Vatted Glenlived«** auf die Flaschen, der erste Blended Whisky, der exportiert wurde.

Umstände, Ergebnisse und Erfolge, die weitere Wein- oder Kolonialwarenhändler, wie beispielsweise **George Ballantine, James Chivas, John Dewar,** **John Haig** sowie **John Walker**, auf den Plan riefen, und die diese ebenfalls zu nutzen wussten. Auch sie komponierten zunehmend reproduzierbare feine Whiskys, deren Basisdestillate aus verschiedenen Brennereien sie sich mit festen Abnahmegarantien sicherten. Oder sie kauften die Brennereien direkt.

Ich denke, bei diesen Namen klingelt es, oder? Heute machen die **Blended Whiskys** über 90 % der globalen Whisky-Verkäufe aus. Ein paar Marken der Gründerväter spielen dabei unverändert eine maßgebliche Rolle, allerdings eingebettet in Weltkonzerne wie **Diageo** (Haig, Johnnie Walker, etc.), **Pernod Ricard** (z. B. Ballantine's und Chivas Regal) sowie **Bacardi** (Dewar's),

WHISKY, EIN MÄCHTIGER WIRTSCHAFTSFAKTOR

Ende des 19. Jahrhunderts war Whisk(e)y in Schottland und Irland zu einem mächtigen Wirtschaftsfaktor gewachsen, begünstigt vor allem durch zwei Faktoren: Technik und die Reblaus. Erstens ermöglichte die neue Brennereitechnik die Destillaterzeugung in großem Maßstab. Zweitens war durch den Schienenverkehr der Eisenbahn, der zwischenzeitlich das ganze Inselreich durchzog, der Transportweg zwischen Erzeugerort und Verkaufspunkt – Seehäfen zum Export inklusive – maßgeblich verkürzt worden. Bei gleichzeitig drastischer Erhöhung des Transportvolumens. Drittens und letztens war die Cognac-Erzeugung in der Charente durch den Reblausbefall der dortigen Weinberge so sehr in Mitleidenschaft gezogen, dass die »Festlandeuropäer« – Franzosen inklusive – ihr hochprozentiges Trinkheil sowohl in Übersee (R(h)um) wie auf der anderen Seite des Ärmelkanals suchen mussten. Goldene Zeiten für alles, was sich als Whisk(e)y aus Schottland und Irland verkaufen ließ. Hunderte von Brennereien destillierten und füllten danach in Fässer und Flaschen, was das Zeug hielt. Nur, was für »Zeug« war das? Von guten Single Malts über zig verschiedene Blends bis hin zu ganz jungen Grain Whiskys kam alles auf Flaschen, was sich im In- und Ausland schnell verkaufen ließ. Und das war einiges, selbst beim irischen Whiskey, dem die vielen irischen Auswanderer in ihrer neuen Heimat Amerika seit geraumer Zeit zu zunehmender Beliebtheit verhalfen.

Auf gute Zeiten folgen ja leider häufig schlechte und die erreichten den stürmisch gewachsenen Whisky-Markt mit Beginn des 20. Jahrhunderts. Mit dem Ausbruch des **ersten Weltkrieges** durfte Getreide nicht mehr zur Whisky-Herstellung, sondern nur noch zur Erzeugung von Nahrungsmitteln verwendet werden. Dann folgte von **1920 bis 1933 die amerikanische Prohibition**, die vor allem irischem Whiskey als Exportprodukt schwer zu schaffen machte. Doch nicht nur dies ließ die irischen Brennereien fast komplett in die Knie gehen, etwa zeitgleich kam es zu **Handelssanktionen** durch die englischen Nachbarn, als und weil **Irland 1922** seinen **Freistaat** begründete. Seitdem hat die irische Whiskey-Erzeugung nie wieder zu alter Stärke zurückgefunden. Und auch der schottische Whisky unterlag einem deutlichen Wandel.

Mit dem **Ende der Prohibition in den USA** erfreuten sich die Blends immer größerer internationaler Bedeutung und wurden bis Anfang der 1970er-Jahre zu Weltspirituosen. **Johnnie Walker, Chivas Regal, Ballantines** und ein paar weitere eroberten Privathaushalte wie Bars und Clubs, begleitet von zwei bärenstarken Übersee-Whiskeys aus den USA – **Jack Daniel's Tennessee Whiskey** und **Jim Beam Kentucky Bourbon**. Während die amerikanischen Whiskeys den Wandel dank ihrer starken lokalen Märkte und der unverbrüchlichen Treue ihrer international engagierten Truppen relativ unbeschadet überstanden, litten die britischen Whiskys vor allem in den 1980er-Jahren unter dem Trendwechsel hin zu weißem Rum und Wodka. Ein latentes Überangebot war die Folge, Blended Whiskys verloren ihre Wertschätzung bei den Verbrauchern und wurden im Regal stehengelassen. Nun erwischte es lange nach den Iren also auch die erfolgsverwöhnten schottischen Whisky-Destillen. Der Markt hatte gesprochen, langweilig gleiche »Blendverschnitte« waren aus der Mode gekommen, zahlreiche Destillerien mussten ihre Pforten schließen.

Die Konzentrationswelle rollte, der schottische Whisky-Markt konsolidierte sich und erfand sich langsam neu. Dies geschah unter anderem aufgrund einer Qualitätsinitiative guter schottischer Whisky-Distiller, die sich auf ihr Können besannen.

Die Rückbesinnung auf die alten Tugenden der handwerklichen Erzeugung bester Malt Whiskys verhalf den Schotten zurück auf die Gewinnerstraße, allerdings auf zwei unterschiedlichen Erzeugerwegen. Genießer nehmen die erlebnisreichen »Wanderwege« zu den hochwertigen Edel-Blends und erstklassigen Single Malts, Gelegenheitstrinker sowie Party-Konsumenten hingegen bleiben auf den Hauptstraßen der preisgünstigen und meist geschmacksgleichen »Massen-Blends«.

Lasst uns die Wanderwege nehmen und nicht die Hauptstraße – die uns zu Ballantines- und Johnnie-Walker-Basiserzeugnissen führt. Ich möchte aber auch nicht die Pfade der kaum bezahlbaren Edel-Teuren beschreiben. Whisky-Genuss bedeutet für mich, nicht nur an einem 2-cl-Schluck zu nippen, sondern ich möchte Whisk(e)y trinken, Whisk(e)y, der Aromen- und Geschmacksvielfalt liefert, der Geschichten erzählt und dabei erschwinglich bleibt. Für echte Kerle halt und nicht für Snobs. Whisk(e)y, gesucht und gefunden auf den britischen Inseln, in Nordamerika und in Japan. In Brennereien mit Geschichte – unabhängig von ihrer Größe und Unternehmenszugehörigkeit.

Es folgt nun eine kleine, aber feine Auswahl, allerdings ohne Anspruch auf Vollständigkeit. Alle Vorschläge sind auch im gut aufgestellten Fachhandel zu finden.

Bevor wir zu diesen Tipps kommen, noch ein paar Informationen zur »Welt des Whiskys«, mit seinen Unterarten. Herzlichen Dank an Bacardi Deutschland, dass ich mich aus der informativen deutschen Whisky-Präsentation von John Dewar & Sons mit den nachfolgenden Abbildungen bedienen durfte.

ALLGEMEINES ZUM WHISKY

VERSCHIEDENE WHISK(E)Y-ARTEN

	PROFIL	**Zutaten**	**Destillation**	**Reife**	**Marken**
BLENDED SCOTCH WHISKY	Weich, malzig, ausbalanciert, gleichbleibend und komplex	Gerstenmalz oder ungemalztes Getreide	Gersten-Whisky wird in Kolonnen, Malz-Whisky in Brennblasen destilliert, 2-fache Destillation	Mindestens 3 Jahre in Eichenfässern	Dewar's, William Lawson's, Johnnie Walker, The Famous Grouse, William Grants, Bells, Chivas Regal
IRISH WHISKEY	Weich, Getreidenote und leicht	Gerste und ungemalztes Getreide	3-fach in Brennblasen und/oder Kolonnen destilliert	Mindestens 3 Jahre in Eichenfässern; Blending findet nur nach der Reife statt	Blends: Jameson, Powers, Black Bush und Tullamore Dew; Bushmills ist ein Irish Malt Whiskey und Greenore ein Getreide-Whiskey
AMERICAN (US) WHISKEY	Weich, Eichenholz, süß und leicht	Korn, Roggen, Gerste, Mais (Bourbon muss zumindest 51% Mais enthalten)	2-fach destilliert: zuerst in der Kolonne bis 62 Vol.-%, danach in der Brennblase bis 70 Vol.-%; ein Bourbon darf nicht über 80 Vol.-% destilliert werden	Bourbon mindestens 2 Jahre in neuen, verkohlten Eichenfässern; Tennessee Whiskeys werden holzkohlegefiltert	Bourbons: Jim Beam, Maker's Mark, Woodford Reserve und Wild Turkey; Jack Daniel's und George Dickel sind Tennessee Whiskeys
CANADIAN WHISKEY	Weich, ausbalanciert, gleichbleibend und süß	Eine Mischung aus Getreide – u. a. Mais, Weizen, Roggen und Gerste	Brennblase oder kontinuierliche Destillation bis zu hohem Alkoholgehalt	Mindestens 3 Jahre in Weißeichenfässern; Altersangabe bezieht sich auf das durchschnittliche Alter des Blends	Canadian Club, Crown Royal, Seagrams VO, Gibsons, Canadian Mist
JAPANESE WHISKY	Weich, etwas süßer als Scotch, gut ausbalanciert, mit einigen Spitzen	Gerstenmalz oder ungemalztes Getreide	Getreide-Whisky wird in Kolonnen, Malt Whisky in Brennblasen destilliert; 2-fache Destillation	Mindestens 3 Jahre in Eichenfässern; japanische Mizunara-Eichenfässer für einen bestimmten Geschmack	Suntory Old, Kakubin und Black Nikka; Single Malts: Yamazaki und Hakashu aus Suntory und Yoichi aus Nikka

Natürlich ist mir nicht entgangen, dass in der Grafik die schottischen Single Malts fehlen, aber auch ohne sie erhaltet Ihr hier einen prima Überblick über WWW = World Wide Whisk(e)ys.

Spannend ist diese Grafik, die beispielhaft die komplexen Erzeugerschritte eines Single-Malt-Whiskys und seiner Fassreife zeigen.

DIE 7 SCHRITTE DER SCOTCH-PRODUKTION*

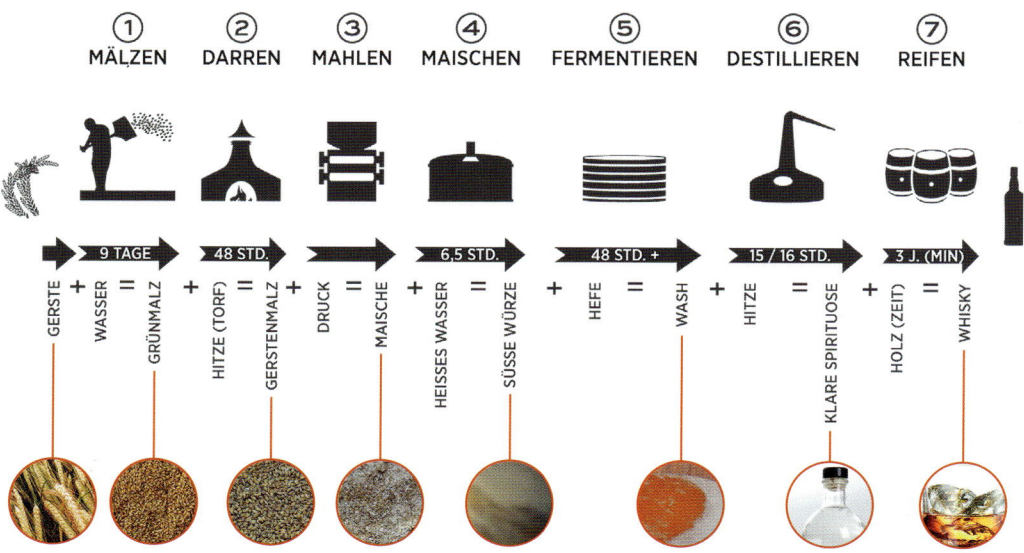

*Basierend auf der Produktion von Aberfeldy.

Jeder dieser Schritte hat in den unterschiedlichen Destillen noch mal seine ganz eigenen Geheimnisse und historischen Besonderheiten – vom eigenen Quellwasser und der Art sowie Auswahl des Grundgetreides über das Heizmaterial (mit oder ohne Torf) zur Befeuerung der Trocknungs- beziehungsweise Darröfen zur Gerstenmälzung (bei Malts), die eigentliche Beschaffenheit der Mälz- oder Trocknungsböden, das Mahlverfahren, Größe und Art der Maischung bis hin zum Gärprozess und den dort eingesetzten individuellen Hefekulturen.

Im Destillierprozess kommt es auf Formen, Anzahl und Anordnungen der kupfernen Pot Stills ebenso an, wie auf die zeitlich präzise bestimmte Abscheidung des gewonnenen Feinbrand-Alkohols. All diese Schritte werden mit menschlichem Knowhow (inklusive überliefertem Brennerwissen) zur optimalen Dauer und in all ihren Umsetzungsfeinheiten perfektioniert. Jeder »Single Malt New Make« aus einer Traditionsdestille wird so vor seiner Fassreife und Trinkstärkeneinstellung mit lokalem Quellwasser schon zum ganz individuellen Destillat mit eigener Charakteristik und den Anlagen zu einem großen Whisk(e)y.

Was ebenfalls nicht oft genug erwähnt werden kann, ist die Bedeutung der anschließenden Fassreife, das Fassmanagement, was bis zu 70 % der Aromen- und Geschmacksbildung guter mehrjährig fassgelagerter Spirituosen ausmacht. Beginnend mit der Auswahl der Fässer nach Holzart, Form plus Größe und deren Vorbelegungshistorie meist mit Bourbon, Sherry, Brandy oder Wein. Oder, wie in Amerika vorgeschrieben, die Verwendung neuer unbenutzter und lediglich ausgebrannter Weiß-Eichen-Fässer. Gemeinsam mit Lagerung und Nachlagerung (Finish) entsteht so ein wesentlicher Teil des sensorischen Erbgutes der Brände, die »visuelle« Farb-

9 FAKTOREN BEEINFLUSSEN DEN GESCHMACK

- Menschen (Handwerkskunst)
- Wasser
- Torf
- Gerste
- Hefe
- Form der Brennblase
- Art und Qualität des Fasses
- Reifezeit
- Ort und Klima

komponente selbstverständlich ebenfalls. Von höchster Bedeutung sind außerdem die Lage und Beschaffenheit der Lagerstandorte der Fässer, ihre Warehouses sowie die makro- bis mikroklimatischen Verhältnisse vor Ort. So reift beispielsweise ein indischer Whisky in tropischen Klimazonen sehr viel schneller, als ein Whisky in seiner deutlich kühleren und meist auch trockeneren nordeuropäischen Ursprungsheimat Schottland und Irland. Dort, im kühlen Norden, verliert der Whisky im Fass nicht nur sehr viel weniger Alkoholanteil pro Jahr, er nimmt zudem – in Abhängigkeit von der Fassgröße und der Vorbelegung – langsamer, manche sagen »schonender«, seine Fassaromen auf. Dies verfeinert sich weiter durch die lokalen mikroklimatischen Bedingungen: Küstenwhisk(e)ys, bei denen die Meeresbrisen durch die Warehouses wehen, tragen für Genießer mit geübter Sensorik sogar riech- und schmeckbar die würzig-salzige Meeresluft und die Seetang-Aromen erst ins Fass und dann ins Glas. Genau wie Inlandwhiskys das Mikroklima ihrer Region spiegeln, egal, ob Heidelandschaften, weite milde Wiesen- und Feldgebiete von Mittelgürteln oder Bergregionen, in denen sich Wind und Wetter ganz anders darstellen. Fässer, Lagerorte und die Lagerzeiten sind für die Geschmacksvielfalt von Whisk(e)y verantwortlich und verleihen ihm seine Einzigartigkeit.

Zum Abschluss dieser kleinen Whisky-Kunde noch eine Grafik, die den »Keycode« der sensorischen Wahrnehmung von Blended wie Single Malt Scotch liefert. Der mit wenigen Abstrichen aber auch für alle weiteren Whisk(e)ys gilt, wenn wir Torf streichen und Gerste durch andere Getreidearten, wie z. B. Roggen oder Mais, ersetzen.

AUF NACH SCHOTTLAND, DER HEIMAT DES WHISKYS!

Zu Schottland fallen Kerlen meist als erstes Highland-Geschichten ein: wilde Männer, wilde Klamotten, Schwertkämpfe Clan gegen Clan oder Clans gemeinsam gegen Könige. Sehr rau, ziemlich laut und hinterher Heidelandschaften und Hügel voll mit Siegern und Verlierern, rot gefärbte Botanik inklusive. Oder – Motivwechsel – Burgen und Ruinen, die an windumtosten Steilküsten stehen. In unseren Köpfen steht Schottland schlicht für starke Männer mit reichlich Natur drum herum. Für Kerle, deren Tagesbeschäftigung, je nach gesellschaftlichem Stand, wahlweise aus Baumstamm-Hochwurf, Hammer-Weitwurf, Axt-Zielwurf und – nach getaner Arbeit – dem Fünf-Finger-hohen-Whisky-Einwurf in der offenen »Tumbler-Klasse« besteht. Oder aus der Hirsch- und Moorhuhn-Jagd sowie dem Fliegenfischen auf den eigenen, reich bemessenen Ländereien, die nur mit einem »Ur-Landy« standesgemäß zu befahren sind. Woran denkt man bei Schottland noch? Sport, ganz klar. Und da vor allem an Fußball, Rugby und Golf – in Schottland alles echte Volkssportarten. Oder an berühmte Schotten, wie zum Beispiel **Sir Arthur Conan Doyle**, den literarischen Vater von Sherlock Holmes; **Alexander Graham Bell**, den Erfinder des Telefons; **David Livingstone**, den mutigen Entdecker und Afrikaforscher; **James Watt**, Erfinder und Mitbegründer der Industrialisierung. Außerdem habe ich – keine Angeberei – vor kurzem in der Eifel eine schottische Rennfahrerlegende getroffen, den dreifachen Formel-1-Sieger (1969, 1971 und 1973) **Sir Jackie Stewart** – ein großartiger Mann, ein echter Kerl wie aus dem Bilderbuch. Schotten mit hohem Unterhaltungswert kennt Ihr wie ich natürlich auch. Die spontane erste Erinnerungswahl geht ganz eindeutig zum viel zu früh verstorbenen AC/DC-Sänger **Bon Scott**, dem Sänger und Gitarristen der Dire Straits, **Mark Knopfler**, und zur in Aberdeen geborenen Sängerin und Songwriterin **Annie Lennox**. Bevor jetzt jemand nervös mit dem Fuß wippt ... – keine

nen Brennblasen) hergestellt wurde. **»Single Grain Whisky«** besteht dagegen aus einer oder mehreren Getreidesorten, ebenfalls auch nur aus einer Destillerie. **»Vatted, Pure** oder **Blended Malt Whisky«** beinhaltet Whisky aus mehreren Malts mindestens zweier verschiedener Destillerien. **»Blended Grain Whisky«** heißt der aus einer oder mehreren Getreidesorten aus mindestens zwei Destillerien verschnittene Whisky. **»Blended Scotch Whisky«** ist eine Mischung aus »Single Malts mit Grain Whiskys«, meist aus einer ganzen Reihe von Destillerien. Das ist ein qualitativ deutlich schwächeres Erzeugnis in dieser Qualitätskette, egal ob da zusätzlich noch »fine«, »old« oder »naked distilled« beziehungsweise »very lecker« als Qualitätsmerkmal auf dem Etikett steht. Etwas Anderes ist der Hinweis **»Cask Strength«**, das ist ein Qualitätsmerkmal inklusive einer Wahrnehmungsansage: Es handelt sich nämlich um die Fassstärke, das heißt, einen nicht mit Wasser reduzierten Malt, der meist 50 bis 60 % Volumenalkohol aufweist. Ähnlich wertvoll ist auch der Vermerk **»Single Cask«**, der den Malt Whisky aus einem einzigen Fass dokumentiert. Er kann aber durchaus mit Wasser auf Trinkstärke eingestellt worden sein.

Angst, nix vergessen! Der Kerle-Schotte für Generationen gehört hier hin wie der Tumbler mit Single Malt in seine ruhige Schottenhand: **Sir Thomas Sean Connery**! James Bond-Legende wie Symbol für Schottland. Cheers.

All das fällt einem spontan zu Schottland ein und noch viel mehr: strickbestrumpfte Männerbeine mit Messern in der Langsocke unter dem Kilt, Dudelsack-Märsche im geübten Gleichschritt gespielt und Destillen mit kupfernen Brennblasen plus alkoholisch-aromatisch duftenden Warehouses. Aus denen stammen die Kerle-Drinks, um die wir uns nun kümmern.

Rasch noch zum Einstieg: »Single Malt« heißt nichts anderes als Whisky aus einer einzigen Destillerie, **»Blended«** ist der Herkunftsnachweis eines »Whisky-Verschnitts« aus unterschiedlichen Destillerien. Geht es noch etwas genauer? Na klar: **»Single Malt Whisky«** nach schottischer Definition ist mindestens drei Jahre fassgelagerter Whisky aus Wasser und 100 % gemälzter Gerste, der in einer einzigen Destillerie in Pot Stills (kupfer-

Listen and repeat: Wenn zum **Single Malt Whisky** noch der Hinweis auf eine **Single-Cask-** oder **Cask-Strength-Abfüllung kommt** und die Jahresangabe zweistellig ist, dann geht der Stoff nicht nur nett ins Geld, sondern liefert vor allem gewaltig in der Sensorik! Dito bei **Vatted, Pure** oder **Blended Malt** als Ursprungsnachweis mit tauglicher Altersangabe. Für sie haben richtig gute Masterblender das Beste dessen zusammengebracht, was vorher in ihrer Disziplin mindestens genauso versierte Masterdistiller gebrannt und zur Fassreife geführt haben.

Wen das alles nicht juckt, weil er stattdessen viel lieber aus feinsten Cola-Sorten Alkopops unterschiedlicher Stärke mit Whisky-Geschmack bastelt, der kommt dafür mit **Blended Scotch** vom Discounter am besten zurecht. Und hat gerade den einzigen für ihn relevanten Satz im ganzen Buch gefunden. Gratulation!

Zurück auf die richtige Spur. Mit einigen weiteren Infos aus der Quelle unseres Drink-Experten Marian Krause.

FAKTENWISSEN ZUM WHISKY

Schottische Whisky-Regionen, geschmackliche Unterscheidungen

- Speyside (komplex, reichhaltig fruchtig, voll und würzig)
- Highlands (abwechslungsreich, warm fruchtig)
- Lowlands (blumig, milder, fruchtiger Charakter durch Dreifachdestillation)
- Campbeltown (volles, tiefes, raues, leicht salziges Aroma)
- Inseln (große Bandbreite an Aromen, von kräftig und torfig bis mild und salzig)
- Islay (kräftige Torf- und Rauchnoten, Phenol, Zitrusnoten, moosig und Seetang)

Aktive Brennereien

Noch ein paar Hardfacts gefällig? Derzeit produzieren 110 aktive Brennereien in Schottland. Die meisten Brennereien gibt es im Nordosten Schottlands, in Speyside, eingebettet in die Highlands. Die selbst nicht zuletzt aufgrund ihrer Fläche mit der zweitgrößten Anzahl an Destillerien aufwarten können. Die Folgeplätze teilen sich fast zahlengleich die Lowlands, Islay und die Inseln. Abgeschlagen auf dem letzten Platz landet mit nur noch drei Brennereien Campbeltown. Die größte Brennerei nach Ausstoß ist Roseisle mit 12,5 Millionen Liter p.a.; die älteste noch aktive Destillerie ist Glenturret aus dem Jahr 1775 und die jüngste Brennerei ist gegenwärtig die 2014 eröffnete Kingsbarns-Brennerei.

Scotch-Whisky-Regulation

Die gesetzliche Scotch-Whisky-Regulation aus dem Jahr 2009 legt zudem fest, dass für die Herstellung von Whisky in einer schottischen Destillerie Wasser und gemälzte Gerste (anderes Getreide kann zusätzlich verwendet werden) verwendet werden muss. Der Rohbrand soll maximal 94,8 % reinen Alkohol erzeugen. Und die Lagerung unter Zollverschluss in Schottland hat ausschließlich in Eichen-Fässern mit einer Größe von maximal 700 Litern für mindestens drei Jahre zu erfolgen. Vor der Abfüllung darf schottischem Whisky Wasser und Lebensmittelfarbstoff (Zuckercouleur) zugesetzt werden. Der Whisky muss mit mindestens 40 % vol. abgefüllt werden.

Was steht auf dem Etikett?

Auf den Etiketten schottischer Whiskys finden sich folgende Angaben: Hersteller, Alter (youngest drop – also des jüngsten verwendeten Whiskys), der Alkoholgehalt in % vol., die Mengenangabe in ml oder l, der Hinweis auf eine Zugabe von Zuckercouleur, die Art des Whiskys, Kaltfiltration Ja oder Nein sowie ggf. Hinweise auf »Cask Strength«, »Single Cask« oder »Vintage« als reinem Jahrgangswhisky, bei dem der Whisky in der Flasche aus dem angegebenen Jahr stammt.

Angestoßen wird in Schottland übrigens mit dem traditionellen gälischen Trinkspruch »Slàinte mhath!« was »gute Gesundheit« bedeutet und [ˌslaːndʒə ˈva] ausgesprochen wird.

Dann nichts wie ab zu den richtig guten schottischen Blends. In ihnen stecken nach Expertenschätzungen ja über 90 % aller in Schottland gebrannten und gereiften Malt Whiskys – will sagen: nur zirka 10 % kommen unverschnitten auf den Markt. Alles andere geht in Blends auf, in denen häufig zwischen 10 bis zu über 50 verschiedene Malt Whiskys in Verbindung mit meist drei bis fünf Grain Whiskys aus einer Blend-Flasche in die Gläser fließen. Eine kleine, aber feine Auswahl richtig guter Blended Whiskys von erstklassiger Art und Herkunft darf hier deshalb nicht fehlen. Obwohl ein paar Top-Tipps, blättert dazu gerne noch mal zurück, schon bei den Antworten zur »1000-Euro-Frage« am Ende des ersten Kapitels geliefert wurden.

Hier und jetzt beginnen wir mit **Chivas** aus Aberdeen. Die Geschichte der Chivas Brothers lässt sich bis zum Jahr 1801 zurückverfolgen. Damals gründete William Edward in Aberdeen ein Lebensmittelgeschäft, dem 1837 James Chivas beitrat. Bereits zu dieser Zeit war das florierende Unternehmen bekannt für die hohe Qualität seiner feinen Whiskys. Sogar der österreichische Kaiser war Chivas-Kunde. Kein Wunder, dass das Unternehmen 1843 von

Königin Viktoria zum Hoflieferanten ernannt wurde. 15 Jahre später führte James Chivas seinen Bruder John als Partner in das Geschäft ein und benannte es in Chivas Brothers um. Vor allem der Kombination bester handverlesener Single Malts mit erstklassigen Grain Whiskys verdankt Chivas seinen exzellenten weltweiten Ruf. Ein wichtiger Bestandteil aller Chivas-Qualitäten ist der klassische Single Malt Whisky der **Speyside** aus Strathisla, einer der ältesten Destillerien Schottlands, die seit dem Jahre 1786 besteht. »Chivas kenne ich, habe ich zuhause«, wird jetzt mancher Kerl murmeln. Feiner schottischer Blended Whisky, vor allem der 12-jährige Klassiker. Und nun? Kommt da noch was? Na klar! Schon mal darüber nachgedacht, höher einzusteigen, in die Altersklasse der 18-Jährigen? Da hat Chivas einen Siegertypen am Start, der sich definitiv für Eure Gläser lohnt.

Der 1997 auf dem Markt eingeführte 18-Jährige ist ein erstklassiger Vertreter seiner Blended-Zunft. Der **Chivas Regal 18 Jahre Gold Signature** ist ein Whisky, der mit richtig gutem Geschmack zahlreiche Goldmedaillen auf internationalen Wettbewerben eingeheimst hat, eine 8,5/10-Benotung vom Whisky-Experten Michael Jackson und lobende Worte von der Kritikerlegende Paul Pacult inklusive. Sehe ich genauso. Vor allem wegen seines gehaltvollen Duftes, den Aromen von dunkler Schokolade und harmonischen Noten von Süße und Rauch sowie seinem im Vergleich zum 12-Jährigen noch mal einprägsameren warmen Abgang. Chivas at it's very best – wenn nur nicht die richtig Edel-Teuren wie der **Ultis** und der **Royal Salute** wären. Aber lassen wir das, sonst verrutscht mein Preislimit-Versprechen jetzt schon.

Next Drink, diesmal ein Blend aus ebenso prominentem Hause, von **Johnnie Walker**, der meistverkauften Scotch-Marke der Welt. Der aus einem schottischen Dorf in der Nähe von Kilmarnok stammende Namensgeber soll sich zwar schon an den ersten Verschnitten verschiedener Whiskys versucht haben, aber so richtig erfolgreich entwickelte sich diese Kunst erst unter den nachfolgenden Familiengenerationen, beginnend mit seinem Sohn Alexander sowie dessen Söhnen Alexander junior und George Patterson Walker. In ihre für die internationale Wahrnehmung der schottischen Whiskys unverzichtbare Schaffensperiode fällt auch die Übernahme mehrerer schottischer Destillerien, die für die Beschaffung bester Malt- und Grain-Destillate eingebunden wurden. Darunter die bekannten Brennereien von Cardhu und Talisker. Cardhu bildet auch heute einen wichtigen Bestandteil der Johnnie-Walker-Blends, die sich weltweit – beginnend mit dem Red Label in der nach oben relativ offenen Qualitätshierarchie – höchster Wertschätzung erfreuen.

Meine Empfehlung ist der **Johnnie Walker Double Black**, aus dem gehobenen Segment des Hauses, eine Güteklasse über dem Black Label, von dem er sich durch mehr Rauchigkeit und einen intensiveren Geschmack unterscheidet. Obwohl er als Edition aufgelegt wurde, ist er nicht nur in Duty-free-Shops, sondern ebenfalls in den Handelsregalen gut vertreten. Der vorrangige Whisky des Double Black ist der Caol Ila 12, der mit weiteren 40 Malts und Grains mit mindestens 12-jähriger Reife perfekt vermählt wurde. Eine absolut gelungene Sache im Glas mit leicht torfigem Duft, rauchig würzigen Geschmacksnoten, neben denen sich ebenfalls dunkle Schokolade, tropische Früchte und Vanille erspüren lassen. Wer es weniger

torfig will, der greift bei Johnnie Walker zum preisgünstigeren Black Label. Und für die Kerle mit Lust auf Johnnie Walkers Edel-Blends ist das **Platinum Label 18 Years** eine feine Wahl.

Wer bei schottischen Blends neben dem Alter auch Wert auf besondere Herstellungsmethoden legt, der ist mit dem **Dewar's 12** bestens bedient. Dieser hoch dekorierte »World's Most Awarded Blended Scotch Whisky« verdankt seinen wirklich runden, milden Geschmack der doppelten Reifezeit. Bei dieser ganz eigenen von Dewar's entwickelten Herstellungsmethode wird der Blend nach dem Verschneiden nicht direkt in die Flaschen gefüllt, sondern vorher erst für weitere sechs Monate in Eichen-Fässern gereift. Das heißt, alle am Blend beteiligten Whiskys gehen noch gemeinsam ein Stück Reifestrecke, bevor die Flaschenabfüllung folgt. Das spürt und schmeckt man. Beim Dewar's 12 finden nicht nur feine fruchtige Rosinenaromen den Weg zur Nase, das Eichen-Fass macht sich zusätzlich dezent beim Geschmack bemerkbar. Dewar's ist sowohl als ältester Hoflieferant eine feste Größe in der Whisky-Welt des Inselreiches wie auch Dachmarke einer ganzen Reihe bester Destillerien Schottlands – deren Malts sich natürlich in den feinen Blends wiederfinden. Zu den Solisten später mehr.

Neben diesen allgemein bekannten Blends gibt es aber noch eine sehr besondere Spezies, die mir die perfekte Überleitung zu den Single Malts als Erzeugerabfüllungen bietet.

Ich meine den kleinen, aber feinen Zirkel der traditionsreichen unabhängigen Abfüller (»Independent Bottler«), die zahlreiche schottische Spitzendestillen und deren Warehouse-Inhalte so gut wie die Westentaschen ihrer Edelzwirn-Bekleidung kennen. Und deshalb dort Fässer inklusive ausgewählter Spirits erwerben und/oder bis zum von ihnen gewünschten Reifepunkten lagern lassen (zum Teil werden diese Whiskys auch in eigenen Fässern nochmal nachgereift), mit denen sie einen ganz besonderen Plan für ihre Kundschaft haben. Die Ergebnisse dieser Expertenpläne sind entweder ganz besondere Blended-Erzeugnisse in Form von »Abfüllungsverschnitten des Besten vom Besten« aus den Destillen verschiedener schottischer Regionen, wahlweise aus nur einer Region, oder aber – ebenso schlicht wie perfekt – eigene Single-Malt-Abfüllungen aus einzelnen Destillerien bis hin zu einzelnen Fassabfüllungen. Statt »Verschnitt« wird hier Kreation geliefert, sensorische Maßarbeit, die knitterfrei perfekt an Nase und Gaumen von Whisky-Genießern sitzt und Genussfreuden somit potenziert. »Independent Bottler« wie **William Cadenhead** und andere Traditionsbetriebe, wie beispielsweise **Douglas Laing, Gordon & MacPhail**, oder die wesentlich jüngeren **Signatory**-Abfüller, zählen hier zu den ersten Adressen.

Unser Weg führt zu **Douglas Laing**, dort hat man die schottischen Top-Blends, die schon auf den ersten Blick echte Kerle-Drinks sind. Ich könnte mich allein schon in deren Etiketten-Designs quer über die ganzen Flaschenbatterien vergucken. Die Flaschen sprechen mit Dir, raunen Dir zu »Vergiss das blöde Preisetikett, kauf mich, besitz mich, lass mich einfach in Deiner Whisky-Bar wohnen. Zeig mich stolz herum. Und dann trink mich ganz langsam leer!«

Mein Douglas-Laing-Tipp ist der **Big Peat Islay Malt Scotch Whisky**, ein mehr als strammer **Islay Best-Blend**, bei dem einem schon namensgebend der ablandig duftende Islay-Torf vom Etikett entgegenweht. Ungefiltert, ungefärbt, satte 46 % vol. auf der Uhr – nix als kraftvoll-rauchiges Malz-Elixier. Erzeugt aus allerbesten Islay Single Malts. Welche? Fassgelagerter Single Malt von Ardbeg, Caol Ila, Bowmore und sogar Port Ellen sind hier gemeinsam geblendet am Start.

Zwischen Start und Ziel liegt ja bei den »Puren Drinks« meist das ein oder andere kundig zu Nase und Mund geführte Glas. Sonst wird das nix mit einer möglichen Siegerehrung. Vor mir haben sich offenbar schon eine Menge echter Experten an Big Peat versucht, sonst wäre er ja wohl kaum zum besten Blended Malt Schottlands bei den »World Whisky Awards 2010« gewählt geworden. Geschweige denn mit 96 von 100 Punkten von der Whisky-Legende Jim Murray in dessen »Whisky-Bibel 2011« zum »Scotch Vatted Malt of the Year« gekürt worden. Bei so viel professionellem Empfehlungssegen brauche ich als trinkkundiger Laie nur noch zu nicken und verleihe diesem Vatted-Malt-Stoff zusätzlich meinen »RD-Whisky-Tumbler-komplett-leer-Award«! Vor allem für seine wirklich feinen Rauch- und Torf-Aromen, neben denen sich auch Anklänge von Schokolade oder Kaffee erkunden lassen, sowie für würzige Rauch- und Torf-Geschmacksnoten, die am Gaumen von Nusstönen begleitet werden und für einen mittellangen Abgang sorgen. Zu dem Drink habe ich seit langer Zeit mal wieder Lust auf eine mit bestem würzigen Rattray's Red Lion gestopfte Pfeife.

Schottische Blended Whiskys könnten das halbe Buch füllen. Weil ich es aber viel spannender finde, noch ein paar andere Drinks zu beschreiben, hier nur noch eine kleine Anbieterauswahl: **The Famous Grouse** geht als Blend nicht nur für Schotten immer; der **J&B Rare** mit seinen exzellenten Speyside Malts ist eine richtig gute Wahl, genau wie der **18-jährige Buchanan's** oder die **12 Years Cask Selection** von **William Grant's**. Zu den guten zwölfjährigen Blends fällt mir außerdem noch die Marke **Cutty Sark** ein.

Ich möchte nun schottische Single Malt Whiskys mit Euch erkunden. Eine überschaubare Auswahl schauen wir uns an, mit Momentaufnahmen einzelner Destillate. Die 110 schottischen Brennereien von »A« wie Aberfeldy bis »W« wie Wolfburn erzeugen zwar zig Millionen Liter Single Malt und Grain Whiskys, aber der Hauptteil davon wandert bekanntlich in die Blends. Wer sich also bei mir darüber beschweren möchte, dass in der Folge nur so wenige der schottischen Single-Malt-Destillerien Erwähnung finden, dem sei mit einem Augenzwinkern schon hier entgegnet, dass er die meisten ja in den beschriebenen Blends wieder-

WISSENSWERTES

Die Destille der Glengoyne-Brennerei liegt in den Highlands. Sie ist durch eine Straße von ihren Warehouses getrennt, welche allerdings in den Lowlands liegen. Der Whisky bleibt ein Highland Single Malt

Die Brennblasen der Edradour-Brennerei sind so klein, dass sie nur knapp über der Grenze zu transportablen Brennblasen liegen. Und die werden in Schottland laut Gesetz als Schwarzbrennereien eingestuft und sind streng verboten.

Man kann erkennen, ob ein Whisky kaltgefiltert wurde, indem man Eis oder etwas Wasser hinzugibt. Wird er trüb, wurde er nicht kaltgefiltert und schmeckt somit minimal malziger.

Im Jahr 2007 hat man in der Antarktis unter der Expeditionshütte von Ernest Shackleton, der 1907 in der Antarktis unterwegs war, eine Kiste mit Whisky gefunden. Elf Flaschen konnten geborgen werden, von denen drei zur Analyse mit einem Privatjet nach Schottland geflogen wurden. Der Whisky konnte detailgetreu analysiert und wiederhergestellt werden. Heute kann man diese Whisky-Replica regulär im Handel kaufen.

Wolfburn Dunnage Warehouse, Klimakammer mit besten Reifevoraussetzungen.

finden kann. Legen wir also los mit einer Exkursion in Wort und Bild vom obersten Norden der Highlands bis runter in den Süden der Lowlands, wobei ich mir die geografisch korrekte, aber unter Whisky-Gelehrten unverzeihliche Unschärfe gestatte, die Highland- und Speyside-Single-Malts in einem Erzeugerblock zu beschreiben.

Der Genussausflug beginnt aber noch völlig »Highlands-korrekt« mit einem Single Malt aus Schottlands nördlichster Destille, der jungen, erst seit 2013 wieder als Erzeuger aktiven **Wolfburn Distillery** in Thurso. Von 1821 bis in die 1860er Jahre war sie eine der größten Brennereien ihrer Zeit. Das streben die heutigen Macher der neuen Wolfburn Single Malts allerdings nicht mehr an. Ihre Devise lautet: Klasse statt Masse. Und das gelingt ihnen offenkundig mit modernster Destilliertechnik in Verbindung mit traditioneller Handwerkskunst prächtig. Besondere Merkmale ihres von Distillery-Manager **Shane Fraser** umgesetzten Erzeugungsprozesses sind vor allem die lange Fermentation von über 100 Stunden, gefolgt von einer schonend langsamen Destillation bei niedriger Temperatur und einem schmalen »middle cut« – mit dem Ergebnis sehr reiner, weicher und dabei fruchtiger Destillate.

Diese »New Makes« reifen in spanischen Ex-Sherry-Fässern, ehemaligen Bourbon-Fässern oder auch deutlich kleineren 125-Liter-Fässern (sogenannten Quarter Casks), die durch mehr Oberflächenkontakt eine schnellere Reifung des Destillats zur Folge haben. Zudem bedient sich Wolfburn zur Fassreife eigener »Dunnage Warehouses«. Das sind traditionelle Lagerhäusern mit offenem Erdboden, in denen die Fässer liegend und nur drei Lagen hoch gelagert werden. Diese althergebrachte Art der Lagerung führt zu einem besonders guten Reifeklima mit hoher Luftfeuchtigkeit.

Wolfburn steht für bestes schottisches Destiller-Handwerk mit dem nötigen Schuss technischer Moderne. Und ist dabei alles andere als eine Großbrennerei. Dort oben in Thurso ist die Single-Malt-Welt klein, fein und ziemlich persönlich. Bis hin zur Handabfüllung der aktuell zwei auch in Deutschland erhältlichen Wolfburn Single Malts.

Von denen eine Handabfüllung als mein Tipp zu werten ist, was die zweite, die in 20 % frischen Sherry-Fässern und 80 % frischen Bourbon-Fässern gereifte und in 46 % Trinkstärke abgefüllte **Wolfburn Aurora** aber keineswegs weniger interessant macht. Mein persönlicher Favorit ist nach ausgiebiger Verkostung der hier abgebildete **Wolfburn Northland**! Der erste Single Malt Whisky seit über 150 Jahren aus Schottlands nördlichstem Hotspot für beste Single Malts. Er ist in Ex-Islay-Quarter-Casks-Fässern – also den 125-Liter-Fässern – gereift und wird in 46 % Trinkstärke abgefüllt. Der Northland liefert mir fruchtige Noten von Zitrusfrüchten und eine leichte Anmutung von Torf und Getreide, gefolgt von Geschmacksnoten von Honig und dunkler Schokolade auf dem Gaumen. Sein Finish fügt sich mit einer leichten Torfnote in dieses Bild eines absolut gelungenen, von Seeluft verwöhnten Highlander Single Malts.

Die nächste Highland-Destillerie ist ein Monument in der Welt der Single Malts – sowohl beim Rang und Namen als auch durch ihre acht Brennblasen. Es sind die höchsten und schmalsten Brennblasen Schottlands und Garanten für die äußersten milden Spirits.

Wir sind in Tain, bei **Glenmorangie**, der 1843 von **William Matheson** gegründeten Brennerei, die neben Glenfiddich zum weltweiten Botschafter und Synonym für Single Malts

wurde. Diese Brennerei setzt auch heute noch Benchmarks für Destillat-Qualität durch Destillier-Knowhow und Fassfinish. Unterlegt durch perfektes Storytelling zu ihren »Sixteen Men of Tain«, einer dynastischen Riege von legendären Meistern des Whisky-Handwerks, in die inzwischen auch eine Frau Einzug gehalten hat. Glenmorangie steht für Gentlemen-Whiskys vom bekannten Fach. Bei denen man als Käufer genau weiß, dass Aromen- und Geschmacksqualität ins Glas kommt, egal ob in Mittelpreislagen oder bei limitierten Highend-Erzeugnissen. Das schätzen offenbar auch die Schotten selbst und machen Glenmorangie-Whiskys in Summe deshalb regelmäßig zu den meist gekauften Single Malts im eigenen Land. Die Destillerie ist alles andere als ein Geheimtipp, aber es braucht auch niemand nervös zu zucken, weil dieser Hersteller – wie übrigens auch Ardbeg – zum weltgrößten Luxuskonzern gehört. Ist doch nicht verkehrt, solvente Eigentümer als Unterstützer zu haben, die sich daran erfreuen und dabei auch gutes Geld verdienen, einige der weltweit besten schottischen Whisky-Destillerien und französischen Cognac-Erzeuger am Start zu haben. Drei der Glenmorangie-Erzeugnisse – hier gemeinsam im Bild – gelten derzeit als besonders gesetzt.

Ich bin sehr gerne bei dem mittleren der drei abgebildeten Tain-Erzeugnisse dabei, dem zwölfjährigen **Glenmorangie Lasanta**. Was einem Laien wie mir sprachlich erstmal ziemlich spanisch vorkam, ist aber Gälisch und bedeutet »Wärme«. Der Lasanta zeigt für mich nicht zuletzt aufgrund seiner finalen zweijährigen Nachreife in spanischen Ex-Oloroso- und PX-Sherry-Fässern, wie unschätzbar wichtig Spitzen-Knowhow beim Fassmanagement zur Erlangung erstklassiger Single Malts ist. Dass saubere Brennprozesse unverzichtbar sind, versteht sich von selbst. Aber das ist mehr Handwerk, was nur bei schwacher Destillierapparatur zur Kunst wird. Der eigentlich künstlerisch-kreative Teil liegt für mich in der Auswahl der besten Fässer in Verbindung mit der Reife in ihnen, Wechselbelegungen inklusive. Da entscheidet sich bei Whisky wie Rum, ob es ein ganz ordentliches, ein richtig gutes oder ein Spitzenerzeugnis wird. Der Lasanta ist in seiner Preisklasse ein sehr ausgewogenes Spitzenerzeugnis. Bei dem vor allem die weichen runden Karamell-, Rosinen- und Schokoladen-Aromen begeistern. Gefolgt von einem Mundgefühl, bei dem der Geschmack von Honig und Vanille sanft und überhaupt nicht dominant im Abgang in leichte Holztöne übergeht. Bei so einem Single Malt kann man bleiben.

Es folgt ein Highland-Tipp, dem Mengenerzeugung alles andere als fremd war, der sich aber vor über zehn Jahren dafür entschieden hat, bei den Single Malts Klasse vor Masse zu stellen. Die Rede ist von der 1897 in der Grafschaft Inverness-Shire am östlichen Rand der Monadhliath Mountains auf über 300 Meter Höhe gelegenen **Tomatin Distillery**. Hinsichtlich der Gesamterzeugung immer noch eine für schottische Verhältnisse große Destille, bei der die hochwertigen Single Malts aber mehr aus den Fässern tröpfeln, als dass die feine Lagerware im breiten Strahl in die Flaschen geschüttet würde. Die wirklich großen Erzeugermengen finden auch hier ihren Weg in sehr gute Blends. Was als Single Malts von **Tomatin** in den Markt entsandt wird, erfreut sich deshalb zuvor bester Betreuung, beginnend schon mit der Rohstoffauswahl der gemälzten Gerstensorten. In der Malt-Whisky-Szene ist Tomatin deshalb absolut gesetzt. Nicht alle Produkte sind sofort auf Zuruf im Handel erhältlich, aber dafür mit einer ganzen Reihe von Whisky-Solitären mit unterschiedlichen Reifegraden im Bestand. Wobei die

Der abgebildete **Tomatin 12** mit inzwischen 43 % vol. ist ein »Paradepferd« im Stall der zwölfjährigen Highland Malts. Von bester Art und Herkunft, allein schon durch seine äußerst sorgfältige Destillation und mehr noch durch das erstklassige Fassfinish, bei dem er zuerst zwölf Jahre in Bourbon-Fässern in der besonders atmungsinteressanten Höhenlage reift, bevor er den abrundenden Rest seiner Reifezeit acht Monate lang in spanischen Sherry-Fässern verbringt und da noch zusätzliche feine Aromen und Geschmacksnoten hinzugewinnt. So kommt beim Tomatin 12 ins Glas, was auf einen gut konditionierten und genussbereiten Kerle-Gaumen gehört. Und das fängt schon vorher beim Nosing-Kontakt an mit starken Apfelaromen und leichten Rauchtönen sowie Anklängen von Nüssen. Im Mund entwickelt er sich kräftig und liefert Eichen- und Kakao-Noten an den Gaumen. Ein inzwischen nicht nur von mir geschätzter Preis-Leistungstipp von Tomatin Single Malts ist übrigens deren **Legacy**. Wer hier mal in die Vollen gehen will, der ist sowohl mit dem Tomatin **Port Wood Finish 14 Jahre**, dem eine 18-monatige Nachreifung in Portwein-Fässern mit auf den sensorischen Genießerpfad gegeben wurde, oder mit den schwerer erhältlichen Sondereditionen erstklassig bedient.

Edelalten, also die extrem lange im Fass gewendeten Tomatins, auch hier nicht das Spiel machen, sondern mein Tipp wieder in die – besser verfügbare wie bezahlbare – 12-Jahre-Premium-Ecke zielt.

NUR WHISKY IM RICHTIGEN GLAS MACHT WIRKLICH SPASS!

So spannend ein Nosing- oder Tasting-Glas für die Probierabende und das sensorische Erlernen insbesondere von fassgelagerten Spirituosen auch ist, für den puren Entspannungs- oder Belohnungsdrink bevorzuge ich bei Whiskys klassische Kristallglas-Becher! Tumbler mit schwerem Boden. So kommt einfach alles perfekt zusammen: Das beruhigende Gefühl eines schweren, gut in der Hand liegenden Qualitäts-Glases, der Drink, der sich versonnen darin schwenken lässt, manchmal ein paar spielerisch relaxende Runden extra mit ein oder zwei Eiswürfeln dazu … genau so soll es sein. Sich einen Kerle-Drink aus bestem Hause in billigen Nullachtfünfzehn-Humpen zu Gemüte zu führen, hat weder Stil, noch bereitet es wahre Genussfreude. Hier verschiedene Whisky-Becher von Schott Zwiesel, dem Traditionshersteller aus dem Bayerischen Wald, dem nicht nur erstklassige Bartender – »Mr. Drink« Charles Schumann inklusive –, sondern auch viele stille stilsichere Heimatgenießer ihre besten Spirits und Cocktails anvertrauen. Natürlich gibt es gute Spirituosengläser nicht nur von Schott. Als weitere Qualitätsanbieter von klingendem Rang und Namen fallen mir in loser Reihenfolge spontan Riedel, Spiegelau & Nachtmann, Orrefors und Stölzle ein.

So oder so oder so. Hauptsache, es fühlt sich richtig gut an …

Dann weiter im schottischen Text. Mit einer Highland-Destillen-Empfehlung, die von Genießern direkt vor Ort für Besichtigungen ansteuerbar ist. Wo so etwas außerhalb des »Malt Whisky Trail« von Speyside sonst noch geht, muss man in der Regel bei den Destillen selbst erfragen. Bei der 1898 von der Familie Dewar in den Central Highlands gegründeten **Aberfeldy Distillery**, deren historisches Brennereigebäude übrigens denkmalgeschützt ist, lohnt sich so ein Besuch. Falls das klappt, trefft Ihr dort auch meinen nächsten Tipp.

Die meisten der herausragenden Whisky-Erträge von Aberfeldy werden zwar für die feinen Blends von Dewar's genutzt, aber ein kleiner Teil der Single Malts findet als »Gaumengold« nach langer sorgfältiger 12- bis 21-jähriger Fassreife seinen Weg in die Flaschen. So auch der **Aberfeldy 12** mit seinen 40 % vol., den ich Euch empfehle. Seine lange Gärdauer von rund 70 Stunden in riesigen hölzernen »Washbacks« (große Bottiche) hebt Aromen und Geschmackstiefen aus der Malzmaische, die sich nach der Destillation und Fassreife im sensorischen Erlebnis widerspiegeln. Der Aberfeldy 12 überzeugt schon beim Nosing durch Duft von Honig und exotischen Früchten, die er auch auf den Gaumen mitnimmt, zu denen sich dort außerdem feine Zitrus- und Fassnoten gesellen. Sehr mild, mit einem mittellangen, trockenen Abgang.

Wir bleiben auf den Spuren der Dewar's und wenden uns einer königlichen Destille zu. Es ist die im Jahr 1812 von **Captain William Fraser** gegründete und 1833 von König William IV. mit dem königlichen Gütesiegel geadelten **Royal Brackla Distillery**. Dort reifen die Single Malts in handverlesenen Oloroso-Sherry-Fässern ihrer Bestimmung entgegen und bieten uns Kerlen royales Genusserleben. Der **Royal Brackla 12** ist ein in dieser Liga und Altersklasse denkbar guter Kauf-Tipp, der ganz besondere ölig-würzige Geschmacksnoten in Verbindung mit Fruchtnoten in den Mund liefert und beim Finish seine Sherry-Fass-Lagerung nicht verleugnen kann.

Es ist an der Zeit, einen mächtigen Sprung als Jäger und Sammler im gatterfreien Genussrevier des nördlichen Schottlands zu wagen. Zum unvergessenen Speyside-Klassiker – **Glenfiddich**. Der »Tal der Hirsche«-Destillerie, die aus einer mutigen Idee oder besser Vision ihres Gründers William Grant im Jahr 1886 entstand. Fast auf den Tag genau 75 Jahre, bevor ich das Licht der Welt erblickte, flossen am 1. Weihnachtstag 1887 die ersten

Tropfen des frischen Malz-Destillats als »New Make« aus der Brennblase im schottischen Dufftown. Familie Grant und auch die heutigen Besitzer haben den Weg ihres Gründers bis heute leidenschaftlich und konsequent weiterverfolgt. Den Lohn dafür empfängt die Destillerie durch zahlreiche Auszeichnungen und Medaillenränge der Whisky-Experten und Fachverbände.

Ich gehöre seit über 30 Jahren zur Zielgruppe der Glenfiddich-Trinker, erstmalig griff ich zum grünen Bottle-Klassiker, dem zwölfjährigen Glenfiddich, und heute immer öfter zu den Edel-Ausgaben, wie ganz aktuell dem **Project XX** mit 47 % vol. und seinem genialen Inhalt aus einer Experten-Fassauswahl von 20 »Whisky-Heads«. Mein Tipp für Euch ist aber ein anderer Glenfiddich, der das erlernte und überlieferte herausragende Knowhow von der Auswahl der Malzsorten bis zur Fassreifung ererbt hat und in die heutige Zeit transportiert – der **Glenfiddich Solera 15 Jahre!**

Beste Spirit-Qualität, erzeugt mit dem vom Gründer William Grant vor über 125 Jahren definierten »high cut point«, an dem erst das Herz des Malz-Destillats in den »Spiritsafe« fließen darf, gelangt danach zur sorgsamen luftigen Warehouse-Lagerung in drei verschiedene Fasstypen. Neben europäischen Sherry- und amerikanischen Bourbon-Fässern sind dies neue Fässer aus amerikanischer Eiche – sie sorgen für feinste »jungfräuliche« Holznoten. Die Vermählung in stets mindestens zur Hälfte gefüllten Solera-Eichen-Fässern und in kleinen Solera-Bottichen garantiert dann das gleichbleibende Aroma. Das Ergebnis spricht für sich. Der **Glenfiddich Solera 15** überzeugt mich durch seine Fruchtigkeit, seine Honig- und Vanillearomen und durch Geschmacksnoten von frischem Obst und sehr wenig Fass. Und zeichnet sich durch einen langen Abgang aus.

Auch die nächste Destillerie solltet Ihr Euch merken, auch wenn sie außerhalb Schottlands leider nicht so große Bekanntheit wie Glenfiddich genießt. Mein Tipp ist ebenfalls ein 15-jähriger Single Malt, aus einer schottischen Clan-Destille aus Inverness. Die Rede ist von der 1839 in Alness bei Inverness gegründeten **Dalmore Distillery** im Nordosten der Highlands. Die Geschicke der Brennerei, die zu den größeren in Schottland gehört, wurde knapp 1.200 Jahre von den Mitgliedern des Mackenzie-Clan bestimmt, deren eigene Story eng mit der Historie des schottischen Königshauses verbunden ist. Insbesondere, weil im Jahre 1263 ein Urahn des Mackenzie-Clans den schottischen König Alexander III. davor bewahrte, auf der Jagd von einem Hirsch getötet zu werden. Ein mutiger Mann, dem der dankbare König daraufhin das Recht verlieh, einen »Zwölfender«, das Wappensymbol des Königshauses, in seinem eigenen Clan-Wappen zu führen. Geschichten, wie das ebenso raue, herzliche und abenteuerliche Leben sie halt nur mit Waidmannsdank und Königsgunst für Schotten-Clans in die Historienkladden schreibt. Aber Dalmore hat eben im Hier und Jetzt auch deutlich mehr als eine spannende Distiller-Chronik zu bieten. Und dafür ist der von mir ausgewählte **The Dalmore 15 years** ein sehr gut nachtrinkbares Beispiel!

The Dalmore 15 years reift zunächst 12 Jahre in feinen Bourbon-Fässern, bevor er in handgefertigten Matusalem-, Apostoles- und Amoroso-Sherry-Fässern gefinisht wird. Das zahlt sich aus durch tiefe runde Sherryaromen direkt an der Nase, süße fruchtige Düfte, denen Zimt- und Zitrusaromen folgen. Der Whisky spielt in der 50-Euro-plus-X-Liga. Wer Whisky wie ein dankbarer König genießen will, kann sich da auch mit dem **The Dalmore King Alexander III. Single Malt** befassen, zu angemessen herrschaftlichen Preisen.

Zurück zu den bezahlbaren Whisky-Genüssen. Es folgen Infos zu großartigen Whiskys, allerdings ohne Abbildungen. Der **Balvenie Single Barrel 12 years** mit seinen 47,9 % vol. ist so ein Charakter-Single-Malt-Unikat, was zeigt, wie wichtig die Fassreife für das spätere sensorische Ergebnis ist. Hier in Form exzellenter Vanille- und Eichen-Fass-Aromen und seiner süßen Frucht- sowie Honignoten auf dem Gaumen. Oder der **Edradour Caledonia 12 years**, der mir durch seine ganz andere, eher weiche, fruchtige Aromen- und Geschmacks-Charakteristik besonders gut in Erinnerung ist. Der **Glendronach 12 years** mit seinen etwas höheren 43 % vol. auf der Trinkstärkenachse überzeugt mich hingegen nach einem Mundgefühl warmer Sherry-Noten sehr durch seinen langen trockenen Abgang. Die Traditionsbrennerei Glenlivet, 1828 gegründet, ist die erste Speyside-Destillerie überhaupt und bietet mit der **Glenlivet Founder's Reserve** einen fantastischen Single Malt zu sehr fairen Kursen.

Oder der **Glenfarclas 15 years** in der 46-%-vol.-Abfüllung, der mir wegen seiner herausragenden Geschmacksbalance von Sherry-, Rauch- und Malz-Tönen sehr präsent ist. Nicht von mir, aber von meinen Buchbegleitern häufiger verkostet, muss der **Cardhu 12** wegen seiner Ausgewogenheit und den Aromen von Harzen, Honig und Nüssen ein Volltreffer sein. Sie nennen mir auch den **Glen Grant Major's Reserve** als besonders frischen und leichten State-of-the-Art-Single-Malt aus dem Glen Grant-Sortiment. Kennzeichen dafür: Apfelaromen, fruchtige Geschmacksnoten mit Vanilletönen plus ein leichter, trockener Abgang. Und das für deutlich unter 30 Euro in der 0,7-Liter-Flasche.

Lasst uns nun noch einen herausragenden Single Malt aus dem schottischen Norden erkunden, bevor es im Regionenwechsel zu den Insel-Whiskys geht. **Aberlour** ist ein Single Malt wie aus Urzeiten, aber mit dem Erzeuger-Knowhow einer der besten heutigen Highland-Destillen. Dort wird neben besten Single Malts mit Altersangaben zwischen 10 und 18 Jahren Fassfinish auch ein Monolith ohne Jahrgangsnachweis auf die Flaschen gefüllt, der einen satten »Bums« hat. Auf die Art, die Kerle-Spirits manchmal einfach ausmacht: anfangs vor allem Respekt einflößend, dann aber beim näheren Hinsehen und Kennenlernen unheimlich vielschichtig und spannungsgeladen. Plus ein guter Schuss Magie und Restgeheimnisse zum Abschied. Yep, genau das ist so ein Trink-Kamerad aus den Highlands, der die ganze Geschichte der Region und ihre Mythen im Tumbler auf den Punkt bringt. Sie nennen ihn bei Aberlour den **A'bunadh**, was in der Übersetzung »der Ursprung« bedeutet. Volltreffer!

Mann, Kerl, Freund. Was für ein Stoff! Der **Aberlour a'bunadh** mit seiner prächtig mächtigen Fassstärke von knapp über 60 % vol. Er liefert, was er an Bord hat, komplett ohne Farbstoffe und ohne Kältefiltrierung und reift zudem nach der Traditionsherstellung des 19. Jahrhunderts – direkt vom Fass in die Flasche. Vorher verwendet Master-Distiller **Douglas Cruickshank** zur Lagerung nach der reinen

Lehre ausschließlich beste Oloroso-Sherry-Fässer. Dabei greift der kluge Mann für jede neue Abfüllung auf unterschiedliche Altersstufen dieser Fässer zurück. Ab da ist nur noch zusatzfreie Flaschenabfüllung angesagt. Verschlusskorken drauf, Wachsversiegelung drüber, Fall erledigt. Ausprobieren, verkosten, Augen zu – Geruchs- und Geschmackssinne auf vollen Empfang, da kommt richtig was ... Schon an der Nase ein komplettes Riech-Training mit erstaunlichen Erkenntnissen. Der Alkohol wird zur Seite geschoben von Wintergewürz und Orangenaromen plus Sherry, die Süße dunkler Schokolade meldet zusätzlich ihre Anwesenheitsansprüche an. Ein respektvoller Schluck füllt den Mund sofort wohlig mit Orangennoten, bevor kandierte Früchte mit dunklem Schokoladenüberzug, vor allem Ingwer, schmeckbar werden und Sherry, Fass, Sherry, Fass sich mehrfach ablösen. Das Finale ist tatsächlich eins. Ein sehr lang anhaltender Nachklang bietet noch einmal die Präsenz von dunkler Schokolade und altem Holz. Ein Abgang von der Bühne, der sich sehr unmittelbar mit einem Rückkehr-Versprechen verbrüdert. High Five, den **Aberlour a'bunadh** willst Du genauer kennenlernen.

Wie wäre es nun mit ein paar schottischen Whiskys mit völlig anderen Geschmacksparametern? Aus der Abteilung, Torf, torfiger, Islay! In Flaschen gelieferte Leistungsversprechen von der südlichen Insel der inneren Hebriden. Auf der in Summe im Zeitenlauf knapp 30 Brennereien ihr Whiskyglück versucht haben, von denen aber leider nur noch acht derzeit aktive Destillen übrigblieben.

Wir schauen uns **Laphroaig** an, die im Jahr 1815 gegründete Traditionsdestille, die direkt an einer kleinen naturbelassenen Bucht am Meer gelegen ist und bis heute für die torfigsten der Islay Single Malts steht. Was bei Laphroaigs vier Pot Stills als rauchige Whiskyklassiker vom Fass in die Flaschen kommt, ist Genießerkult und animiert immer wieder mal selbst Buchautoren dazu, auch ihre Romanhelden mit einem namentlich genannten Glas aus der Destille zu versorgen. Diese »Trink-und-rede-drüber-Whiskys« passen einfach perfekt zu allem, was Islay als Whisky-Hort ausmacht: würzig salzige Seeluft, torfiges Wasser, rauchigste Malzsorten und aromen- sowie geschmacksveredelnde Fassreife, die diese markantesten aller schottischen Single Malts ein wenig domestiziert. Ich bin jedenfalls ein Fan von diesen Whiskys und empfehle Euch zum Einstieg direkt einen Leitwolf aus dem Laphroaig-Rudel.

Home of »Torf« and »Rauch«.

Den **Laphroaig 10 Jahre** mit seinem über dem Torffeuer getrockneten Gerstenmalz, dessen Ursprünge man bis in das Jahr 1920 zurückverfolgen kann. In diesem Jahr wurde der erste Zehnjährige in Flaschen gefüllt. Dieser Whisky wartet an der Nase mit medizinisch-rauchigen Aromen und Seetang-Anklängen auf und liefert auf den Gaumen sowohl Rauch wie auch süße und meersalzige Geschmackswahrnehmungen, verbunden mit einer Phenolnote. Mich erinnert das Ganze im Mund etwas an Salmiak-Pastillen. Der langanhaltende und trockene Abgang nimmt den Geschmack mit und konserviert ihn im Gehirn.

Es gibt viele gute Whiskys, von denen man weiß, dass man sie schon getrunken hat, aber nicht mehr wann und wo zum ersten Mal. Wenn ich eine Flasche Laphroaig 10 im Handelsregal sehe, dann weiß ich sofort, wann, wo und mit wem ich ihn erstmals getrunken habe. Gut, dass Ihr mich jetzt nicht grinsen sehen könnt. Da beim Whisky den Geschmacksmutigen genauso die Welt gehört wie den Feinsinnigen, noch als Zusatz-Tipp der **Laphroaig Triple Wood** mit satten 48 % vol. Er stammt als nicht kühlgefilterte, aber gefärbte Spezialabfüllung ohne Altersangabe aus Whiskys dreier verschiedener Fässer: Ex-Bourbon-Fässern und Ex-Sherry-Eichen-Fässern plus Quarter Casks. Eine der perfektesten Mischungen aus Torfrauch, Eichenholzaromen und sehr milder Süße. Ein weiterer Tipp ist der zuerst in normalen Ex-Bourbon-Fässern gereifte sowie in frisch ausgebrannten Weiß-Eichen-Fässern nachgereifte **Laphroaig QA Cask**. Die beiden Whiskys liegen zwar preislich eine ganze Ecke über dem 10-Jährigen, sind es aber absolut wert, zusätzlich in den Bestand zu kommen.

Aus dem gleichen Mutterkonzern wie Laphroag stammt eine weitere prominente Islay-Destille, die für sich sogar in Anspruch nehmen kann, noch ältere Wurzeln zu besitzen: **Bowmore**, gegründet 1779 und damit per se eine der ältesten Destillen Schottlands. Dort, jetzt hätte ich fast geschrieben, »wächst«, was in Hinblick auf die Fasslagerung vielleicht nicht mal ein falsches Adjektiv wäre, im ältesten Whisky-Warehouse Schottlands erstklassiger Islay Single Malt überwiegend in Ex-Bourbon- und Ex-Sherry-Fässern zu perfekter Trinkreife heran. Mit augenzwinkerndem Gruß an die jungen deutschen Whisky-Manufakteure: So sehen halt schottische Whisky-Storymarker und unerreichbare Benchmarks aus, Gents! Wie dem auch sei: Bowmore hat neben derartigen Einzigartigkeiten eine ganze Reihe Single Malts auf Flaschen im Stock, die – als eher milde Islay-Sorten – äußerst beliebt sind. Das geht schon mit dem 40-%-vol.-**Bowmore Legend** sehr gut los, findet aber für mich einen – bezahlbaren – sensorischen Höhepunkt im knapp unter zehn Jahren in Bourbon- und Ex-Sherry-Fässern gereiften **Bowmore 9 Years** mit seinen rauchigen Rosinen-, Schokoladen- und Zitrusfruchtaromen und den feinen Sherry- und Karamellgeschmackstönen. Islay Whiskys, die sich allemal lohnen, vor allem für Neueinsteiger, die zwar rauchige Aromen- und Geschmacksnoten bei Single Malts mögen, sich aber nicht davon »überrollen lassen« wollen.

Dazu fällt mir spontan auch **Bruichladdich** und deren **Octomore**-Linie ein. Sündteure Trend- und Themen-Whiskys, die schon von den modernen Designer-Bottles her den Anspruch der Brennerei, der da lautet »Progressive Hebridean Distillers«, deutlich spiegeln. Dazu gehört oberhalb der 100-Euro-Marke vor allem der **Octomore 07.3** mit seinem Rauchgehalt von rekordverdächtigen 169 ppm (Phenolanteil) und 63 % vol. Zwar ein Profi-Bar- und Experten-Whisky in einem sehr engen Markt, trotzdem aber eine positive Erwähnung wert. Genau wie der deutlich »zivilere«, aber trotzdem mit reichlich Rauch gesegnete **Port Charlotte Scottish Barley** mit seinen 50 % vol., den ich hiermit in die erweiterte Tipp-Liste für Euch aufnehme.

Mit ihrer immer noch üppigen Rauchgehalt von 40 ppm überzeugt mich diese in französischen und amerikanischen Eichen-Fässern gereifte Islay-Kreation durch ein ebenso komplexes wie sattes Aromen-Spiel, in dem sich bei mehrfachem Tasting erst jodintensive Meeresluft und dann Leder- und Tabaknoten ebenso an der Nase erschließen wie Vanillenoten und feine Toffeetöne. Sie bleiben auf dem Gaumen spürbar und zu ihnen gesellen sich noch Geschmäcker von Rauch und Zitrusfrüchten. Sehr interessant inklusive dem gelungenen langen warmen Abgang. Feiner Stoff, da machst Du nichts – 50-Euro-Liga hin oder her!

In gleicher »Ü50«-Preis-und-Volumenalkohol-Klasse bewegt sich auch der nächste Islay Single Malt. Einer von **Ardbeg**, den ich auf meiner Empfehlungsliste habe: der **Ardbeg Uigeadail** mit seinen 54,25 vol. und reichlich Rauch-, Tabak- und Karamell-Aromen auf der »Nosinguhr«. Etwas länger auf dem Gaumen entwickelt er seine interessanten Malz- und Rauchtöne und eine gewisse Öligkeit. Ein Islay Single Malt, der sein herausragendes Destillat mittels bester Fassherkunft aus 90 % Ex-Bourbon- und 10 % Sherry-Fässern selbstbewusst ins Glas trägt und für seine Klasse 2009 von Jim Murray als »The Best Whisky In The World« geadelt wurde.

Auch **Lagavulin**, **Caol Illa** und **Bunnahabhain**, mit ihren jeweiligen ganz eigenen Islay Single Malts, seien hier kurz erwähnt.

Den Schlusspunkt der Islay-Malt-Reise bildet mit **Kilchoman** eine junge, erst 2005 gegründete, familiengeführte Farm-Brennerei, die an Islays rauer Westküste liegt und von **Anthony Wills** gegründet wurde. Seine Vision: Die Whisky-Produktion auf Islay wieder zu ihren historischen Wurzeln zurückführen. Die neue Kilchoman-Destillerie ist die erste in 125 Jahren auf der Insel neu errichtete Destille und erzeugt ihre Single Malts traditionsbewusst »vom Feld bis in die Flasche«. Dies zeigt die Leidenschaft, mit der hier ans Werk gegangen wird. Anerkennung und Lohn liefern die hoch zufriedenen Mitglieder der exklusiven Fangemeinde, die sich jährlich einige Flaschen aus den mit nur knapp über 100.000 Litern sehr überschaubaren Abfüllungen im Handel sichern.

Mein Tipp ist der **Kilchoman Machir Bay Single Malt** mit seinen 46 % vol. Trinkstärke, der nicht kaltgefiltert ist und im Wesentlichen aus sechsjährigen Single Malts von Kilchoman

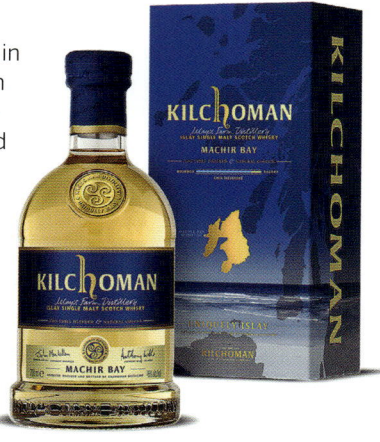

besteht, die zu 90 % in Ex-Bourbon-Fässern und 10 % Ex-Sherry-Fässern gelagert und ausgebaut wurden. Ein sehr typischer Islay-Rauchbote, der an der Nase neben diesem Rauch auch Süße und Zitrusnoten ankommen lässt und auf dem Gaumen Geschmacksnoten von Vanille und feiner rauchiger Süße verankert. Langer lehrbuchmäßiger Islay-Abgang. Super! Zusätzlich habe ich mir auf Empfehlung noch den **100 % Islay Single Malt**, der nur aus der eigenen auf der Farm angebauten Gerste hergestellt wird, an Bord geholt. Habe ihn aber noch nicht verproben können.

Womit wir bei den verbleibenden drei schottischen Whisky-Regionen wären, die in Summe noch mal über 20 Destillerien aufweisen. Weil es aber trotz der berechtigt starken Kapitelgewichtung nicht nur um »Pure Whiskys aus Schottland für echte Kerle« geht, nehme ich jetzt die bei Autoren beliebte Abkürzung durch zielführendes Einkürzen.

Was mir direkt prima zur ehemaligen Whisky-Metropole und gleichnamigen Kleinstadt **Campbeltown** auf der Halbinsel Kintyre im Südwesten Schottlands gelingt, da dort heute nur noch drei aktive Destillerien beheimatet sind: Die 2004 wieder gegründete **Glengyle**-Brennerei mit ihren unter den Marke Kilkerran erzeugten Destillaten, die schon deutlich bekanntere **Glen-Scotia**-Brennerei, die einen Jahrgangskanon von Single Malts zwischen 10 und 21 Jahren erzeugt und von der es auch etliche Abfüllungen vom Independent Bottler Gordon & MacPhail gibt, sowie die **Springbank Distillery** im Besitz der Mitchell-Familie. Ihnen gehört zudem mit Cadenhead ein eigener unabhängiger Bottler, der sich diese unternehmerische Verbindung zu Springbank und den dort ebenfalls erzeugten Spirits von **Hazelburn** und **Longrow** für seine Fassabfüllungen und Blends zu Nutze macht. Springbank hat also Rang, Namen und Reputation. Meine Expertenfreunde finden den **Springbank 10 Years** mit seinen ausdrucksstarken 46% vol. besonders empfehlenswert. Ich gebe diesen Tipp hiermit weiter.

Wir verlassen Campbeltown auf dem Landweg mit Ziel **Lowlands**, der südlichsten schottischen Whisky-Regionen angrenzend an England. Zu den vielen Grain-Destillen der Region, die der Erzeugung des vorrangigen Whiskys für die Blends dienen, und den ganz wenigen Single-Malt-Destillen habe ich leider nichts zu berichten. Stimmt nicht ganz: Da gibt es doch diese Destillerie mit den drei Pot Stills, die auch tatsächlich dreifach destillieren. Stimmt, Auchentoshan, ganz in der Nähe von Glasgow gelegen. Dieser Whisky gehört hier noch mit rein. Kurz und knackig: der **Auchentoshan American Oak** ist ein Sommerabend-Single-Malt, der bei uns zuhause sogar von zweien getrunken wird – ganz im Gegensatz zu den Islays, die ich ohne Unterstützung meiner Frau genießen darf.

Genau wie die Insel-Whiskys, mit denen der Schottland-Teil endet. **Highland Park** als nördlichste Brennerei Schottlands auf der Orkney Insel Mainland ist für mich mit seinem **Highland Park 12**, mit seiner rauchigen Süße und dem feinen Malzgeschmack, immer ein Kauf, genau wie der würzige **Talisker 10** von der Isle of Skye, der einem mit seiner Pfeffernote und dem warmen, lang anhaltenden Abgang in Erinnerung bleibt.

Ich schließe die schottische Destillen- und Whisky-Auswahl mit zwei feinen Tipps aus einer gemeinsamen Quelle. Sie beweisen deutlich, dass ungetorfte Single Malts und ihre starken »Torfbrüder« – so sie aus besten Destillen stammen – ein friedliches Nach- oder Nebeneinander als großartige Kerle-Drinks mehr als verdienen. Ich schätze beide sehr und empfehle deshalb zum frohgemuten Trunke aus der 1798 auf der Insel Mull als Ledaig-Destillerie (ausgesprochen led-chigg; gälisch für »sicherer Hafen«) gegründeten heutigen **Tobermory-Destillerie** folgende sichere Genusshäfen als Kerl-Drinks.

Links im Bild der rauchig komplexe **Ledaig 10 Years** mit seinen 46,3 % vol. auf der »Spirits-Uhr«, ein handgefertigter Insel-Single-Malt in bester maritimer Tradition. Dessen Aromen- und Geschmacksnoten zu erkunden, wird eine genussreiche Challenge zwischen Nase und Gaumen. Beim ersten Mal ist da Rauch, Zitrusfrucht und Malz. Beim zweiten Nosing gesellt sich noch dunkler Karamell dazu. Beim Probieren auf dem Gaumen Pfeffer satt und dann leicht lakritzig in Richtung Süßholz plus wieder Pfeffer und dann im lang anhaltenden Abgang erneuter Rauch. Mit mir spricht er, erzählt mir Inselgeschichten, ähnlich wie die Islay Single Malts. Ganz anders sein Gegenstück in der grünen Flasche. Der mit dem Ledaig im halbjährigen Wechsel erzeugte, ungetorfte, ebenfalls zehnjährig fassgelagerte **Tobermory 10** mit gleichem Alkoholanteil.

Er ist das fruchtige und dabei dank seines Alkoholgehalts doch ebenfalls prägnante Gegenstück. Er wird wie der Ledaig ohne Kühlfiltration und Färbung erzeugt und schickt maritime salzige Noten an die Nase. Im Mund geht das Ganze in Fruchttönen auf, die in Ingwer- und satte Anis-Noten übergehen. Im langen Abgang bleibt der Anis erhalten. Großartig! Ein ganz eigener, sehr einprägsamer Geschmack.

Wir verlassen das stolze Inselreich der Clans und lassen den neugierigen Blick Richtung Südwesten zur grünen Insel Irland schweifen.

IRISCHER WHISKEY

Eines direkt vorweg: Die sollen sich mal schön vertragen, die Schotten und die Iren. Von wegen »wer hat den Whisky oder Whiskey denn erfunden« und so. Für mich ist das genauso egal wie das ganze Getöse hier wie dort, wer gerade die älteste Brennerei am Start hat. Damit können Marketingleute sich die Köpfe einrennen und Schönschreiber-Battles anzetteln, bis sie alt und grau werden. Wichtig ist wie gesagt, das, was hinten rauskommt. Die »Buchstaben-Nummer« mache ich ja noch mit, dass ist schließlich Tradition. Aber der Rest: drauf gepfiffen! Ich kaufe jetzt also ein »e« ohne Klammern drum und lege los mit dem irischen Whiskey, ist schließlich ein super Kerle-Thema.

Die grüne Insel ist ein – Politisches und Bankenkrisen mal ausgeblendet – weitaus friedfertigerer und ruhigerer Hort der fassgelagerten Drinks als Schottland. In unseren Köpfen eher die Insel entspannt grasenden Weideviehs, Schafe wie Rinder. Sehnsuchtsort für Ruhe- und Sinnsucher, Denker und Romanschreiber. Genau so, alles auf die entschleunigte Art. Aus der Hauptabteilung: »Komm mal runter, nimm Gas raus, genieß das Leben.« Irland kann man fühlen, riechen schmecken. Auch beim Whiskey. Der hier eine ganze Ecke anders ist als in Schottland. Obwohl Irland sich mit Recht rühmt, das zweite Mutterland dieser fassgelagerten Getreide-Spirits zu sein.

Leider hat Irland historisch weniger Glück mit seiner Whiskey-Industrie gehabt als die Schotten. Und dies, obwohl der irische »pure Pot Still« mit seinem dreifachen Destillationsdurchlauf noch im 19. Jahrhundert als der beste Whiskey überhaupt angesehen wurde. Die erste Blütezeit der irischen Whiskeys ging von Ende des 18. Jahrhunderts, wo in ganz Irland knapp 2000 Pot Stills zur Whiskey-Erzeugung in Betrieb waren, bis Ende der 1830er-Jahre. In dieser Zeit waren irische Whiskeys nicht nur im eigenen Land überaus beliebt, sondern entwickelten sich auch zu einem Exportschlager insbesondere in Richtung der englischen Nachbarn. All dies nahm jedoch ein Ende, als zunächst religiöse Eiferer unter der Führung eines Kapuzinermönchs den Alkoholkonsum im Land so erfolgreich bekämpften, dass mehr als die Hälfte der erwachsenen Bevölkerung dem Alkohol komplett abschwor. Nur ein Jahrzehnt später folgte dann in den Jahren 1845 bis 1848 durch die Kartoffelfäule eine verheerende Hungersnot, bei der nicht nur über eine Million Iren ihr Leben verloren; viele weitere Bewohner zwangen die Not, Armut und Perspektivlosigkeit im Lande in die Auswanderungs-Boote nach Übersee. Obwohl der Niedergang der irischen Whiskey-Industrie damit im Grunde besiegelt schien, erholte sich das Geschäft unerwartet schnell. Grund war auch hier eine Katastrophe, allerdings auf dem europäischen Festland, wo die Reblausplage der Weinbranderzeugung in Frankreich den Garaus machte. Und irischer Whiskey dadurch, sowohl dort wie auch bei den dem Cognac zugeneigten Engländern, den gesuchten und nachgefragten Ersatzstoff lieferte. Über 160 irische Destillerien erzeugten zig Malts und Blends und schickten in die Welt, Nordamerika inklusive, was ihre Brennereien hergaben. Bis ins frühe 20. Jahrhundert, als zunächst die amerikanische Prohibition und wenig später der englische Handelsboykott dem großen irischen Whiskey-Business den Hahn zudrehten. Der zweite Weltkrieg verlängerte die »Whiskey-Dürre« der Iren noch weiter, nach seinem Ende waren nur noch vier irische Destillerien übriggeblieben.

Auf diesem schmalen Fundament ging es im Laufe der letzten Jahrzehnte wieder mit der irischen Whiskey-Erzeugung bergauf. Immer mehr Pot Stills werden befeuert und damit in bester irischer Erzeugertradition destilliert, anschließend fassgelagert, zum Teil verschnitten und in Flaschen gefüllt. Der irische Whiskey ist zurück. Und diesmal will und wird er bleiben, soviel steht bereits fest. Dafür sorgen die inzwischen wieder elf irischen Brennereien, denen sicher noch weitere Neugründungen folgen werden.

Das Erfreuliche für Käufer sind die, im Vergleich zu den schottischen »Hochdestillaten« der bekannten Brennereimarken, noch relativ günstigen Abgabepreise.

Vor den eigentlichen Tipps ein paar Fakten aus der Quelle von Marian Krause.

FAKTENSAMMLUNG WHISKEY

Rohstoffe: Nur Gerste, Weizen, Hafer, Wasser und Hefe dürfen zum Einsatz kommen. Es wird kein Mais verwendet, dafür Hafer.

Herstellungsverfahren: Nach dem Irish-Whiskey-Gesetz von 1980 muss der Whiskey in der Republik Irland oder in Nordirland destilliert sein. Er darf nicht höher als 94,8 % destilliert werden und muss mindestens drei Jahre lang lagern. Ein aus Roggen im Column-Still-Verfahren hergestellter Whiskey darf sich in Irland im Gegensatz zu Schottland »Single Malt« nennen. Es gibt »Grain Whiskey«, der fast ausschließlich zum Mischen verwendet wird, »Blended Whiskey« als Verschnitt unterschiedlicher Whiskeys mit gleichbleibendem Geschmack und natürlich »Malt Whiskey« als ungemischtes Produkt aus einer Brennerei.

Etikettensprache: Hersteller, Alter (youngest drop), Alkoholgehalt in % vol., Zugaben von Zuckercouleur, Art des Whiskeys, Kaltfiltration Ja/Nein sowie die aus Schottland bekannten »Cask Strength«- und »Single Cask«-Hinweise. Außerdem die Bezeichnung »Vintage« für Jahrgangs-Whiskey, bei dem der Whiskey in der Flasche aus dem angegebenen Jahr stammt und mit mindestens 40 % vol. abgefüllt werden muss.

Meine Irland-Runde beginnt dort, wo ich mich persönlich beim Whiskey ganz besonders wohlfühle, bei der **Old Bushmills Distillery** im gleichnamigen nordirischen Ort. Dort wird schon seit 1608 irischer Whiskey mit königlicher Erlaubnis erzeugt, seit 1784 unter dem Namen Old Bushmills Distillery.

Mir gefallen neben dem Black Bush, der für mich zu den irischen Referenz-Blends gehört und sich gegenüber richtig guten »Schottenblends« nicht zu verstecken braucht, insbesondere deren Single Malts mit ihrer vorzüglichen Fass-Orchestrierung. Und am Saint Patrick's Day oder an den seltenen Sonn- und Feiertagen an einem 29. Februar empfehle ich einen der sehr alten Single-Cask-Elixiere von Bushmills.

Bei Bushmills weiß der Master-Distiller, wo sein Haus »wohnt«, sogar auf zwei Kilometer Entfernung.

Ein Bottle-Beauty mit perfektem Inhalt, die aber durchaus ins Geld geht. Sie ist dem einhundertfünfundzwanzigsten Jahrestag der Jungfernfahrt des Dampfschiffs »SS Bushmills« gewidmet und heißt deshalb **Bushmills Steamship Sherry Cask**. Ein sehr besonderer Drink, der trotz überschaubarer 40 % vol. Trinkstärke nicht nur reichen Dampf aus der 3-fach-Destillation ins Glas holt, sondern dank seiner Lagerung in Oloroso-Sherry-Fässern mit besten Winden durch die Aromen- und Geschmackswelt segelt. Leider nur im Duty-free-Shop erhältlich.

Ein grandioser Whiskey ist der nur limitiert verfügbare **Bushmills 16 Years!** Um sich in der Welt der besten dreifach destillierten Irland-Malts wohlzufühlen, muss man Referenzmarker haben, sowohl vom Alter, wie auch von der Prägung durch die unterschiedliche Fassreife. Bei den irischen Single Malts, von denen es derzeit noch recht wenige in den höheren Altersklassen gibt, ist beispielsweise der zehnjährige Bushmills eine gute Referenz. Da passt alles. Wenn ich von da aus die weiten Wanderwege in Richtung verschlungener Pirschpfade verlassen will, um mehr und anderes zu erkunden, dann ist der Bushmills 16 Years dazu wie geschaffen. Geht gut ins Geld, liefert dafür aber in Erlebnisqualität! Kunststück, bei der Lagerung erst in handverlesenen Bourbon- und Oloroso-Sherry-Fässern und dem anschließenden Finish in Portwein-Fässern. Da zählst Du langsam runter, wenn der Schluck ins Glas fließt und machst bereits in Richtung Nosing die erste Inventur dazu: Na klar, Port-Fass, das signalisiert schon die Farbe! Und dann an der Nase direkt der Sherry, dicht gefolgt von überlagerter Zitrone, was mich sehr an das Zitronencreme-Aroma von englischem Lemon Curd erinnert. Im Mund eine angenehme Öligkeit und der Geschmack von Haselnussnoten, die zügig zu süßem Marzipan wechseln und am Ende durch Fruchtaromen abgelöst werden. Das Finale folgt mit einem langen eleganten Abgang, der dunkle Kakaotöne in sich trägt. Sehr komplex, dieser Prädikats-Malt in der Liga der dreifach destillierten irischen Single Malts. Wer sich ihn leisten möchte und ihn bekommt, sollte das unbedingt tun.

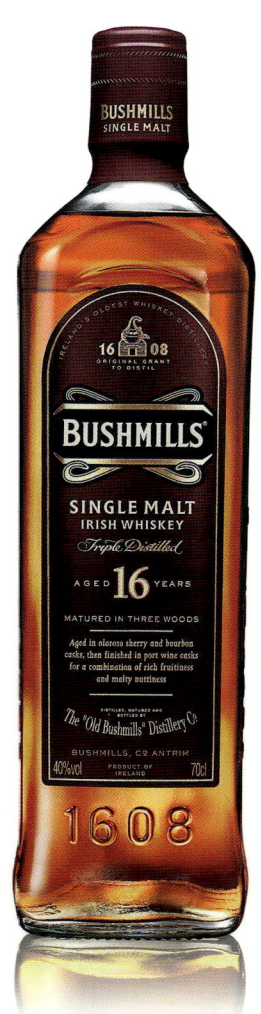

Der zweite Nordire im Bild hilft – wenn man beide im Bestand haben möchte – durch kluge monetäre Mischkalkulation. Mehr Single Malt ist selten in einem guten Blend von der grünen Insel. Und noch viel seltener bekommt man solch ein Produkt wie den **Bushmills Black Bush** zu solch einem Freundschaftspreis. Zum Teil für unter 20 Euro für die 0,7-Liter-Flasche – dafür gibt es außerhalb der irischen Grünflächen leider deutlich mehr »Whisky-Zombies« als erwähnenswerte fassgelagerte Destillate. Der Black Bush ist das Mut machende, geschmacklich wiederholungssichere Gegenteil davon. Wiederholung, die Kerle wollen, versprochen. Beste Malts, die bis zu acht Jahren in Sherry-Fässern gereift wurden, werden mit einem geringen Anteil an Grain Whiskeys verschnitten.

Spritzig-fruchtige, süße Noten mit Vanille, hinzu kommen am Gaumen die Sherry-Noten aus der langen Fassreife. Nach dem zweiten oder dritten Schluck wird die leichte Bitternote spürbar. Ein richtig gelungener Drink, der im Bestand der irischen Klassiker einen festen Platz haben sollte.

Ähnlich geht es auch beim nächsten Kandidaten zu, der **Tullamore D.E.W. Destille** mit ihren bis ins Jahr 1829 zurückverfolgbaren Ursprüngen in Tullamore, der Kreisstadt des County Offaly in den Midlands der Republik Irland. Das ist mein Kopfkino-Whiskey. Zu ihm fallen mir große stämmige rothaarige Iren ein, in groben Arbeitshosen, die von ledernen Hosenträgern über schweren Leinenhemden festgehalten werden. Irische Landbevölkerung aus der Vergangenheit, bei der nach dem Tagwerk auf groben Tischen Whiskeybecher standen und der typische beige-grüne Tullamore D.E.W. Keramikkrug daneben. Das D.E.W steht übrigens für die Initialen des Inhabers aus den Gründerzeiten, Daniel E. Williams, der sich in der Destillierie vom Laufbursche bis zum Eigentümer hochgearbeitet hatte. Ich frage mich, ob es den Tonkrug bei der zweitgrößten irischen Whiskey-Marke, die bei uns in Deutschland ebenso bekannt wie beliebt ist, eigentlich noch gibt. Na klar. Und er wird bis heute mit bester Blended-Qualität von Tullamore D.E.W. befüllt.

Bei uns in Deutschland sind derzeit drei Tullamore-Sorten erhältlich: **Tullamore D.E.W. Original**, **Tullamore D.E.W. 14 Year Old Single Malt** und meine Empfehlung, der **Tullamore D.E.W. 12 Year Old Special Reserve**, den ich als sehr ausgewogenen Blend aus Pot Still, Malt und Grain Whiskeys empfinde. Er zeigt nussig-würzige Aromen, denen Zitrus folgt und den Sherry-, Zimt- und Vanille-Geschmacksnoten abrunden. Alles typisch für die Whiskeys aus Tullamore. Inzwischen werden sie tatsächlich wieder dort und nicht mehr bei Midleton erzeugt.

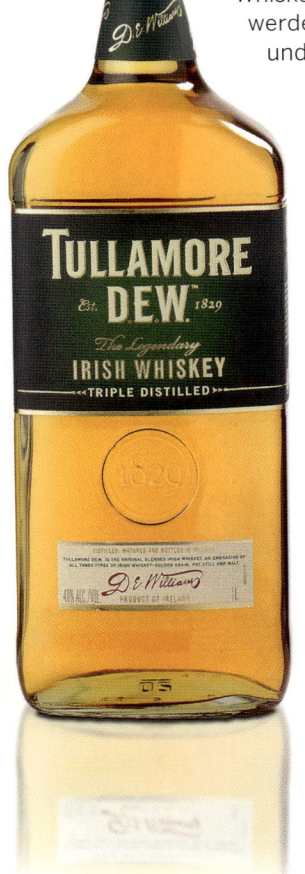

Midleton? Das im Süden der irischen Republik in der Grafschaft Cork gelegene Midleton hat sich nach den Verwerfungen und Krisen um die irische Whiskey-Erzeugung als ein Zentrum und eine Art »Hauptstadt« der Spirits etabliert. In Midleton ist das Brennereigeschäft vor allem von drei Marken der Pernod-Ricard-Gruppe, dem zweitgrößten Spirituosenkonzern der Welt, beheimatet. In den mächtigen Pot Stills und Destillierkolonnen der **Midleton Distillery** werden neben den eigenen Traditionsmarken Jameson, Midleton und Redbreast auch die irischen Whiskeys einer langen Liste weiterer Marken erzeugt.

▲
Pot-Still-Monument vor dem Jameson-Besucherzentrum: echte Brennblasen-Kunst.

Jameson gehört mittlerweile in Deutschland zu den meistverkauften irischen Whiskey-Marken. Und das vor allem, aber nicht nur bei ihrem gut gemachten **Jameson Original**, für den Pot-Still-Whiskeys aus gemälzter und ungemälzter Gerste plus guten Grain Whiskeys in der Midleton-Brennerei dreifach destilliert und dann verschnitten werden. Dieser Whiskey besticht durch seine Milde und trägt beim Tasting die würzigen Noten an den Gaumen. Er gehört auf jeden Fall zur Grundauswahl irischer Whiskeys. Mein zweiter Favorit ist der **Jameson The Cooper's Croze** mit 43 % vol. aus der Whiskey-Makers-Serie. Namensgebend sind Werkzeuge, die die wichtigsten Parts der Whiskey-Erzeugung begleiten. Das »Cooper's

Croze« spielt beim Küfern der Fässer eine entscheidende Rolle, mit ihm werden die Furchen in den Kopf der Fässer geschnitten.

Eine großartige Geschichte zu dem von **Jameson-Chef-Küfer Ger Buckley** kreierten Spitzen-Blend, dessen feine Holz- und Fruchtaromen sowie tiefe Nusstöne, denen Vanille auf dem Gaumen folgt, und die in einen eleganten Abgang mitgenommen werden, so gar nicht holzschnittartig, sondern sehr komplex und erlebnisreich sind!

Aus den gleichen guten Quellen in Midleton stammen, wie bereits erwähnt, auch die bekannten Marken **Midleton**, **Powers** und **Redbreast**. Der **Redbreast 12 Years** ist der weltweit absatzstärkste Single Pot Still Irish Whiskey und gilt dank zahlreicher Auszeichnungen als einer der höchstdekorierten Irish Whiskeys überhaupt. Wegen seiner Beliebtheit in kirchlichen Kreisen trägt er bis heute den Spitznamen **»The Priests' Bottle«**. Geschmacklich hat er volle, komplexe Aromen zu bieten. Da sind Eichen- und Sherrytöne am Gaumen zu vermelden sowie helle Toffee-Anklänge im langen Abgang. Ein sehr spannender Vertreter der irischen Single-Pot-Still-Riege.

Erstklassiges Distiller- und Blender-Knowhow bieten außerdem Marken wie **Kilbeggan**, **Knappogue**, **Teeling**, **West Cork** und einige weitere. Den kurzen, aber gehaltvollen Sprung auf die grüne Insel beende ich mit einem »Flüster-Tipp« meines Experten aus dem stationären Handel, Helmut Koch. Er findet jetzt schon **Quiet Man** mit seinen derzeit drei Whiskeys sehr spannend, von denen er insbesondere den **The Quiet Man Single Malt 12 Years** wegen seiner intensiven Süße empfiehlt.

Wir blättern einmal um und finden uns nun in Amerika wieder.

AMERIKANISCHER WHISKEY

Einmal durchrepetieren, Männer. Willkommen im Land der unbegrenzten Möglichkeiten und dessen Whiskeys. Die Kollegen von DMAX haben genau wie ich und vermutlich auch Ihr zu Amerika ein ganz besonderes Verhältnis. Von dort kommen schließlich die meisten der spannenden DMAX-Reihen und -Serien und deren Stars. In vielen dieser Formate gönnen sich die Programmhelden gerne mal Belohnungs-Whiskey, wenn ihnen etwas besonders gut geglückt ist. Egal, ob bei »Goldsuche«, »Alaskafischern«, »Baumfällern«, »BBQ Battles« oder nach erfolgreich abgeschlossenem Tuningauftrag – das Glas mit amerikanischem Whiskey-Gold darf einfach nicht fehlen. Der Whiskey wird genossen und nicht ein Tropfen verschüttet! Manchmal kommt ein satter Schluck ganz besonderer Bourbon zudem als Joker in Pulled-Pork-Marinaden zum Einsatz. Der Stoff ist halt ein Zaubertrank, egal, wo er wirkt. Mit den Moonshinern hat DMAX sogar ein eigenes spannungsgeladenes Format über die heimliche »steuerfreie DIY-Erzeugung« von frischem purem jungen Whiskey nach Art der Gründerväter im Programm. Eine Menge guter Gründe, sich amerikanischen Whiskey mit seinem »Goldrausch« der ganz eigenen Art näher anzusehen.

Amerikanische Whiskeys sind völlig anders als ihre schottischen, irischen sowie ebenfalls die meisten deutschen und asiatischen Verwandten. Obwohl sie ihre Herkunft historisch dem Brennerei-Knowhow schottischer und irischer Einwanderer im achtzehnten und neunzehnten Jahrhundert zu verdanken haben. Wie jedes Kind weiß, kannten die amerikanischen Ureinwohner kein »Feuerwasser«. Sie wurden vermutlich von europäischen Eroberern erstmalig mit Rum, Whiskey und Co. in oft schicksalhaften Kontakt gebracht. Wie in anderen Ländern auch wird Alkohol überwiegend aus den Rohstoffen destilliert, die am meisten vorhanden sind oder sich klimatisch am besten entwickeln und erzeugen lassen. Da sich in Amerika Gerste nicht so leicht kultivieren ließ, sich dafür aber Roggen (Rye), Weizen (Wheat) und Mais (Corn) perfekt als Kulturpflanzen eigneten, liegt in diesen Getreidesorten auch der Ursprung der amerikanischen Whiskey-Erzeugung. Die erste urkundlich erwähnte Destille ist **Mitcher's Distillery** in Schaefferstown, Pennsylvania, im Osten der USA, die 1753 gegründet wurde und dort Rye Whiskey erzeugte. Heute ist Mitcher's in Kentucky beheimatet.

Auch in den USA haben Spirits eine wechselvolle Geschichte. Sie wurde geprägt von Kriegen, religiösen und staatlichen Restriktionen sowie dem Wandel der Geschmacksvorstellungen der Endverbraucher. Schwierig war der jahrhundertelange Weg von kleinteiliger (teils geografisch zersiedelter) Erzeugung hin zur konzentrierten und weitgehend konsolidierten Spirituosenindustrie an wenigen Orten im Land. Ein Kommen und Gehen von Chancen und Niederlagen rund um Rye-, Wheat- und Bourbon-Destillate im mittleren Osten der USA. Anfangs prägten Farmland-Destillen der europäischen Einwanderer in Pennsylvania, Virginia, North Carolina, Kentucky und Tennessee das Bild. Insbesondere der aus Mais (Corn) gebrannte Whiskey feierte Ende des 18. Jahrhunderts bis in die Mitte des 19. Jahrhunderts seine frühen und stetig wachsenden Erfolge. Die Entwicklung wurde im Jahr 1791 zwar gestört, aber nicht unterbrochen von einem Besteuerungserlass durch George Washington. Georg Washington war übrigens selbst Whiskey-Destiller.

Es brodelte unter den Farm-Destillern, die sich um einen wichtigen Teil ihrer Einnahmen gebracht sahen. 1794 kam es zum Showdown, dem offenen Wiederstand, der als »Whiskey-Rebellion« in die Geschichte der USA einging. In letzter Konsequenz blieb das Ganze aber ergebnislos. Whiskey wurde weiter gebrannt, vor allem immer mehr Bourbon. In Kentucky gab es in der ersten Hälfte des 19. Jahrhunderts um die 2.000 Pot Stills, in Pennsylvania sollen es sogar über 3.500 gewesen sein. Als aus Europa die Kunde von den Erzeugervorteilen einer kontinuierlichen Destillation in Kolonnenapparaten in die USA gelangte, stellten sich die Bourbon-Brennereien schnell darauf ein.

Ein gewaltiger Schlag ins Kontor folgte ab Mitte des 19. Jahrhunderts, als Whiskey längst zum billigen Massenprodukt geworden war und dieser Überfluss von Kirchenmännern für negative Auswüchse und soziale Verwer-

fungen verantwortlich gemacht wurde. Es begründete sich eine **Abstinenzbewegung**, die bald auch politisches Gehör fand. Schon im Jahr 1855 gab es erste Bundesstaaten mit Alkoholverboten, 1910 erließ selbst der mächtige Erzeugerstaat Tennessee ein Alkoholverbot. Zehn Jahre später galt ein völliges Alkoholverbot im ganzen Land. Die Zeit der gesetzlich festgelegten **Prohibition** hatte begonnen und dauerte bis **1933**. Alkoholerzeugung und Alkoholkonsum landeten in der Illegalität und sorgten dort für Erlöse in der organisierten Kriminalität und blutige Gemetzel zwischen Verbrechersyndikaten und Gesetzeshütern. Die Schwarzbrennerei und der illegale Schnapshandel wurde zum lukrativen Erwerbsfeld ganzer Gang-Organisationen, von denen einige zweifelhafte Berühmtheit erlangten. Das war zum Glück nach 1933 schnell vorbei.

Bereits kurz nach dem Ende der Prohibition entwickelte sich wieder ein aufstrebendes geregeltes Brennereibusiness, angeführt von innovativen qualitätsgetriebenen Whiskey-Makern und deren Firmen. Drei von ihnen sind bei amerikanischen Whiskeys auch heute noch marktbestimmend: Jim Beam, Jack Daniel's und Elijah Craig. Seit einer weiteren Konsolidierungsphase in den 1980er-Jahren, die diesmal jedoch im Geschmackswandel der weltweiten Whisk(e)y-Fangemeinde ihre Hauptursachen hatte, und zur Schließung zahlreicher Brennereien führte, ist Whiskey aus den USA ganz klar im Aufwind. Insbesondere das Spezialitätensegment von hochwertigen Roggen- und Mais-Destillaten mit besonderen Fassreife-Konzepten. Dazu die spannenden Erzählgeschichten rund um Destillen und Drinks direkt nachdem Marian Krause die wichtigsten Infos und Fakten zum amerikanischen Whiskey zusammengefasst hat.

FAKTENWISSEN ZU WHISKEY AUS DEN USA

In Whiskeys, die in den USA erzeugt werden, landen als **Getreide-Rohstoffe** nur Mais (Corn), Roggen (Rye), Gerste (Barley) und Weizen (Wheat). **Außerdem interessant:** Die amerikanischen Destiller legen im Unterschied zu Schotten und Iren großen Wert auf die zur Gärung verwandten Hefekulturen. Viele Brennereien pflegen und hegen ihre Hefestämme und setzen für den Gärprozess verschiedener Bourbons unterschiedliche Hefekulturen ein, weil sie sich davon spezielle Aromen-Ergebnisse versprechen.

Gesetzliche Regelung für den am meisten verbreiteten **Kentucky Straight Bourbon:** Er muss in den Vereinigten Staaten aus 100 % natürlichen Rohstoffen hergestellt werden, darf keine Farbstoffe enthalten, muss mindestens einen Maisgehalt von 51 % und maximal 80 % aufweisen. Er darf auf maximal 84 % vol. destilliert und mit maximal 62,5 % vol. ins Fass gefüllt werden. Außerdem muss er immer in getoasteten und in unbenutzten amerikanische Weiß-Eiche-Fässern gelagert werden. Er darf zudem nicht gefiltert werden und muss mit mindestens 40 % vol. oder 80 Proof abgefüllt werden. Seine Mindestalterung beträgt zwei Jahre. Wenn die Alterungsdauer unter vier Jahren liegt, muss dies auf dem Etikett ausgewiesen werden.

Merkmale bzw. Vorgaben weiterer Whiskey-Sorten: Rye Whiskey muss mindestens 51 % Roggenanteil enthalten und hat hinsichtlich der Vorgaben für Alkoholanteile beim Brennen und der Fassart die gleichen Auflagen zu erfüllen. Dasselbe gilt für **Bourbon Whiskey**, der mindestens 51 % und maximal 80 % Maisanteil enthalten muss, für den aber die strengen Alterungsregeln nicht gelten. Für **Tennessee Whiskey** gelten die gleichen Regeln wie für Bourbon, er muss allerdings in Tennessee erzeugt und – anders als Kentucky Bourbon – vor der Lagerung in Ahorn-Aktivkohle filtriert werden. **Corn Whiskey** muss mindestens 79 % Maisanteil enthalten, alles andere wie zuvor erwähnt. Wheat Whiskey muss aus 51 % Weizen gewonnen werden, alles Übrige wie gehabt.

Moonshine wird illegal, geheim und – Legendenbildung hilft immer – im Mondschein gebrannt. Er ist ein ungelagerter Whiskey, der meistens auf Mais basiert. Er entzieht sich verständlicherweise jeder Qualitätsnorm. Ganz anders als sein legaler und durchaus beliebter Verwandter, der klare kaum oder völlig ungelagerte **White Dog**, der ebenfalls als »New Make« aus dem Mittellauf von Destillerien rinnt.

Auf dem Etikett finden sich: Hersteller und Produktname, Alter (youngest drop), Alkoholgehalt in % vol. bzw. Proof, Mengenangabe ml oder l oder oz, Hinweis über die Zugabe von Zuckercouleur. Außerdem ist »Bottled in Bond« auf dem Etikett eine alte amerikanische Qualitätsbezeichnung für Whiskeys, die im Zollverschluss eines Lagerhauses von Hand abgefüllt wurden. Um den Zusatz »Bottled in Bond« tragen zu dürfen, muss ein Bourbon auch heute noch einen Alkoholgehalt (ABV) von 50,5 % (101 US Proof) oder mehr aufweisen. Die Altersangabe bei Kentucky Straight Bourbon, soweit er jünger als vier Jahre ist. Der Hinweis »Single Barrel« auf dem Etikett weist ihn als Whiskey aus einem einzigen Fass aus. »Small Batch« bedeutet stattdessen nur Abfüllung aus einer kleinen Anzahl von Fässern, die gesetzlich nicht definiert ist.

JACK DANIEL'S

Auf nach Tennessee, zu einer einzigartigen Whiskey-Story mit deutlich mehr als nur einem perfekten Drink im Glas.

Jack Daniel's, Lynchburg, Tennessee. Das ist klingende Whiskey-Geschichte. Beginnend mit weiten Feldern voller erntereifer satter Getreidesorten. Riesige Landstriche, gefüllt mit bestem Mais, Roggen und Gerste. Getreide, das gemeinsam mit kühlem, reinem Höhlenquellwasser und ganz besonderen sorgsam gezogenen Hefekulturen die Rohstoff-Grundlagen für in bester Distiller-Tradition erzeugte Spirits bietet. Zusammengefügt und traditionell destilliert an einem kleinen Ort im Moore County, im Süden von Tennessee. In dem seit 1866 ein großes Stück der amerikanischen Whiskey-Kultur seine Heimat hat. Dank »Jack« **Jasper Newton Daniel**, einem ziemlich früh erwachsenen ehrgeizigen jungen Burschen, wie ihn sich Mark Twain für seine Südstaatenromane nicht besser hätte ausdenken können. Und wie er DMAX-Fans von seinem Tatendrang her in ähnlicher Form heute ganz real in Gestalt von Parker Schnabel begegnet. Der junge Jack Daniel war mutig, ehrgeizig und dabei klug und hellwach. Lynchburg war für ihn vor allem deshalb der ideale Ort zur Whiskey-Herstellung, weil sich dort fand, was für einen guten Whiskey unerlässlich ist: erstklassiges Quellwasser ohne geschmacksverfälschende Eisenanteile aus einer nahegelegenen Kalksteinhöhle und weite Landschaften voll mit bestem Getreide so weit das Auge reichte. Und er fand Menschen, die bereit waren, sich auf ihn einzulassen; gemeinsam mit ihm den beschwerlichen Weg von Versuch, Irrtum und erneutem Anlauf bis hin zu ganz besonderen Spirit-Qualitäten zu gehen – die mehr sein sollten als nur ein guter Bourbon jenseits der Grenzen von Kentucky. Jack Daniel und seine Lynchburger wollten ihren ganz eigenen Tennessee Whiskey. Und dafür taten und tun sie bis heute sehr viel mehr und vor allem anderes als die wenigen weiteren richtig guten Whiskey-Erzeuger der USA.

Sie suchten und fanden ihre ganz besonderen und bis heute unverwechselbaren Jack Daniel's Aromen- und Geschmacksmarker: Neben der Fermentation von Getreidemischungen mit einem sehr hohen Anteil bester Maissorten und besonderen Hefekulturen zur erstklassigen Destillation vor allem in den anschließenden Erzeugungsschritten, bei denen Holz die maßgebliche Rolle spielt. Weit vor der eigentlichen Fassreife. Dazu machte sich Jack Daniel zur Erzeugung eines besonders milden, reinen Whiskeys den seit langem bekannten Umstand zunutze, dass Holzkohle ein ideales Filtermaterial ist, um ganz grundsätzlich Flüssigkeiten von Verunreinigungen zu befreien. In Amerika wurde die Holzkohlefilterung schon zuvor von anderen Distillern eingesetzt. Aber Jack Daniel und sein Master-Distiller Nearest Green waren die Ersten, die das Verfahren der Holzkohlefilterung bei der Whiskey-Herstellung perfektioniert haben. Ein Status bildender Qualitäts-Meilenstein, dessen aufwendiges Verfahren einer Filterung durch eine drei Meter dicke Holzkohlenschicht (!) bis heute für die besondere Milde der Jack Daniel's Tennessee Whiskeys sorgt. Vor allem, weil die Holzkohle genau wie alle von Jack Daniel's nur einmal zur Fassreife eingesetzten Weiß-Eiche-Fässer in Lynchburg erzeugt wird. Handcraftet, wie zu Gründerzeiten. Ab der Anlieferung des ausgewählten vorgelagerten Ahorn- und Weiß-Eiche-Holzes.

Da steckt für mich die Geschichte drin, die das Ergebnis im Whiskey-Tumbler ausmacht. Und mich dazu bringt, verson-nen eben diesen Tumbler zu schwenken und seinen Inhalt zu vermessen, zu erkunden und zu genießen. An einem sonnigen Sommerabend auf meiner Terrasse mit Blick auf die bewaldeten Hügel oder in den bei uns in der Eifel sehr kalten Wintermonaten vor dem knisternden Kaminfeuer. Ein guter Roman oder ein spannender Film aus alten Beständen, vielleicht aber auch einfach nur ein paar Songs von den Men in Black – zusammen mit einem Schluck aus der Flasche, deren Inhalt vorher in Barrel 16-3333 lagerte.

Es ist nicht meine erste Flasche **Jack Daniel's Single Barrel**, aber jede erzählt mir schließlich wieder eine etwas andere Geschichte zu ihrer jeweiligen Entstehung. Weil in Lynchburg neben dem Klassiker **Old No. 7** und dessen Veredelungs-Variante **No. 27 Gold** vor allem mit dem sogar doppelt gefilterten und deshalb noch milderen **Gentleman Jack** und dem Single Barrel ganz besondere Erzeugerschritte den Weg in Glas und Flasche finden.

Für ihren Jack Daniel's Single Barrel fassen die Lynchburger ihre Fässer so oft an, dass man, wenn man jeden einzelnen Schritt – beginnend mit dem Küfern und Auskohlen der Fässer bis hin zum händischen Umlagern der befüllten Fässer innerhalb der Oberdecks in den Warehouses, die in Tennessee und Kentucky allerdings »Barrelhouse« heißen – gedanklich nachvollzieht, noch beim Trinken Schwielen an den Händen bekommt. Das sind Drinks, vor deren arbeitsaufwendiger Entstehungshistorie selbst ganz harte Kerle Respekt

Von der Verkohlung des Ahornholzes bis zur tropfenden Filterung alles made in Lynchburg.

bekommen und deshalb nicht einen Tropfen im Glas lassen. Und sehr leise, aber trotzdem deutlich genug dem Master-Distiller der inzwischen 7. Generation, das ist heute Jeff Arnett, und seiner Mannschaft für einen super-gelungenen Whiskey danken. Well done, folks! Schließlich ist jede Flasche Single Barrel mit ihren 45 % vol. Trinkstärke einem zuvor ausgewählten und verprobten Fassunikat entnommen. Nur jedes hundertste Fass wird mit seinem Inhalt für würdig befunden, in die Single-Barrel-Flaschen gefüllt zu werden. Und das schmeckt man!

Meine 2016er-Abfüllung weist nicht nur die für die Reihe übliche satte Bernsteinfarbe auf, sie liefert zudem reiche würzige Vanille und fruchtig leichte Orangenaromen an die Nase. Von denen sich die Vanille auf den Gaumen überträgt und sich dort mit Geschmacksnoten von reifen dunklen Kirschen und wuchtigen Eichentönen verbindet. Ich schmecke zudem junge lakritzige Süßholztöne und genieße den langen weichen Abgang. Tennessee Whiskey – nicht Bourbon – at it's best. Ich bin jetzt schon neugierig auf die nächste Flasche aus einem anderen Fass, auch wenn das noch etwas dauert, die mir verbleibenden über 60 cl aus Barrel 16-3333 wollen schließlich in Ruhe und über die nächsten Monate verteilt bis in den nächsten Eifelwinter hinein genossen werden.

Jack Daniel's ist nicht nur Kult, sondern auch touristische Attraktion des Dörfchens Lynchburg. Da kann man sich alles vor Ort persönlich ansehen, Essen im Boarding House der Urgroßnichte von Jack Daniel, Lynne Tolley, geht übrigens auch. Das einzige, was nicht klappt, ist der passende Drink dazu. Tennessee ist bis heute »trocken«, das heißt, es gilt ein striktes Konsumverbot selbst für den einheimischen Whiskey. Kaufen ja, trinken und genießen erst hinter der Landesgrenze wieder. Das kommentiere ich jetzt so wenig wie die Messer in den Strümpfen der Schotten.

Aber schade ist das schon, zum zweiten Mal bei dem bei uns weit weniger bekannten und im hiesigen stationären Handel auch begrenzter verfügbaren Tennessee Whiskey von **George Dickel**. Der in der nur einen Katzensprung von Lynchburg gelegenen Cascade-Hollow-Brennerei hergestellt wird. George Dickel gehört dem Weltmarktführer bei Spirituosen, Diageo, und bietet ebenfalls First-Class-Bourbons in der holzkohlegefilterten Tennessee-Variante an, die es anderswo nicht gibt. Mein Favorit ist dort der **George Dickel No. 12** mit seinen ebenfalls sehr feinen Frucht-, Vanille- und Fassaromen. Von der Bekanntheit her kein Vergleich zu »Jack« – und »Jim«, der bereits aus dem benachbarten Kentucky rüberwinkt. Aber einige meiner Expertenfreunde sehen in den Dickel-Whiskeys ihre ganz persönlichen Favoriten. Es sei ihnen von Herzen gegönnt, ist schließlich ein erstklassiger und damit sehr empfehlenswerter Stoff!

Um nicht in den Ruch zu geraten, bei den USA-Whiskeys nur die ganz großen Erzeuger raum- und seitenfüllend zu würdigen, geht die Kentucky-Eröffnungsrunde historisch korrekt nach Louisville zu **Michter's**, der mit dem Gründungsjahr 1753 ältesten Destillerie der USA. Egal, was jetzt kommt, nur damit es ganz klar ist: Die Schweizer haben den Bourbon sicher nicht erfunden. Verstanden? Auch wenn es sinnigerweise ein Farmer mit Schweizer Wurzeln – John Shenk – war, der in Schaeferstown, Pennsylvania, die Wurzeln der heute in Kentucky beheimateten und erst nach der Prohibition reaktivierten Mitcher's Distillery legte. Eine hoch interessante Geschichte, die ich allerdings nach der Referenzstory aus dem Nachbarstaat aus Platzgründen nicht mehr literarisch abarbeite. Dafür konzentriere ich mich lieber auf deren supergute Kentucky Bourbons und Rye Whiskeys. Die haben es nämlich in sich – sowohl von der Erzeugerqualität wie auch beim Geschmack.

Mein persönlicher Michter's-Favorit ist der zweite von rechts, deren **US*1 Bourbon Small Batch** mit seinen satten 45,7 % vol. Von der Herstellung her ein Bilderbuch-Bourbon, der mich an der Nase trotzdem etwas an die schottischen Karamell- und Vanilletöne erinnert, bevor er im Mund dann die Süße von Steinobst und seinen Rauch aus den Fässern abliefert und in den mittellangen Abgang mitnimmt. Sehr spannend und genauso zu empfehlen wie sein völlig anders auftretender Flaschennachbar links in der Mitte. Der

Straight Rye Single Barrel von Michter's, also ein nur aus einem Fass abgefüllter Roggen-Whiskey, der die typischen Pfeffernoten auf den Gaumen trägt. Und darüber hinaus auch Zitrus und Anklänge von Karamell transportiert. Ausprobieren, es lohnt sich! Auch ohne zubuchbares Kräuterzucker-Erbe des alpenländisch vorgeprägten Gründervaters der Brennerei.

Whiskey-Fans werden ja nicht erst mit diesem Buch gemacht, es gibt eine extrem lange Liste berühmter Persönlichkeiten, die amerikanische Spirits – Whiskey vorneweg – sehr schätzten. Der berühmteste ist in der literarischen Wertungsklasse der Vater der amerikanischen Literatur und mein persönlicher »Gottvater« für alles außerhalb der Bibel zu Papier Gebrachte überhaupt: Samuel Langhorne Clemens, besser bekannt als Mark Twain.

Er begleitet mich seit Kindertagen mit seinem Werk. Damals mit den deutschen Übersetzungen der Abenteuer von Tom Sawyer und Huckleberry Finn. Und später mit seiner begnadeten Schaffenskraft als Satiriker und blitzgescheiter Lebensphilosoph, die ich zum Beispiel in der Lektüre seiner Reiseberichte sehr genossen habe. Ein Kernsatz des weisen Mannes mit der spitzen Feder gehört in jedem Fall ins Buch und das hier ist genau der richtige Platz dafür, bevor es weiter geht mit den Whiskeys. Von Mark Twain stammt der unschätzbare Erkenntnisgewinn: **»Too much of anything is bad, but too much good whiskey is barely enough.«**

Solcher Art bestätigt und in unserer berechtigten Whiskey-Neugier bestärkt, wenden wir uns wieder einem der mächtigsten Bourbon-Kaliber zu, Jim Beam.

Amerikanische Einwanderer des frühen 18. Jahrhunderts liefern die Gründerstory der Marke **Jim Beam**. Die deutschstämmige Familie Boehm die 1740 in Amerika ihre neue Heimat und dort recht schnell unter dem Namen Beam als Ackerbauern (Farmer) ihre Lebensaufgabe fand. Deren 1760 geborener Nachfahre Jakob Boehm, der da bereits Jacob Beam hieß, wollte mehr aus dem Getreide machen und begründete daher bereits 1788 in Kentucky seine Destille. Er verkaufte 1795 seinen ersten Whiskey unter der Bezeichnung »Old Jake Beam Sour Mash«. Der Rest ist eine ebenso lange wie spannende Unternehmensgeschichte, zu deren aktuellem Stand wir uns erst wieder einklinken. Jim Beam ist inzwischen einer der größten Whiskey-Erzeuger der Vereinigten Staaten und zu einem echten Synonym für Kentucky Bourbon in verschiedenen Qualitätsstufen »herangereift«. Die Konzernmutter des Unternehmens gehört weltweit zur Top 5 im Spirituosenmarkt. Mit der Jim-Beam-Story inklusive einiger unter deren Markendach versammelten Spitzen-Whiskeys von **Maker's Mark** und **Knob Creek** bekäme ich das Buch locker voll. Ohne dass es auch nur eine Minute langweilig würde. Will ich aber trotzdem nicht, deshalb nur das Wichtigste in freundlichen Stichworten.

Aus dem Jim-Beam-Stammhaus ist sowohl der **Devil's Cut** wie auch der in zweifach ausgeflammten Fässern gelagerte **Double Oak** einen Interessenmarker wert. Deutlich spannender ist aber eindeutig der abgebildete 12 Jahre gelagerte **Jim Beam Signature Craft** mit seinen gut angelegten 43 % vol. und satten Vanille-, Zimt- und Karamell-Aromen und Geschmackstiefen von Eichen-Fass und runder Süße. Überraschend ist der nicht allzu lange Abgang, in dem aber auch Fassnoten erhalten bleiben. Großartiger »Small-Batch-Bourbon« in der für zwölfjährige Kentucky-Destillate nach oben nicht sonderlich offenen Leistungsklasse. Meine Empfehlung! In meiner Wahrnehmung legt der etwas jüngere Markenableger **Knob Creek 9 Jahre** mit seinen 50 % vol. nicht nur wegen des höheren Alkoholanteils, sondern vor allem wegen seiner noch smarteren Aromen- und Geschmacksvielfalt »two Inches« Komplexität drauf, aber das ist echt »Geschmackssache«. Ich mag halt die Abfolgen von Nuss- und Fruchtaromen sehr. Und auch die Geschichten, die hinter den Marken steht. Bei Knob Creek handelt es um den Namen des Baches, an dem Abraham Lincoln seine Kindheit verbrachte. So was bekommen halt nur die Amis so hin, dass es beim Trinken eine Gänsehaut liefert. Was ich übrigens ebenfalls mag, ist Kreativität bei der Getreideauswahl. Und die liefert die dritte Marke aus den Bourbon-Weiten der Jim-Beam-Drinks-Welt, der **Maker's Mark**. Auch wenn eine riesengroße Brennerei der Absender der Flascheninhalte ist, sind die milden Marker's Mark Kentucky Straight Bourbons mit Weizen in der Getreidemischung immer einen Geschmackstest wert.

Kultstatus allemal, kirchlichen Segen vielleicht eher nicht, besitzen ebenfalls die Bourbons von **Elijah Craig**, deren »Gründungsvater«, der gleichnamige Baptisten-Pfarrer, der erste gewesen sein soll, der den Legenden nach in Kentucky Bourbon gebrannt hat. Schöne Geschichte, Wahrheitsgehalt eher schwach bis mittel. Absolut nicht schwach sind die bei uns in Deutschland nicht sehr weit verbreiteten Elijah-Craig-Bourbons inzwischen aus der Heaven-Hill-Brennerei in Bardstown, Louisville.

In einer erweiterten Bourbon-Ecke im heimischen Bestand – spätestens, wenn dort wieder ein Platz frei wird – sollte deshalb der **Elijah Craig 12 Jahre** mit 47 % vol. keinesfalls fehlen! Ein Kentucky Straight Bourbon der ersten Liga, der meine Experten-Freunde und mich mit seinem Duft von Vanille, Birne und reifer Orange ebenso überzeugt wie durch Geschmacksnoten von Gewürzen, Eiche und wenig Rauch. Sein von uns allen als lang und trocken wahrgenommener Abgang rundet das Bild dieses komplexen Einser-Kandidaten in seiner Klasse perfekt ab.

Ebenfalls aus der Heaven-Hill-Brennerei stammt eine weitere Marke, die hier hingehört: **Evan Williams**, gleichermaßen bester uralter Kentucky-Bourbon-Adel. Gute Genießbarkeit bietet die Marke grundsätzlich, spitze ist aber beispielsweise nach Aussage eines Spezialisten – ich war da leider mit Nase und Gaumen noch nicht dran – der **Evan Williams Single Barrel Vintage 2003**, also eine Einzelfassabfüllung aus dem Jahr 2003, bei der tatsächlich auch nur der Straight Bourbon aus einem Jahr aus dem jeweiligen Fass stammt.

Kommen wir nun zu meinem nächsten Tipp, den ich in- und auswendig kenne. Er ist aber auch einfach Königsklasse, deren Kentucky Straight Bourbon! Und dies gewiss nicht nur aufgrund seiner französisch uradeligen Herkunftsadresse in der Bourbonen-Region Kentuckys. Die kleine **Woodford Reserve Distillery** residiert als eine der ältesten und kleinsten noch in Betrieb befindlichen Destillerien in Kentucky mit Gründungsjahr 1812 im Örtchen Versailles im Woodford County. Das klingt nach mehr, insbesondere die Verbindung der französischen Anklänge mit dem Landleben der Südstaaten. Tolle Mischung, absolut einwandfrei. Nur zu toppen vom Drink höchstselbst, dem ...

»Bernstein-Bourbon« **Woodford Reserve Distiller's Select**. Als einziger Premium-Kentucky-Bourbon wird er statt in der moderneren Säulendestillation noch in klassischen Pot Stills erzeugt und dort gleich dreifach destilliert. Danach reift er in neuen handgefertigten und getoasteten Weiß-Eichen-Fässern in sehr kleinen Barrelhouses aus Stein, was für eine kühle Lagerung sorgt. Dort hängt alles vom Woodford

Master-Distiller **Chris Morris** ab, der bereits zu Beginn der Reifezeit die erfolgversprechendsten Fässer auswählt und deren Inhalte schließlich zu einem Batch verschneidet. Danach liegt es ebenfalls an ihm, wann dieser Bourbon in Flaschen kommt. Sehr viel Aufwand, der hohe Erwartungen an den Glasinhalt weckt. Hier ist »Musik« drin – für Abendsonnen-Könige! An der Nase schon komplexe Aromen-Vielfalt: reife Früchte, dezente Vanille, warme Kakaonoten und wenig schwarzer Pfeffer. Und dann ein voller, aber nicht vollgestopfter Mund mit Geschmackskomponenten von Aprikosen, Gewürzen, vielleicht Minze und wieder Kakao, diesmal allerdings dunkler und mit leichter Bitternote. Karamell ist ebenfalls dabei. Finale im langen warmen Abgang, in dem sich nochmal etwas Pfeffer in Erinnerung ruft. Ein »Will ich haben«-Bourbon, von dem ich persönlich gerne eine zweite Flasche im Vorrat habe, falls mal der Geburtstag eines Genießer-Freundes unbeabsichtigt vergessen wurde und was Überzeugendes benötigt wird, um die Wogen zu glätten.

Zum Ort Versailles fällt mir die Zwischenstation einer Brennerei ein, deren lange Geschichte nicht mal auf gut gegerbte eng beschriebene Büffelhaut passen würde. Ganz klar: **James E. Pepper**. Gegründet im Jahr der Unabhängigkeitserklärung 1776 durch Elijah Pepper, dessen Enkel Oberst James E. Pepper namensgebend war und als Farmer wie als Brenner über eine exzellente Reputation verfügte. Die Gründerfamilie war deshalb viele Jahrzehnte erfolgreich im Whiskey-Business aktiv. Mit Whiskeys, die nicht nur bekannte Generäle, sondern selbst etliche amerikanische Präsidenten und Vizepräsidenten des 19. Jahrhunderts als »Old Pepper« sehr schätzten. Gute Männer! Denn was heute in der Neuauflage des alten Distiller-Wissens bei Pepper in der kleinen, aber feinen Angebotsauswahl von Bourbon und Rye Whiskeys ist, bietet wieder reichlich Drinks nach deren maßvollem Genuss man sicher klug regieren und differenziert kommunizieren kann. Ich denke da mal vorausschauend und über aktuelle 140-Buchstaben-Texter hinaus.

Mit zwei Unabhängigkeitserklärungen gegenüber schlichtem billigem Bourbon, die aus der dazu bestens geeigneten Quelle in Kentucky kommen und deren aktuelle Erzeugung nach den alt überbrachten Maische-Rezepturen und weiteren historischen Vorlagen erfolgt. My

RYE WHISKEY

Allein schon wegen der größeren Verfügbarkeit und Bekanntheit sind die »Mais«-basierten Straight Bourbons die wesentlichen Kapitelhelden der amerikanischen Whiskeys. Zusätzlich haben aber fast alle Anbieter auch Rye Whiskeys in verschiedenen Qualitätsstufen in ihren Genuss-Welten. Um die hier ebenfalls ausreichend zu würdigen, fehlt schlicht der Platz. Deshalb empfehle ich: Macht Euch selbst davon ein Geschmacksbild – bei Tastings amerikanischer Rye Whiskeys oder mit einigen Geschmacksproben bei den Händlern Eures Vertrauens. In der Preisklasse um und ab 30 Euro für die 0,7-Liter-Flasche haben beispielsweise Marken wie George Dickel, Wild Turkey, Corsair, Knob Creek, Rittenhouse (Pennsylvania), aber auch Pepper, Stagg Jr. und weitere sehr gehaltvolle hochwertige Flaschen am Start. Single-Barrel-Abfüllungen und langjährig fassgereifte inklusive.

Votes are: **1776 Bourbon Whiskey** and **1776 Bourbon 7 Years**. Links im Bild der Klassiker als richtig guter Einstieg mit 50 % vol. und einem Roggenanteil in der Maische von über 38 %. Feine Sache – beides! An der Nase reichlich

Eiche, Vanille und auch etwas Pfeffer, auf der Zunge eine angenehme Süße, spürbar die Roggenaromen, aber vor allem Honig und dunkle Schokolade, in die sich etwas Nelke mischt. Es folgt ein mittellanger Abgang mit etwas Eiche. Der **1776 Bourbon 7 Years** ist ein ganz anderer Kamerad. Etwas weniger Alkohol, aber dafür direkt von feiner Milde getragen, die an der Nase Karamellsüße und Vanille anbietet, im Mund, dann Eiche und noch mehr Karamellsüße und erst langsam der Roggen. Im zweiten Schluck dann noch mehr würziger Roggen, Getreide im Mund eingebettet in leichte Honigsüße. Sehr wohlig, ziemlich vertraut und mit Eichentönen im langen trockenen Abgang. Wer amerikanische Gründergeschichte schnuppern und trinken will, der ist hier richtig. »In best Bourbon we trust« – ein Statement von heute und leider nicht aus der amerikanischen Unabhängigkeitserklärung – ganz sicher!

Von ganz alt zu relativ jung an Distiller-Historie, was gewiss kein Makel ist. Denn fairerweise muss noch einmal betont werden, dass viele der alten Destillen, die meterlangen Historien-Bärte mit sich herumschleppen, im Grunde ja selten durchgängig in der Hand ihrer Gründerväter geblieben sind. Egal, als Tipp mit reichlich Anerkennung sowohl in der Bourbon-Szene wie unter Jägern von großformatigen Hühnervögeln möchte ich die **Wild Turkey Distillery** in Lawrenceburg keinesfalls unerwähnt lassen. Vorzügliche Kerle-Drinks, Bottle für Bottle – in jedem Fall ab dem **Wild Turkey 101** mit seinen 50,5 % vol. und seinem spannenden Geschmackskanon aus Orangen-,

Honig-, Zucker-und Karamellaromen, die sich im Laufe der sechs- bis achtjährigen Lagerreife entwickelt haben. Zudem auch preislich im Rahmen. Genau wie der schwerer beschaffbare, aber umso vorzüglichere **Wild Turkey Rare Breed**, der in stärker ausgebrannten Fässern gereift wurde und seine Fassstärke von 56,4 % vol. an Nase und auf dem Gaumen dezent ausspielt. Er zaubert noch mal so richtig Südstaaten-Romantik in die Whiskey-Tumbler! Meine Experten sind hier gerne mit etwas Wasser am Start und schwärmen umso mehr von der Komplexität und Aromenvielfalt dieses Kentucky Straight Bourbon, den ich selbst leider noch nie vereinnahmen konnte.

Bevor wir Kentucky mit seinen geschichtsträchtigen Straight Bourbons und Rye Whiskeys verlassen, zoome ich uns noch eine Brennerei ins Buch, die es alleine schon wegen den Etiketten-Designs verdient hat, hier vertreten zu sein. Brennereihistorie richtig gut, Drinks – Bourbon vorneweg – richtig gut, Etikett spitze. Läuft!

Für **Stagg Jr.** und dessen 1897 gegründete **Buffalo Trace Distillery**! Der Gründer George T. Stagg wurde 1835 in Kentucky geboren und baute eine der mächtigsten amerikanischen Brennereien des 19. Jahrhunderts am Ufer des Kentucky River mitten in den goldenen Zeiten des Bourbons, am Rande von Kentuckys Hauptstadt Frankfort. Namensgebend für die Brennerei war ein Büffelpfad, der dort verlief und auf dem die Büffel den Kentucky River durchqueren. Dass Whiskey auch klug macht, beweist nicht nur der heute mehr als werbeträchtige Brennerei-Name, sondern ebenfalls der Umstand, dass man bei Stagg Jr. relativ ungeschoren durch die Prohibitionszeiten kam, weil man auf medizinische Alkoholerzeugung umsattelte. Nachdem das Thema Trinkverbot durch war, kam wieder der Geschmack ins Spiel, und dabei ist es bis heute geblieben. Unter einer Reihe von Markennamen und offenbar in Bestform, denn gegen die Medaillensammlung für beste Whiskeys aus der Buffalo Trace Distillery sind die insgesamt 28 Olympiamedaillen von Michael Phelps ein nettes Starterpaket.

Der Champion, den ich zusätzlich noch mit dem gerade erfundenen »Goldenen Bourbon-Büffelhorn« für sein Etikettendesign auszeichne, heißt ebenso schlicht wie ellenlang **Buffalo Trace Kentucky Straight Bourbon Whiskey**. Mir fließt er im Wertungsrang von Aromen und Geschmack als klassischer Bourbon aus dem Glas. Mit all dem, was an den richtigen Stellen dazugehört, insbesondere, weil er mit nur 40 % vol. sehr mild und von Aromen und Geschmacksnoten her klar auf Kurs ist: Vanille, Eichenfass, Orangennoten und leicht schokoladige Süße. Mittellanger Abgang mit leichtem Fasston inklusive. Beim Blick auf den Preis stellt sich Zufriedenheit ein, das Etikett hat sich dort nicht ausgewirkt. Ein sehr guter Kentucky Bourbon in der etwas ambitionierteren Einstiegsliga. Und damit ein Kauf- und Verschenk-Drink, mit dem man punkten kann, ohne zu tief in die Tasche greifen müssen. Ein ganz anderes Kerle-Ding aus der Brennerei ist der nach dem Gründer benannte **Stagg Jr.** Kentucky Straight Bourbon mit seinen 66 % vol. im Leistungskalender. Wer bei ihm auf den sinnvollen Trinkstärken-Ausbau mit einem überschaubaren Teil mineralarmen Wassers verzichtet, bringt sich um den Genuss, der die Komplexität dieses Ausnahmetalents hebt und fördert. Was enorm schade wäre, denn den Eigentümernamen hat man an einen Whiskey vergeben, der deutlich beweist, was aus Tradition in Verbindung mit heutigem Destiller-Knowhow herauszuholen ist. Für mich jedenfalls sensorische Bestnoten. Gewiss alles andere als ein Tipp zum Einstieg, aber eine exzellente Wahl für diejenigen, die Bourbons zu ihrem zentralen Whisk(e)y-Thema machen wollen und deshalb bereit sind, die etwas größeren Scheine aus dem handgerollten Dollarbündel aus der Tasche zu ziehen. Übrigens ein Kentucky Straight, der sich bei passender Gelegenheit extrem gut mit einer Zigarre verträgt.

Ich hoffe, meine kleine Auswahl US-amerikanischer-Whisk(e)ys hat Euch Lesefreude bereit und vor allem Eure Neugier geweckt. Hier ist natürlich noch sehr viel mehr drin. Nicht nur in Form einer ganzen Reihe weiterer bester amerikanischer Whiskeys zum Beispiel aus anderen amerikanischen Bundesstaaten, wie z. B. aus Oregon, Indiana, Michigan und Virginia. Zudem kann man insbesondere Bourbon sowohl als perfekte Basis für Cocktails verwenden – davon später mehr – wie ebenfalls als Geschmackszentrum von Barbecue-Saucen und sensationellen Würz-Marinaden für amerikanische Grillspezialitäten.

Bevor es noch auf unverzichtbaren Sprung zu den japanischen Whiskys geht, möchte ich ein sehr freundliches

»Sorry, Friends« nach **Kanada** schicken, weil kanadische Whiskys in dieser Erstausgabe aus Platzgründen ein unbeschriebenes Blatt bleiben müssen. Namentlich erwähnen möchte ich trotzdem Genuss-Helden wie **Crown Royal**, **Canadian Club**, **Black Velvet**, **Forty Creek**, **J.P. Wiser's** und **Old Canada**. Sie haben es einfach verdient, beachtet zu werden!

Für den Japanteil habe ich mir etwas Besonderes einfallen lassen. Ich habe zwar ein paar Whiskys aus Nippon im Rahmen von Tastings verkosten dürfen, bin aber ansonsten noch nicht intensiver mit diesen extrem spannenden Drinks in Kontakt gekommen. Was also tun, wenn es trotzdem richtig gut werden soll?

Da ist Expertenrat gefragt. Und den konnte auf kurzem Dienstweg Andreas Künster aus Marians ShakeKings-Team liefern, der voll im Thema ist. Hier sein packender Gastbeitrag als Freundschaftsdienst für uns alle.

JAPANISCHER WHISKY ODER »LOST IN DESTILLATION«

Von Andreas Künster, gastronomischer Berater und Profi-Bartender bei den ShakeKings

Kurz zu mir: Im Team von ShakeKings kümmere mich hauptsächlich um das Thema Spirituosen-Tastings. Ich beschäftige mich seit zirka 10 Jahren mit Whisk(e)ys aus der ganzen Welt. Egal ob irischer, amerikanischer, schottischer oder eben japanischer Whisk(e)y – für mich steht allein die Qualität eines Produktes an oberster Stelle. Allerdings fasziniert mich das »Wasser des Lebens« aus dem Reich der aufgehenden Sonne wegen seiner spannenden Geschichte und dem herausragenden Geschmack in besonderem Maße. Japanischer Whisky ist einfach anders.

Von Sofia Coppolas Kult-Klassiker »Lost in Translation« bis hin zu internationalen Prämierungen und Auszeichnungen – seit japanischer Whisky medial im Rampenlicht steht und den hoch geschätzten »Whisky Award« von Jim Murray im Jahre 2015 mit 97,5 Punkten von 100 gewann, geht es mit japanischen Single Malts und Blends steil bergauf. Was in den Jahren zuvor eher als Geheimtipp für Whisky-Heads und -Sammler galt, ist längst in der öffentlichen Wahrnehmung angekommen: Japaner stellen hervorragenden Whisky auf extrem hohem Level her. Im Folgenden möchte ich Euch dazu einen Einblick verschaffen und dabei auch für Interesse an dieser hochgradig spannenden, aber hierzulande immer noch wenig bekannten Whisky-Nische werben. In einer ganzen Reihe von Ländern wird der japanische Whisky inzwischen stark nachgefragt. Deshalb ist es aus europäischer Sicht sowohl aufgrund der begrenzten Warenverfügbarkeit wie auch zum Teil der »Bepreisung« einzelner Blend-Kreationen und besonderer Single Malts nicht einfach, den Überblick zu behalten. Und vor allem im Single-Malt-Segment, mit seiner hohen Nachfrage, Abfüllungen mit einem guten Preis-Leistungs-Verhältnis zu finden. Geht aber trotzdem, ich beweise es Euch nach der Themeneinführung, die mit meinem japanischen Whisky-Erstkontakt beginnt.

»For relaxing times, make it Suntory times!«

Viele von Euch kennen dieses Zitat aus dem Film »Lost in Translation« mit Sicherheit. Falls nein, besorgt euch gerne die DVD. Durch diesen Kultfilm der, nebenbei bemerkt, Scarlett Johansson an der Seite von Bill Murray zum großen Durchbruch verhalf, bin ich jedenfalls das erste Mal auf japanischen Whisky aufmerksam geworden. Da 2003, als der Film in den Kinos lief, Hibiki Whisky in Deutschland mangels Warenverfügbarkeit noch kein Thema war, blieb mir zwar der Film, nicht aber japanischer Whisky in Erinnerung. Bis mir Jahre später in einer Bar im Stuttgarter Westen ein Barkeeper, mit dem ich mich regelmäßig über Whiskys austauschte, einen gerade frisch eingetroffenen Yamazaki Single Malt als Empfehlung vorstellte. 12 Jahre alt und bis heute unverändert in einer für Whisky eher ungewöhnlichen Flasche. Er war anders, trotz der ebenfalls für andere Whiskys üblichen Ausbuchtung am Flaschenhals, die an den Kopf einer Pot Still erinnern soll. Versehen mit einem Plastik-Schraubverschluss – und das bei einem hochpreisigen Top-Whisky aus Japan? Mich machte das stutzig. Der Geruch alleine sollte dann aber schon auf ganzer Linie überzeugen. Nachdem ich dem 1984 auf dem Markt befindlichen Nippon-Whisky ein paar Minuten zum Atmen gab, überraschte er mit starken süßlichen Noten von tropischen Früchten, leicht nussig, mit floralem Aroma. Ein Stück weit erinnerte er schon fast an einen Rum. Auf der Zunge hingegen machten sich schnell winterliche Kräuter mit angenehmer Zitrus-Note breit. Das amerikanische Eichen-Fass Mizunara war für einen »nur« 12 Jahre gelagerten Whisky schon deutlich zu erkennen. Das Finish war angenehm mittellang und keineswegs anstrengend. Ein wirklich hervorragender Single Malt für jede Gelegenheit und Tageszeit. Es war also um mich geschehen und in den kommenden Tagen und Wochen beschäftigte ich mich erstmal damit, wo dieser Tropfen denn eigentlich herkommt und was wirklich dahintersteckt.

DIE HISTORIE

Japan hat eine relativ kurze Whisky-Geschichte im Vergleich zu Schottland, Amerika oder Irland. Trotzdem wird auch in Japan schon seit der ersten Gründung einer Whisky-Brennerei im Jahre 1923 durch Suntory »Wasser des Lebens« hergestellt. Unbestätigten, aber glaubhaften Berichten zufolge begann man in Japan bereits um 1900 mit ersten Whisky-Destillationsversuchen »im stillen Kämmerlein«. Der frühe Teil der japanischen Whisky-Entwicklung deckt sich weitgehend mit der Geschichte der Yamazaki-Destillerie. Deren Gründer – Shinjiro Torri – schickte Masataka Taketsuru, einen seiner besten Studenten, nach Ende des Ersten Weltkrieges nach Schottland. Mit der Mission, so viele Informationen und Erfahrungen über die schottische Whisky-Industrie wie möglich zu gewinnen. Nach knapp dreijähriger Lernzeit quer durch zahlreiche Destillerien kehrte Taketsuru nach Japan zurück und brachte sein frisch erworbenes Wissen in den Aufbau von Yamazaki ein. Bis dahin war der Spirituosen-Erzeuger Suntory nur für seine Pflaumenliköre, Reisschnäpse und Importe von Übersee-Spirituosen bekannt. Später gründete Taketsuru in den dreißiger Jahren die ebenfalls noch bis heute aktive Yoichi-Destillerie im Norden des Landes auf der Insel Hokkaido. Es gab Gerüchte, dass der damals noch sehr junge Masataka nicht mit den Plänen von Torri einverstanden war und man sich uneinig darüber war, wie die Zukunft von Yamazaki aussehen sollte. Er hatte aus seiner Zeit in Schottland eine genaue Vorstellung, wie er das Erlernte anwenden wollte, um einen wirklich reinen, japanischen Whisky-Stil zu kreieren. Also gründete er die Firma Nikka. Bis in die 1960er-Jahre waren japanische Whiskys hauptsächlich an schottische Blends angelehnt, also eine Mischung aus verschiedenen Getreiden. Der Unterschied war, dass in Schottland die Stile verschiedener Brennereien gemischt wurden, in Japan hingegen wurden zwar ebenfalls verschiedene Getreidesorten verwendet, diese aber in ein und derselben Destillerie gebrannt. 1964 kaufte Taketsuru dann eine amtliche Coffey Still in Schottland und verschiffte sie nach Japan. Dies war ein entscheidender Schritt in der Entwicklung von einheimischem Whisky.

Die japanische Industrie boomte in den 1970er- und frühen 1980er-Jahren, als der Verkauf von importiertem Whisky massiv zunahm. Zahlreiche neue Destillerien wurden gebaut und einige Sake-Destillerien und Firmen wurden auf Whisky umgestellt, um die Nachfrage zu befriedigen. Plötzlich konnte sich auch die Jugend mit Whisky anfreunden, der bis dahin als uncool galt. Einen nicht zu unterschätzenden Beitrag leistete dafür der sogenannte »Mizuwari Highball«, ein dem klassischen Whisky Soda sehr ähnlicher Drink. Er unterscheidet sich letztendlich nur durch die akribische Zubereitung der japanischen Bartender. Alle Bestandteile werden getrennt voneinander kalt gerührt, um genau zu sein dreizehnmal rechts und zweimal links und dann in einem separaten, gefrosteten Glas vermählt. Ein perfekter Genuss und heute eines meiner absoluten Lieblingsgetränke, wenn er von geschulter Hand zubereitet wird. Ende der 1980er-Jahre kämpfte die einheimische Whisky-Industrie um ihre Existenz, und es wurden eine Reihe von Destillerien geschlossen. Die wichtigsten Faktoren für den Einbruch waren – wie auch anderswo – die günstige Verfügbarkeit von importierten Whiskys, kombiniert mit einer zeitgleichen

Erhöhung der japanischen Alkoholsteuern. Dies machte die japanischen Whiskys sehr teuer im Vergleich zu Übersee-Konkurrenten – mit dem Ergebnis weitgehender Konsumverweigerung.

Nachdem die Produktion Anfang der 2000er-Jahre dem sinkenden Markt angepasst wurde und nur noch kleine Erzeugermengen die japanischen Destillerien verließen, stieg das Interesse wieder kontinuierlich an. Im Jahr 2015 durch die eingangs erwähnte Murray-Auszeichnung so stark, dass kurz darauf nahezu jegliche Standard-Qualität vom Markt vergriffen war oder zu astronomischen Preisen im Internet gehandelt wurde. Eine Flasche Yamazaki 12, die um das Millennium herum etwa 35 bis 45 Euro kostete, wurde Ende 2016 schon mit bis zu 200 Euro im Internet gehandelt. Vor allem in den Exportmärkten, in denen die Steuern hoch sind, steigt der Preis bis heute an, während der japanische Markt derzeit wieder mit billigeren ausländischen Import-Whiskys vollläuft. Durch den Gewinn der großen Fachpreise ist der Ruf japanischer Whiskys extrem gut und mehr Menschen als je zuvor genießen ihn. Japanischer Whisky hat inzwischen einen Anteil von 5 % an den weltweiten Whisky-Verkäufen. Dies bedeutet, dass jede zwanzigste Flasche, die irgendwo auf der Welt den Besitzer wechselt, aus Japan stammt. Der Nachschub rollt aus inzwischen neun Destillen. Häufig sind es Blends wie Hibiki, aber in den Fässern reifen bereits Single Malts, die mit Sicherheit in den nächsten vier bis fünf Jahren spannende Neuerscheinungen bieten werden. Aktuell gibt es neun aktive Brennereien und ein paar sogenannte »lost« oder »silent« Destillerien, von denen ebenfalls noch Produkte im Internet zu finden sind. Die bekanntesten Vertreter der »inaktiven« sind Karuizawa, für deren einzelne Flaschen man schon mal mehrere tausend Euro hinblättern muss, oder die bekannte Ichiros Malt Card Deck-Serie aus der geschlossen Destillerie Hanyu. Eine komplette Sammlung aller 54 Flaschen wechselte 2015 für eine knappe halbe Million Euro den Besitzer. Nicht schlecht, oder?

SCHMECKT JAPANISCHER WHISKY WIRKLICH SO ANDERS?

Japanische Destillerien könnten trotz ihrer geringen Anzahl fast so viele verschiedene Single Malts produzieren, wie in Schottland insgesamt überhaupt existieren. In der Yamazaki-Destillerie könnten erzeugertechnisch ohne Weiteres über 60 verschiedene Single Malt entstehen. Um diese Vielfalt zu erreichen, scheuen die Japaner sich nicht, von allen technischen Mitteln Gebrauch zu machen. Irgendwie hat man ja häufig den Eindruck, dass die von Exzellenz und Perfektion getriebenen Japaner in ihrem Tun und den daraus erwachsenden Resultaten der Welt immer einen kleinen, aber entscheidenden Schritt voraus sind – auch bei der Whisky-Erzeugung. Das fängt beim Kultivieren und dem Einsatz von vielen verschiedenen Hefebakterien bei der Fermentation an und endet in den verschiedenen Größen und Arten von Brennereien. Während in Schottland typisch nur entweder Pot- oder Kolonnen-Destillation verwendet wird, werden in Japan häufig verschiedene Methoden angewandt, um einem »New Make« seinen charakteristischen Geschmack zu verleihen. Außerdem wurde in der Vergangenheit noch die klassische Bambusfiltration verwendet, die im asiatischen Raum nach wie vor weit verbreitet ist. Mehr und mehr wird diese aber von der konventionellen Kohlefiltration abgelöst. Schlussendlich werden ebenfalls alle verschiedenen Größen an Fässern zur Reife eingesetzt: Sherry-Fässer aus europäischer Eiche, seltene japanische Mizunara-Eiche, Ex-Bourbon-Fässer und, und, und finden wir im Fassmanagement wieder. Ein ganz entscheidender Faktor sind zudem die Destillen-Standorte. Bekanntlich ist Wasser ein elementarer Bestandteil in der Produktion von Whisky. Jede einzelne japanische Brennerei wurde somit in einer natürlichen, unberührten Umgebung erbaut, in der reichlich Wasser vorhanden ist, das für seine Reinheit und weiche Textur bekannt ist. Yamazaki zum Beispiel betreibt seine hauseigene Wasserquelle. Dieses Wasser, das verschiedene, vulkanische Gesteinsarten durchfließt, ist maßgeblich für den Charakter von Yamazaki verantwortlich.

Neben dem besonderen Klima, dem Wasser und dem Fassmanagement nutzen die meisten japanischen Master-Destillateure die natürliche Niederdruckdestillation auf Basis der lokalen geografischen Gegebenheiten. Die Rede ist hier von Brennerei-Standorten, die im Hochland liegen, wo der Luftdruck deutlich niedriger als im Flachland ist. Japan hat mit den beiden Häusern von Hakushu und Shinshu zwei der am höchsten gelegenen Brennereien der Welt. Beide liegen zirka 700 bis 800 Metern über dem Meeresspiegel. Der Luftdruck sinkt, somit folglich auch der Siedepunkt. Diese Art der Destillation fällt mehrere dünne und leichtere Aromen sowie führt zu einer komplett eigenen Textur der Brände.

Abschließend können wir also festhalten: Japanischer Whisky schmeckt im Detail durchaus anders als seine schottische Verwandtschaft, aber in einem Blind-Tasting wäre es für einen ungeübten Gaumen immer noch sehr schwierig, einen guten schottischen von einem japanischen Whisky zu unterscheiden. Mit etwas Übung ist allerdings auch das durchaus möglich.

TASTING

Schauen wir uns doch mal zwei Vertreter der jeweiligen Whisky-Kategorie an. Ich habe mich hier bewusst für zwei Drinks entschieden, die bei uns ohne Probleme zu einer guten Preis-Leistung erhältlich sind. Nach oben – vor allem preislich – geht deutlich mehr bei japanischen Whiskys, aber was bringt es uns, über die schönsten Aromen zu philosophieren, wenn wir am Ende sehr wahrscheinlich nie in deren Genuss kommen werden.

Beginnen möchte ich hier mit einem Single Malt aus dem Hause **Nikka**, dem **Yoichi** ohne Altersbezeichnung. Er ist im Handel für knapp 60 Euro zu bekommen. Der Single Malt aus einer der wahrscheinlich schönsten Brennereien der Welt wird in einem klassischen Verfahren hergestellt. Das heißt, die Potts werden auf der Insel Hokkaido nach wie vor mit Holz erhitzt. Das führt dazu, dass Whiskys aus Yoichi generell rauchig, aber nicht sehr torfig schmeckt. Allerdings hält sich auch der Rauch in Grenzen. Schon im Aroma bemerkt man die Komplexität, welche durch eine Lagerung in drei verschiedenen Fässern erreicht wird. Hier kommen Ex-Bourbon-, Ex-Sherry- und frische Eichen-Fässer zum Einsatz. Der Geruch ist voll, durch die Nähe zum Meer ebenfalls leicht salzig. Dazu gesellen sich zarte, florale Zitrusnoten, etwas Lakritz, Ingwer und Muskat. Auf der Zungenspitze entfaltet er schon alleine durch sein 45 % Alkohol enorme Power, trotzdem bleibt er stets ausbalanciert und angenehm. Leichter Rauch und nussige Aromen machen sich breit, gefolgt von dunklen, roten Beeren, die auf das Sherry-Fass zurückzuverfolgen sind. Frische Früchte wie Kiwi und Melone sind im Hintergrund zu

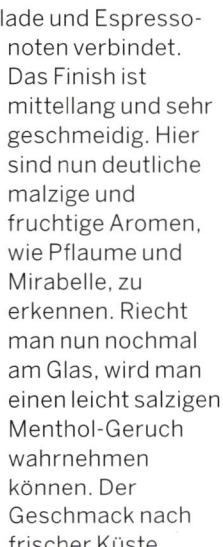

erkennen, bevor der Rauch wieder das Kommando übernimmt, bis er sich am Ende mit dunkler Schokolade und Espressonoten verbindet. Das Finish ist mittellang und sehr geschmeidig. Hier sind nun deutliche malzige und fruchtige Aromen, wie Pflaume und Mirabelle, zu erkennen. Riecht man nun nochmal am Glas, wird man einen leicht salzigen Menthol-Geruch wahrnehmen können. Der Geschmack nach frischer Küste.

Der zweite im Bunde war der erste im Text. Ich möchte meinen kleinen Gastauftritt so beenden, wie ich ihn angefangen habe. Mit einem Hibiki, in diesem Falle schauen wir uns **Hibiki Japanese Harmony** etwas genauer an. Bill Murray kam in »Lost in Translation« in den Genuss von **Hibiki 17 Jahre**. Dieser würde aber hier ebenfalls wieder den Preisrahmen sprengen, wenn man ihn überhaupt noch irgendwo findet. Der aus dem Hause **Suntory stammende** Blended Whisky **ist schon in der Nase leicht und fruchtig und riecht angenehm nach Karamell, Vanille und japanischer Orange. Tatsächlich kann ich dort auch einen Hauch von Kirschblüte** erkennen. Der **Japanese Harmony** ist in seiner mit 24 Abschnitten designten Flasche ein Whisky für jede Stunde am Tag. Die einzelnen Blends stammen hier aus fünf verschiedenen Fässern. Darunter unter anderem Mizunara und Ex-Bourbon-Weiß-Eiche. Den ersten Eindruck bestätigt der mit 43 % Volumen abgefüllte Whisky auf der Zunge. Zu starken Orangen-Noten, Holz und Zimt sowie weichem Honig gesellt sich hier schwarzer Pfeffer und verleiht dem Blend eine angenehme Würze im Finish. Der Abgang ist wiederum sehr mild und verhältnismäßig kurz. Hier bestimmen die floralen Noten aus der Nase den Geschmack zusammen mit einer leichten Kaffeenote.

Dōmo arigatō – danke an Andreas für diesen ebenso unterhaltsamen wie fachlich fundierten Beitrag zu seiner sehr nachvollziehbaren japanischen Whisky-Leidenschaft. Eine großartige Schlussnote zum Ausklang der fassgelagerten Drinks auf Getreidebasis. Macht was draus, Möglichkeiten dazu kennt Ihr jetzt hoffentlich genug. Wollt Ihr das auch bei Gin und Wodka? Dann los …

Warum macht der Autor das bloß, Gin und Vodkas in einem Kapitel zusammenzufassen? Ist doch nicht das Gleiche, oder? Nee, ganz sicher nicht, so weit bin ich mit meinem Spirituosen-Wissen durchaus. Aber da für die »Puren Drinks« der Eigengeschmack der Spirits und deren alkoholisches Fundament die Hauptrolle spielt, bediene ich mich dieser zulässigen Vereinfachung. Weil Vodka, nur in Deutschland und Polen mit »W« geschrieben, in der Regel-Darreichung schlicht extrem rein und hochprozentig destillierter, gefilterter Alkohol ist. Der nach Destillation und Filterung mit Wasser auf Trinkstärke reguliert wird. Seltene fassgelagerte Vodka-Ausnahmen bestätigen im Wesentlichen diese Regel. Nichts anderes als sehr neutraler, reiner und geschmacksfreier meist aus Getreide oder Kartoffeln destillierter Alkohol ist auch die Grundlage von Gin. Alkohol, der für Gin allerdings durch Kräuter, Gewürze und andere Zutaten erst seine Geschmacksvielfalt erhält. Fertig. Beide Drinks haben zudem die gleichen guten Filler-Freunde – Bitterlimonaden wie Tonic Water und Bitter Lemon – die sie zu echten Trinkerlebnissen machen. Da bei mir das große Geschmackserlebnis vor dem großen Alkoholgehalt kommt, geht das Kapitel mit Gin los und endet mit einer kleinen, aber feinen internationalen Vodka-Auswahl.

KAPITEL 4

GIN UND VODKA

KAPITEL 4

GIN
- **139** Ein Blick in die Geschichte
- **142** Die passenden Filler
- **145** Gin-Sorten weltweit

VODKA/WODKA
- **154** Ein Blick in die Geschichte
- **156** Internationale Vodka-/Wodka-Marken

Die »ungleichen« Brüder haben zwar dasselbe Fundament, was beim Vodka dann oft auch direkt die Endstufe beschreibt, und lassen sich perfekt »vertonicwässern« und »cocktailisieren«. Aber in der Wahrnehmung der Genießer spielen sie in völlig verschiedenen Welten. Da ist zum einen der Gin, die Trend-Spirituose mit höchst spannenden Erzählgeschichten und einem ganzen Kosmos voller Aromen, Geschmacksnoten und sensorischen Finessen. Er ist Genießers Liebling, wird hymnisch gefeiert und bekommt momentan fast täglich neuen Erzeuger- und Markennachwuchs aus aller Herren Länder, Deutschland hatten wir ja schon mit einer kleinen Auswahl. Er bringt es in der hiesigen Verbrauchergunst auf stattliche zweistellige Zuwachsraten mit derzeit über 7 Millionen verkauften 0,7-Liter-Flaschen (inklusive dem niederländischen Genever-Urahn) – Stand Mitte 2017. Ein Drink mit Perspektive! Zum anderen ist da der Wodka, den ich jetzt im Sinne seiner Haupterzeugung für den deutschen Markt wieder kurz mit »W« schreibe. Er wird längst nicht so stürmisch verehrt, ist aber mit über 65 Millionen im Einzelhandel verkauften Null-Siebener-Bottles die mit deutlichem Abstand meist getrunkene hochprozentige Spirituose im Lande. Da machste nix, Genießer-Kerl. Außer Dich dankbar zu freuen, dass Du kein Wirkungstrinker bist und sowohl beim Gin wie bei Vodka nur das in Deinen Körper reinlässt, was Dir Geschmackserlebnisse bietet und sich deshalb für Dich lohnt. Und genauso mache ich es hier im Buch auch. Mit deutlich mehr Gin- als Vodka-Tipps. Versteht es als kleine Auswahl ohne Wertungsanspruch.

GIN

Ein offenes Wort zum Anfang: In Gin war ich bei unserem frühen Kennenlernen alles andere als »verknallt«. Ich mochte ihn nicht wirklich, schon gar nicht ohne Tonic- oder Lemon-Begleitung. Ich kam als junger Mann schlicht nicht mit dem Wacholdergeschmack klar. Deshalb habe ich anfangs den antiseptischen Nutzen von Gin viel höher eingeschätzt als den Trinkspaß daran: Wann immer ich eine offene Wunde, Schürfwunden inklusive, irgendwo hatte, kam erst mal ein ordentlicher Schluck Gin zum Desinfizieren drauf. Ich behaupte bis heute, das war die perfekte Lösung. Irgendwann, als die Verletzungsrisiken durch veränderte Lebensumstände längst keine Rolle mehr spielten, schmeckte mir dann auch purer Gin. **Beefeater** ging zum Beispiel echt gut, der ist mir schon immer prima bekommen. Im In- und Ausland. Gin ist inzwischen einer meiner liebsten Belohnungsdrinks, im Sommer noch mehr als im Winter. Abends auf der Terrasse – gemeinsam mit einer der immer zahlreichen richtig guten Bitterlimonaden im Longdrink-Glas. Wer an und mit Gin geschmacklich wächst, der wird gerade bei dieser Art des Drinks immer experimentierfreudiger und neugieriger auf neue Geschmacksnoten und Verbindungen mit Limonaden. Wobei mein Klassiker aufgrund bester Erfahrungen in Afrika und Asien nicht der Gin Tonic, sondern ein Gin Lemon ist. Malaria-Prophylaxe hin oder her. Egal, schmecken muss es, sonst bringt der beste Gin nichts.

EIN BLICK IN DIE GESCHICHTE

Dass Gin den Menschen schon sehr lange schmeckt, beweist seine Geschichte. Deren Anfänge – da sind sich alle Experten zum Glück einig – zwar nicht in einer frühzeitlichen Wohnwagen-Destille am Autobahnrand der A20 kurz hinter Rotterdam liegen. Aber trotzdem unbestreitbar den Niederländern zuzuschreiben sind. In Form des erstmalig im letzten Drittel des 16. Jahrhunderts bei Bols erzeugten Genever und dessen noch etwas jüngeren Vorläufern – mit Wacholder versetzten Kornbränden namens »Aqua Juniper« aus der Region. Lekker, lekker – wenn auch ursprünglich zunächst zu medizinischem Nutzen erzeugt. Ein schon bald erkannter, völlig anderer Nutzen als Angst-verdrängender-Mutmacher-Schluck für kriegsführende Heere zu Lande und zu Wasser in blutigen Schlachten zeigte als **»Dutch Courage«** früh eine ganz andere Seite von Möglichkeiten der frühen wacholderversetzten Hochprozenter. Wie dem auch war, einmal da, machte die Erzeugung von Wacholder-Destillaten schnell die Runde in der nordwesteuropäischen Küstenregion. In England trat das gewürz- und kräuterversetzte Feldfruchtdestillat seinen Siegeszug in der Nachfolge importierter Genever erst so richtig und offiziell mit der Thronbesteigung durch Wilhelm III. von Oranien 1689 an. Der Mann wusste, was er wollte, und das war eindeutig nichts, was von den verhassten Franzosen kam. Er belegte kurzerhand Weinbrand mit hohen Steuern und versah die heimischen Destillate auf Getreidebasis im »Distilling Act« von 1690 mit weitgehenden Steuererleichterungen. So eine Art »Gin First«-Politik, die dazu führte, dass die Briten beherzt zugriffen und den preiswerten Gin immer strahlbreiter durch ihre Kehlen jagten. Gerade das einfache Volk, dem ansonsten wenig Lebensfreude zuteilwurde, berauschte und besoff sich immer mehr und begab sich damit in eine Elendsspirale, an deren Ende häufig ein früher Vergiftungstod stand. Gin war längst keine qualitätssichere Spirituose, es wurde an allen Ecken und Enden wilder schlechter Fusel gebrannt. Und in Spitzenzeiten des frühen 18. Jahrhunderts wurde zudem ein Mehrfaches dieser fragwürdigen Destillate konsumiert als an Bier. Unbestätigten Quellen zufolge soll in London jedem erwachsenen Einwohner in jener Zeit ein Jahreskonsum von 90 Litern Gin zugeschrieben worden sein. Der »Gin-Wahn« wurde so zum Totengräber einer ganzen Generation. Und das Gesöff aus unzähligen illegalen

Brennereien eroberte sich in dieser Zeit vor allem in den Elendsvierteln von London seinen Ruf als **»Mother's Ruin«**. Um die fragwürdigen Geist wieder in die Flasche und den Gin-Missbrauch eingedämmt zu bekommen, erließ die Politik im Laufe des 18. Jahrhunderts mehrere »Gin-Acts«, die hohe Besteuerungen, Qualitätsnormen und auch Trinkverbote zum Inhalt hatten. Als zusätzlich etliche schwache Erntejahre die Verfügbarkeit von Feldfrüchten reduzierten, war das Gröbste überstanden, es kehrte wieder Ruhe ein, der illegale Markt war »trockengelegt« und mit der aufblühenden Industrialisierung ergaben sich für breite Bevölkerungsschichten bessere Lebensperspektiven.

Bereits im frühen 19. Jahrhundert war aus der ehemals »Arme-Leute-Spirituose« dank des Fortschritts in der Destillierkunst ein respektabler und respektierter Genuss-Drink geworden. Der durch immer bessere Rezepturen der eingebrachten Botanicals den Aufstieg vom gesellschaftlichen »Underdeck« in die höheren Klassen und besseren Kreise gemeistert hatte. Gin war erstmalig nicht wegen seines Alkoholgehaltes, sondern des Geschmackspotenzials »in«. Auch in Übersee, wo er in den Zeiten der Prohibition ein zwar verborgenes, aber dafür umso exzessiveres Eigenleben führte – als Schmuggelware genau wie in der Do-it-yourself-Variante, für die in Badewannen Neutralalkohol mit Wacholderölen und anderen Kräutern und Gewürzen vermischt und danach als **»Bathtub Gin«** in Flaschen gefüllt wurde.

In seiner europäischen Inselheimat war guter Gin längst zu einem Lieblings-Drink des Establishments geworden, bei trinkfesten Politikern wie Churchill sowieso. In Kriegs- wie in anschließenden Friedenszeiten. Der aromatische Gin war daheim und unterwegs – dort meist als Bar-Spirituose in Form von immer ausgefeilteren Cocktail-Kreationen – bis in die 1970er-Jahre extrem beliebt. Ab da war es nicht »Kollege«, sondern vielmehr »Genosse« Trend, der den Gin als beliebtesten Drink ablöste. Der geschmacksneutrale Getreideverwandte überholte den alten »Botanical-Kämpen« als beliebte und stark nachgefragte Alkoholbasis für alles und jedes, was sich mixen und mischen ließ, und verdrängte ihn step-by-step. Bis sich das Blatt wendete und Gin-Destiller die Rückrunde in Form neuer Gin-Kreationen und intensiver Werbemaßnahmen, vor allem in der Bar-Szene, einläuteten. Gin ist mittlerweile nicht nur zurück, er feiert immer größere Erfolge. Inzwischen neben dem Konsum in angesagten Bars und Clubs auch bei einer täglich wachsenden Genießergemeinde, die ganze Batterien von verschiedenen Gins in ihre Barbestände integriert hat und dabei ihre Entdeckungen zu einem Thema mit regem Austausch macht. Gin ist gegenwärtig Trink- und Gesprächsstoff. Obwohl mit R(h)um und Tequila extrem geschmacksstarke Wettbewerber bereits das Rennen aufgenommen haben.

Bevor es zur eigentlichen Gin-Auswahl geht, hier von Marian Krause die Basics rund um den Drink.

FAKTENSAMMLUNG ZUM GIN

Rohstoffe: Wasser, Getreide oder jegliches stärkehaltige Produkt (gleich wie bei Vodka), Hefe, Wacholder plus eine Vielzahl sonstiger Botanicals nach Wahl, z. B. Koriander, Angelika, Veilchenwurz, Ingwer, Lavendel, Kardamom, Muskat, Zimt, Minze, Nelke, Anis, Sternanis, Mandel, Süßholz, Rose, Bohnenkraut, Zitrone, Orange, Limette, Grapefruit, Bergamotte, Melegueta-Pfeffer und … und … und.

Herstellungsverfahren: Generell wird zwischen zwei Herstellungsverfahren unterschieden: Die erste Variante ist das klassische Pot-Still-Verfahren (London Dry Gin), bei dem sich alle Botanicals zur Aromatisierung des Gins im Pott befinden müssen und dann zusammen destilliert werden. Die zweite Variante ist die Vapour-Infusion, wie es z. B. Bombay anwendet. Hier werden die zusätzlichen Botanicals neben der Wacholderbeere in einen sogenannten Korb über den eigentlichen Destillationsvorgang »gehängt«. Somit entsteht eine schonende Übertragung der Aromen über Dampf.

Gesetzliche Regulation: Für London Gin wird in der EU-Verordnung von 2008 zur Begriffsbestimmung, Bezeichnung, Aufmachung und Etikettierung von Spirituosen sowie zum Schutz geografischer Angaben für Spirituosen Folgendes definiert: London Gin ist ein destillierter Gin, der ausschließlich aus Ethylalkohol landwirtschaftlichen Ursprungs gewonnen und dessen Aroma ausschließlich durch die erneute Destillation von Ethylalkohol in herkömmlichen Destilliergeräten unter Zusetzen aller verwendeten pflanzlichen Stoffe gewonnen wird und dessen Gehalt an zugesetzten süßenden Erzeugnissen nicht mehr als 0,1 g Zucker je Liter des Fertigerzeugnisses betragen darf. Er darf keine zugesetzten Farbstoffe enthalten. London Gin darf neben den pflanzlichen Stoffen keine anderen zugesetzten Zutaten außer Wasser enthalten. Der Mindestalkoholgehalt von London Gin beträgt 37,5 % vol. Die Bezeichnung London Gin kann durch den Begriff »dry« ergänzt werden, wenn keinerlei süßende Erzeugnisse zugesetzt werden. Dry Gin und Destilled Gins sind dem London Dry Gin sehr ähnlich, allerdings sind beim London Gin die Regeln strenger. Beim Dry Gin dürfen die verschiedenen Botanicals zu jedem Zeitpunkt zugegeben werden, nicht nur vor der Destillation und auf einmal. Ebenso dürfen bei dieser Gin-Sorte verschiedene naturidentische Farb- und Aromastoffe zugegeben werden, was beim London Dry Gin verboten ist. Gemeinsam haben Dry Gin und London Dry Gin die mindestens doppelte Destillation und das Verbot von Zuckerzusatz.

Welche Sorten gibt es? London Dry Gin, wie vorher beschrieben, ist abzugrenzen von Dry Gin sowie **New Western Style Gin** (Gins, bei denen der Wacholder-Anteil nicht zwingend im Vordergrund steht). Außerdem **Old Tom** (gesüßte Variante, bei der mehr Süßungsmittel zugesetzt werden darf als beim Dry Gin) und **Sloe Gin**, der eigentlich kein Gin, sondern ein Schlehen-Gin-Likör ist. Außerdem gibt es einen ganzen Sack voll Gins mit mehr oder minder korrekter oder fantasievoller Herkunftsangabe im Namen, davon führt lediglich **Plymouth Gin** einen geschützten geografischen Herkunftsnachweis.

Etikettensprache: Hersteller, Alkoholgehalt in % vol., Menge in ml oder l und Art des Gins. Das muss definitiv draufstehen, der Rest ist Kreation.

Nach dieser Einführung schreiten wir zur Tat und befassen uns mit einer Auswahl unterschiedlicher Gins und ihren Geschichten. Wobei – direkt Gin oder erst seine besten Freunde und Begleiter, die Filler? Lasst uns damit beginnen, das macht einfach mehr Sinn. Mit einer Beispielauswahl aus einer der bei uns angesagtesten Quellen.

DIE PASSENDEN FILLER

Eines vorweg: Das purste Getränk ist Wasser. Und es gibt viele, für die das auch direkt die beste Erfrischung ist. Wer sich einmal in den Alpen an einem frischen kühlen Gletscherbach gelabt hat oder am Ende einer kräftezehrenden Trekkingtour statt lauwarmer Trinkflaschen-Plörre kaltes frisches Wasser genießen durfte, der sieht das genauso. Aber das brauchen wir hier nicht zu vertiefen – es geht ja um deutlich mehr und komplexere Genusswelten, in denen Wasser vor allem eine Trägerrolle hat und – mit Ausnahme von Eiswürfeln – als Fundament seine wichtige Rolle spielt. Diese Rolle spielt es sowohl in den Spirits wie auch bei ihren allerbesten flüssigen Begleitern, den Limonaden. Oder noch präziser, den Bitterlimonaden, die in Verbindung mit den erstklassigen Destillaten oft erst so richtig deren Genussvielfalt heben. Bester Gin ohne perfektes Tonic Water ist wie ein Ferrari ohne 12-Zylinder-Motor. Für klassischen Mainstream-Vodka ohne beispielsweise aromatische Bitter-Lemon-Zugabe benötigt man kein poliertes glänzendes Glas. Das sind meist nur geschmacksreduzierte »Volumenprozenter« mit spürbarer alkoholischer Wirkung. Wer's mag ... Ich jedenfalls nicht und deshalb sind bei uns zuhause immer ein paar Flaschen verschiedener Bitterlimonaden am Start. Nicht nur an Abenden, an denen sie im Longdrink-Glas auf Gin, Rum, Bourbon oder andere Spirits treffen. Bitterlimonaden sind selbst pur eine perfekte Erfrischung und bringen prickelnd gute Laune ins Glas!

Dass Bitterlimonaden eine herrlich abenteuerliche Erzählhistorie im Gepäck haben, wertet sie noch zusätzlich auf. Da kann kalorienreduzierte Zitruslimo so wenig mithalten wie die hippen Energie-Drinks, die einem angeblich Flugtickets und Koffeinzuführung ersparen. Tonic Water war als chininhaltig stärkendes »Tonikum« beispielsweise schon im 19. Jahrhundert ein unverzichtbarer Begleiter nicht nur britischer Kolonialarmeen. Als Malaria-Prophylaxe in Flaschen mit einem in frühen Zeit weitaus höheren Chinin-Anteil als heute war es im zivilen wie militärischen Trinkeinsatz das Mittel der Wahl in tropischen Gefilden. Wobei erst die Zugabe von Gin die bittere, mit kohlensäurehaltigem Wasser versetzte Trinkmedizin wirklich populär machte. Heute ist das deutlich anders, nicht zuletzt durch die Veredelung zahlreicher Limonadenrezepte mit dem bitter aromatischen Chinin. Deshalb sind längst keine Warnhinweise mehr erforderlich, wenn Bitterlimonaden ins Glas kommen.

Ein erstklassiges Beispiel zu den vielfältigen Geschmacks-Varianten der »Mixologen« zum Wohle unserer Drinks sind für mich die Bitterlimonaden von **Thomas Henry**. Mittlerweile zehn verschiedene Sorten stehen bei der Berliner Limonadenmanufaktur Thomas Henry zur Auswahl, deren Bitterlimonaden ich und einige meiner Experten ihre Drink-Veredelungen anvertrauen.

Premium-Filler für Premium-Spirituosen.

Alle sowohl pur wie auch mit Destillatbegleitung echte Genuss-Typen. Mit ganz eigener Aromen-Balance und sensorischen Leistungsdaten. Die dem Namensgeber Thomas Henry, einem englischen Apotheker und hoch angesehenen Wissenschaftler des 18. Jahrhunderts, der als Mitglied der Royal Society mit den Geistesgrößen seiner Zeit in enger Verbindung stand, hier und heute alle Ehre machen. Obwohl es die ziemlich unlimitierte Vorstellungsgabe von Thomas Henry – der als erster Wasser mit Kohlensäure versetzte – zu seiner Zeit mächtig gefordert hätte, was sich heutzutage alles aus bestem Wasser, fein perlender Kohlensäure in Kombination mit einer perfekt abgestimmten Auswahl unterschiedlichster Aromen-Ingredienzien geschmacklich heben lässt. Entdeckerstoff, der einfach mit Gin, Vodka und anderen Premium-Spirituosen ins Glas gehört. Sowohl Klassiker wie Tonic Water, Bitter Lemon und Ginger Ale wie auch die innovativen Modernen, von denen vor allem Elderflower Tonic und Spicy Ginger zu meinen Favoriten gehören. Ich stelle Euch deshalb ein paar dieser Munter- und Perfekt-Filler für unsere Drinks vor.

▲
The Henry mit Elderflower Tonic und *Gin Lemon* mit *Thomas Henry Bitter Lemon.*

Ein richtig guter klassischer Gin Tonic ist High Class, keine Frage. Der wird geliebt und gelobt, insbesondere wenn das Tonic Water nicht von der Stange ist, sondern auch noch angenehme Zitrusaromen in den Highball trägt. Manchmal ist aber nicht das bessere, sondern das andere der Sieger über gewohnten Geschmack. Mein Sieger, vor allem in der Kombi mit starken »Wacholder-Brummern« wie London Dry Gin oder Plymouth Gin, ist das **Elderflower Tonic** von Thomas Henry. Durch die Holunderblüten-Noten spielt der Gin Tonic so noch mal ganz anders, fruchtiger, seine Stärken aus. First Class statt High Class – das ist meine persönliche Wertung! Genau wie beim **Bitter Lemon** von Thomas Henry in Verbindung mit verschiedenen Gins. Der ist bei mir, weil er nicht so süß ist, als Gin Lemon sowohl in Verpaarungen beispielsweise mit Bill Gin, Hayman's Dry Gin oder ebenfalls **Beefeater 24** perfekt im Glas aufgehoben! Apropos Verpaarung: Wer Bitterlimonaden-Kombinationen mit Gin etwas komplexer und trotzdem unkompliziert ausprobieren will, für den gibt es auf der Homepage von Thomas Henry – www.thomas-henry.de/drinks – spannende Kombinationsmöglichkeiten für so ziemlich jeden guten (!) Geschmack.

Wenn schon, denn schon – oder? Aus der Abteilung »einfach nur spitze« habe ich daher eine Vodka-Kreation für Euch am Start. Kerle-Stoff mit Geling-Garantie und extrem großem Kino auf der Genuss-Agenda, vorausgesetzt, beim Vodka wird genauso ins Qualitätsregal gegriffen wie hier beim Spicy Ginger in die Aromen-Kreation des inhaltsgebenden »Mixologen«. Der für diesen »Moscow Mule« verwandte Thomas Henry-**Spicy Ginger**-»Zaubertrank« hat die sinnesöffnenden Ingwerraromen ziemlich faustdick unter dem Flaschenverschluss. Nicht als Hammerschlag, sondern so sauber eingearbeitet, dass daraus ein Mundgefühl wird, was erst erfrischend anregend wirkt und danach ziemlich smooth und entspannt nachklingt. Dazwischen liegen allerdings noch ein paar spannende Peaks, vor allem, wenn der Vodka ebenfalls liefert. Der von mir für den Moscow Mule mit Spicy Ginger ausgewählte **Three Sixty Vodka 100 Proof** markiert so eine ganz persönliche Ideallinie. Best Buddies – Schluck für Schluck.

Wobei Spicy Ginger in Verbindung mit einem richtig guten braunen Rum auch ein sauber poliertes Glas wert ist.

Bitterlimonaden und Sodawässer sind Fixsterne im Kosmos der Kerle-Drinks. Mich beeindruckt vor allem, wie unterschiedlich und reich an Geschmacksvarianten inzwischen selbst die Bitter-Klassiker daherkommen. Und mindestens genauso sehr, welche Vielfalt an neuen Kreationen mittlerweile auf den Cocktail- und Longdrink-Bühnen der Welt einen festen Platz gefunden hat. Entdecker- und Eroberer-Drinks, kreiert und auf bester Rohstoffbasis mit großem Geschick für eine weltweite Genuss-Community erzeugt, die von Bitter-Fillern mehr erhofft und erwartet als Alkoholverdünnung plus kräftige Bitternoten als Geschmackszugabe. Insbesondere junge mutige Impulsgeber, wie zum Beispiel das Thomas-Henry-Team, in dem ideenreiche Bartender ihr Wissen über die ganz individuellen Geschmackspotenziale aller wichtigen Spirituosen mit dem Knowhow erfahrener Limonadenmacher verbunden haben, setzen die Trends für unsere Lieblingsdrinks von heute und für morgen. Und gerne für länger.

Dass auch andere richtig gute Limonadenerzeuger daran arbeiten und es verdienen, hier erwähnt zu werden, versteht sich von selbst. Egal ob der Marktführer **Schweppes** mit seiner langen und ungebrochen erfolgreichen Bitterlimonaden-Historie, **Fever-Tree** mit dem spannenden Herkunftsnachweis seines Chinin-Rohstoffs oder **Fentimans** mit seiner Ingwer-Bier-Vergangenheit, sie alle liefern ebenfalls erstklassige feine Bitterlimonaden, die es verdienen, getestet und gemixt zu werden. Was dann Eure Favoriten zur Drink-Veredelung werden, müsst Ihr selbst entscheiden. Hauptsache, Ihr seid happy und habt Lust auf die passenden Spirits. Welche es bei Gin und Vodka werden könnten, dazu kommen wir jetzt!

Meine Auswahl beginnt mit der Marke, der es als erster gelungen ist, mir Geschmack an Gin zu verschaffen.

◀ *Moscow Mule mit Spicy Ginger.*

GIN-SORTEN WELTWEIT

Beefeater, ein Geschichts- und Geschmacksmarker im weltweiten Gin Business – London Dry Gin at it's best, seit 1863. Vom Destillengründer und Apotheker **James Burrough** versehen mit urbritischem Wiedererkennungswert: Dem Abbild der bis dato historisch gewandeten Wächter des London Tower, die korrekt »Yeoman Warders of Her Majesty's Royal Palace and Fortress the Tower of London« genannt werden, im englischen Volksmund aber seit jeher »Beefeater« heißen. Ganz klar, James Burrough war nicht nur ein Top-Ginerzeuger, der Mann verstand unbestreitbar genauso viel von aufmerksamkeitsstarker Vermarktung. Außerdem machte er bei seinem London Dry Gin ebenfalls keine halben Sachen. Für alle Beefeater-Gins ruhen die perfekt ausbalancierten Botanicals Wacholder, Angelikawurzel, Angelikasamen, Koriandersamen, Süßholzwurzel, Mandel, Orriswurzel sowie Orangen- und Zitronenschalen 24 Stunden in bestem Neutralalkohol, bevor destilliert wird. Vom Grundrezept her alles wie zu Burroughs Zeiten Ende des 19. Jahrhunderts. Zudem immer noch in London erzeugt, inzwischen aber in Stadtteil Kennington und nicht mehr in Chelsea.

Macht ja nichts, mir bekommt und schmeckt der milde **Beefeater London Dry Gin** vor allem wegen seiner leicht öligen Konsistenz und der gut gesetzten Süßholznote immer noch so gut, dass er einen festen Platz in meinem Gin-Bestand hat – direkt neben seinem Herkunftsbruder, der deutlich mehr auf die aktuelle Gin-Kultur einzahlt. Master-Destillateur Desmond Payne – ein Gin-Urgewächs, das mit aktuell 50 Jahren Unternehmenszugehörigkeit einen eigenen Eintrag in die Geschichtsbücher längst sicher hat – kreierte 2009 den **Beefeater 24** mit 45 % vol. Wobei die »24« nicht für einen ganzen Strauß zusätzlicher Botanicals steht, sondern noch einmal auf die 24-stündige Mazeration aufmerksam macht. Bei dieser Variante sind drei Zutaten mehr im Spiel: Grapefruitschale, chinesischer grüner Tee sowie japanischer Sencha-Tee. Keine zu wilde, aber dafür umso interessantere Beigabe, die die Stärken des Traditionsproduktes um kräftige Nuancen bereichert und den Beefeater 24 für mich ebenfalls zum Tipp macht. Wer sich bei der Gin-Marke Beefeater den London Tower raufarbeiten möchte, dem sei noch ein weiteres – vier bis acht Wochen in Lillet-Fässern gefinishtes und zuvor in einem kleinen historischen Pot Still destilliertes – Distiller-Masterpiece von Desmond Payne empfohlen: der **Beefeater's Burrough's Reserve**. Die sensorischen Zugaben dieses Spitzen-Gin sind vom allerbesten: feine süße Vanilletöne in Kombination mit leichten Holzanklängen. Eine Art Beefeater mit Krone auf dem erhobenen Haupt – der bei mir deshalb pur ins Glas kommt!

Der nächste – so ganz andere – Gin kommt ohne Bild aus. Aber dieses um Ausgewogenheit bemühte Gin-Kapitel nicht ohne seine Nennung. Die Rede ist von der wohl weltweit bekanntesten Gin-Marke überhaupt, dem nach dem Ginebra San Miguel (dem meist getrunkenen Gin der

▲ Ein Blick auf und in die Brennblase – *Zehn-Botanical-Mazerat* auf dem 24-Stunden-Weg zum Hayman's-Top-Gin.

Welt mit Herkunft – oh Wunder – Philippinen) am zweit häufigsten konsumierte Gin: **Gordon's Dry Gin**. Die Destillerie wurde bereits 1769 – also zu den stürmischen Londoner-Ginzeiten – gegründet und im Jahr 1800 zum Lieferanten der Royal Navy, was eindeutig zur weltweiten Verbreitung beitrug. Heute findet man Gordon's Dry Gin mit seinem dominanten Wacholdergeschmack, der gleichermaßen bekannten Tonic-Wässern zu großen Absatzerfolgen verhilft, so gut wie überall.

Weil es mir bei ihm so gut gefallen hat, gehe ich nochmal zurück zu James Burrough – oder besser zu seiner Verwandtschaft! Eine lange, spannende Geschichte, die vom Gründer dieser Gin-Dynastie jetzt aber über den Ehemann seiner Enkelin und deren gemeinsamen Nachwuchs bei einem anderen Gin-Erzeugernamen landet: **Hayman's**. Klar, Familiennamen wechseln schon mal durch Einheirat. Gerade im traditionsgeprägten England, wo Doppelnamen nicht so verbreitet sind wie bei uns. Aktuell haben sich in fünfter Ahnen-Generation James und Miranda Haymann, begleitet von ihrem Vater Christopher Haymann, der Gin-Tradition ihres berühmten Vorfahren angenommen. Sie erzeugen gemeinsam seit 2005 ihre erstklassigen **Hayman's Gins**. Dass bei allem Sinn für klassischen London Dry Gin in Bestform weitere Gin-Stile, wie beispielsweise der Old Tom oder ein Family Reserve aus den nach althergebrachter Londoner-Distiller-Tradition mazerierenden und destillierenden Brennerei kommen, ist kein Widerspruch. Das hat alles seine verbriefte Richtigkeit. Die Rezepturen sind schließlich wohl gehütetes und von Generation zu Generation weitergereichtes Familien-Knowhow. Nun denn, Story geprüft und als korrekt befunden ... und die Gins? Preisgekrönt und extrem weit vorne im Ranking der Besten!

Wer die Wahl hat, der bei Hayman's Gin überhaupt keine Qual, er kann ja schließlich alle Gins nehmen! Habe ich jedenfalls noch gemacht. Hier die Auswahloptionen in der Gesamtübersicht.

Bei den »Genever-Artigen«, also den **Sloe Gins,** bin ich persönlich raus. Sie sind aber trotzdem was Feines – bei dem meine Cocktail-Experten den Jahrgangssekt zücken und an mir vorbei zu meiner Frau rüberzwinkern. Die Schlawiner. Genau wie beim **Old Tom**, den ich mir dann allerdings auch höchstselbst in der Kombi mit Ginger Beer gefallen lasse. Ab der Mitte, also dem **London Dry Gin** mit 40 % vol., bin ich komplett dabei. Der ist schon einen Tipp wert, solltet Ihr probieren. Pur auf Eis geht ziemlich gut, ein Fever-Tree Indian Tonic oder das Elder Flower Tonic von Thomas Henry sind genauso die geborenen Partner im Glas wie mein Lieblings-Bitter-Lemon.

Mein persönliches Highlight ist aber der **Hayman's Family Reserve Gin**, der schickt mich geschmacklich mit seinem uralten Erzeugerrezept von James Burrough und dem Finish in Scotch-Fässern auf eine Zeitreise. Zum knorrig knurrigen Winston Churchill, der James Bond wegen seiner eigenartigen Vodka-Martini-Leidenschaft im Dienste Ihrer Majestät weder eine Lizenz zum Töten, noch andere Freischüsse genehmigt hätte. Der pfeffrig-würzige Family Reserve von Hayman's mit seinem diskret unterlegten Fassaroma ist das beste »Pfund« für einen erstklassigen schüttel- und schnickschnackfreien Martini – nach Art der genussfreudigen Haudegen. Schöne Überleitung zu einer Art »Kaliber .50 BMG« unter den edelguten Gins. Der hier allerdings **Royal Dock Gin** heißt und 57 % vol. an die Flaschen-Mündung bringt. Klingt härter, als es dann im Glas ist, trotzdem eher ein »Special« für Kerle, die Gin-Geschmack mit »lange«, »intensiv« und »gehaltvoll« übersetzen. Kann man machen, mir sind aber Hayman's London Dry und der Family Reserve für häufigere Treffen im Glas lieber.

Was mich sehr sicher nicht daran hindert, dem ersten 57-Prozentigen noch einen gleich starken Gin hinterherzuschicken, der ohne Filler vom Alkoholgehalt her zum Schiffeversenken taugt, aber in Verbindung mit den richtigen Beigaben ein sensorischer Volltreffer ins eigene Geschmackszentrum ist. Er heißt **Gunroom Navy Gin**.

Die nette Hintergrundstory, die hier selbst namensgebend für ein kleines, aber feines Spirituosensortiment steht, zu dem auch Rum gehört, hat mit den Ruheräumen für Offiziere der früheren Royal-Navy-Kriegsfregatten zu tun. Und dem Umstand, dass Rum oder Gin nur als »gehaltvoll« und damit »mischbar« galt, wenn er möglichst hohe Alkoholkonzentrationen aufwies und nicht mit Wasser gestreckt war. Genau das ermittelte man sehr relaxed, aber sorgfältig im Gunroom, indem man die Spirituose mit Schießpulver – Schwarzpulver – vermengte. Alles über 57 % Alkoholvolumen machte Zisch und taugte für trinkbares »Bumm«, war somit als Navy Strength Gin »gunpowder proof«. Bitte nicht nachmachen. Schon gar nicht mit gingetränkten »Polen-Böllern«! Der geschmacksintensive in Whisky-Fässern gelagerte **Gunroom Navy Gin** mit seinen 12 Botanicals bringt uns da direkt auf viel bessere Ideen: Mischen possible, vor allem mit einem klassischen Tonic Water. Schmeckt nach Sieg, selbst in heimatlichen Häfen!

Mit der trinkbereiten Seefahrerei haben sie es ja, die Engländer – zivil wie militärisch. Eine Schiffsladung voll Städtehistorie trägt deshalb ebenfalls wieder die nächste Gin-Marke in ihren Destiller-Genen. Diesmal sogar als herkunftsgeschützte Erzeugermarke. Yes, Sirs, ich meine die älteste noch destillierende Gin-Marke im ganzen Königreich: **Plymouth Gin**. Seit 1793 wird in der Plymouth Black Friars Distillery erstklassiger Gin als geschmacklich spannendes Bindeglied zwischen London Dry Gins und den Old Tom Gins mazeriert und destilliert. Hier hebt sich jede Expertenhand sofort und bestätigt meine Einschätzung, dass in Plymouth Gin für die Welt erzeugt wird, für Kerle gemacht. Davon zeugt sowohl der Umstand, dass Plymouth Gin inklusive der »Gunpowder proof«-Version über Jahrhunderte zum Standardproviant der Royal Navy gehörte. Wie das erweiterte Wissen, dass die Gruppe der berühmten historischen Plymouth-Gin-Genießer größer sein dürfte als die Rabenanzahl in Alfred Hitchcocks filmischem Spätwerk »Die Vögel«. Hitchcock, Roosevelt, schon wieder Churchill und ... und ... und ... Sie und viele derzeit lebensfrohe

Gin-Genießer vertrauten und vertrauen ihre Longdrink-Gläser den Gin-Destillaten aus der Küstenstadt im englischen Südwesten an, auf deren edlen Flaschenetiketten die Mayflower unter kräftigen Winden in die Neue Welt segelt.

Mein Tipp ist ganz klar der abgebildete Klassiker mit seinen 41,2 % vol. und den fein abgestimmten Noten der Botanicals, von denen sich neben dem Wacholder vor allem Zitronen- und Orangenaromen neben einer leichten Süße perfekt in Szene setzen. Ein ganz klarer Must-have-Gin für das Grundsortiment.

Dass den Mutigen und Tüchtigen die Welt gehört, ist gerade beim Thema Gin alles andere als eine Binsenweisheit. Im Gegenteil! Wenn die Neugründung einer Gin-Destillerie zum festen Plan gereift ist und dazu beste Destilliertechnik plus Gin-Knowhow auf Gründer trifft, die nicht nur eine verschwommene Vision, sondern einen handfesten Plan haben, dann wird das Ergebnis tatsächlich Königsklasse. Trotzdem gehört schon eine satte Portion Selbstbewusstsein dazu, sich für den Standort einer neue Gin-Destille mitten ins historische Zentrum dieses Drinks – nach London – zu wagen. Wo es seit 1820 nichts vollständig Neues mehr an kupferblitzender Destilliertechnik für Gins gab. Genau das haben **Stamford Galsworthy** und **Fairfax Hall** als Gründer gemeinsam mit ihrem Master-Distiller **Jared Brown** 2009 getan. Sie ließen sich vom deutschen Destillenhersteller Carl ihre erstklassige Erzeugeranlage bauen und legten sehr gekonnt mit ihren handwerklich gefertigten **Sipsmith** Gins los. Der London Dry vorneweg, der sein Leistungsversprechen – in Form eines Pot-Still-Schwanenhalses und Wacholderzweigen – schon auf dem fantasievollen Etikett trägt.

In den wenigen Jahren seit der Gründung haben die »Sipsmith Boys« mit ihren handcrafted Premium-Gins nicht nur eine Menge Genussfreunde in Bars und Privathaushalten gewonnen, auch die Fachgremien und bekannten Gin-Experten zollen ihnen Anerkennung durch sichere Medaillenränge im Kreis der historisch gewachsenen Top-Marken. Zu Recht, denn das aus 10 Botanicals mazerierte und mit großer Könnerschaft destillierte Flaggschiff, der **London Dry Gin** mit seinen 41,6 % vol., ist aller Ehren wert! Mir gefällt besonders seine klare Aromen-Sprache, bei der Wacholder seine Hauptrolle nicht zu dominant ausspielt, sondern auch den frisch-fruchtigen Zitronen- und Orangennoten in Verbindung mit leichter Koriander-Würze Raum gibt. Top-Drink, der sich auch pur gut erschließt und seine feine Geschmackswelt transportiert.

Wer an Gin auf die kräftige althergebrachte Art seine Genussfreude hat, dem kann dieser Tipp mit etwas Suchen in der zweiten Regalreihe sicher helfen: ebenfalls jung an Markenjahren, nämlich gegründet 1998, allerdings erzeugt in einer Brennerei mit sehr langer Historie. Um es abzukürzen – es geht um den **Broker's Premium London Dry Gin**. Und da vor allem die Version mit 47 % vol., es gibt auch noch einen mit nur 40 % Alkoholvolumen. Gerade beim Broker's, der ohne das ganz große Marketingbesteck auskommt und deshalb etwas im Schatten der Big- und Trendplayer steht, wird Top-Gin mit starker erdig-würziger Kalibrierung zu einem tollen Preis-Leistungsverhältnis geboten. Aus den neun Botanicals lassen sich spannende Süßholztöne ebenso identifizieren wie Muskatnuss und etwas Zitronenschärfe. Wer ihn spüren will, und das lohnt sich definitiv, greift als Filler zu einem eher milden Tonic und nimmt davon nicht zuviel ins Glas. Super Gin, einwandfrei!

Vom »Börsenhändler-Gin« als Marke zu einem echten »Investmentbanker« mit vermutbarem Schotter auf dem Konto und einer Gin-Vision im weitgereisten Kopf, die er zur Realität werden ließ. **Anshuman Vohra** schuf mit seiner 2009 gegründeten Marke **Bulldog Gin** einen vierfach destillierten Botanicals-Hero, der heute zahlreiche Genießerbestände bereichert und selbst in der extrem vielfältigen Geschmackswelt der Wacholder-Destillate eine Sonderstellung einnimmt.

Schon das Flaschendesign des Bulldog Gins hat eine eigene Botschaft: Tradition trifft Moderne! Und das beweist sich nicht nur in der qualitätsbestimmten Rohstoffwahl für den erstklassigen Neutralalkohol, der in traditionellen Kupferkesseln von G&J Greenall unter Verwendung von 100 % britischem demineralisiertem Wasser aus dem Lake Vyrnwy und Norfolk-Weizen aus East Anglia durch Dreifach-Destillation erzeugt wird. Sondern zusätzlich in der ungewöhnlichen Botanical-Mischung für den vierten Destillationsvorgang. Darin befinden sich beim Bulldog neben den »üblichen« Zutaten sowohl die Pitaya-Drachenfrucht (Drachenauge) sowie weißer Mohn und Lotusblätter. Eine sensorische Kombination, die mit einem klassischen Indian Tonic brillant und so gar nicht knurrig wirkt. Ein Trend-Gin mit besten Voraussetzungen zum künftigen Klassiker.

Der nächste Gin hat seine Entstehungswurzeln im letzten Jahrhundert. Deutlich sichtbar in jedem Flaschenregal ist der Bombay Sapphire – was er dem saphirblauen Flaschendesign verdankt. Was dankbar vertuscht, dass es sich nur sehr selten um randvolle Flaschen handelt, denn der **Bombay Sapphire London Dry Gin** ist daheim so beliebt wie in der Bar-Szene.

Ein ebenso unkomplizierter wie aromatischer Gin-Bestseller, bei dem allerdings »unkompliziert« nicht mit »schlicht« zu übersetzen ist, das würde ihm absolut unrecht tun. Er ist unkompliziert vollmundig, geizt aber überhaupt nicht mit seinen aromatischen Reizen, zu denen beispielsweise die würzige frische Java-Pfeffer-Note gehört, die dem milden Gesamtbild in der Tat genauso Pepp verleiht wie der Koriander. Dank Dreifach-Destillation und Dampfinfusion der Botanicals ist hier nicht der Wacholder das Juwel im Botanical-Korb. Und genau das macht ihn für mich so spannend und empfehlenswert. Mögt es oder nicht, bei mir persönlich fühlt sich der Bombay Sapphire in Verbindung mit einem ausgewogenen Bitter Lemon nicht weniger wohl als in der gebräuchlichen Tonic-Verpaarung. Das sehe ich allerdings bei der nicht nur im Alkoholanteil gesteigerten Editionsvariante **Star of Bombay** mit ihren bestens harmonierenden 47,5 % vol. etwas anders. Der kommt mir nicht nur wegen der noch ausgeprägteren Zitrusaromen gerne nur mit ein paar mineralarmen Eiswürfeln ins Glas. Toller Stoff, der seiner aufwendigen Erzeugung in jeder Genussphase gerecht wird und seinen Preis wert ist. Ein Kronjuwel unter den Top-Gins!

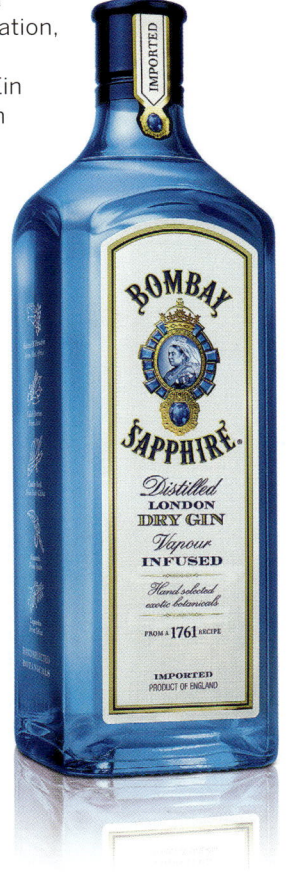
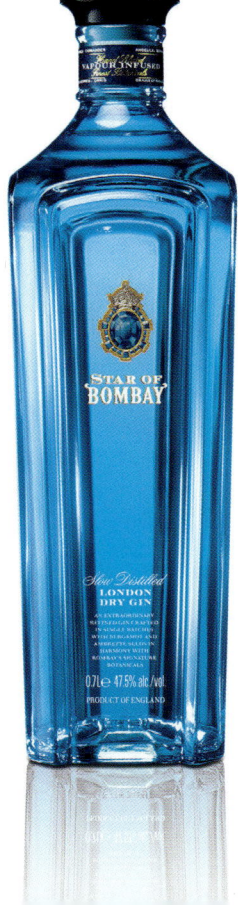

Dabei möchte ich noch bleiben, mit einem weiteren Top-Gin, der mir als Expertenempfehlung ins Glas kam. Ich hatte danach Grund zum Dank. Warum, das versteht Ihr sofort, wenn Ihr ihn im Glas hattet. Der Weg zu diesem Highlight führt uns zurück nach Islay, zur Bruichladdich Distillery. Von dort stammt der **The Botanist Islay Dry Gin** mit seinen runden 46 % vol., verteilt auf 31 Botanicals, von denen 22 von Islay selbst stammen.

Dass der Bruichladdich Master-Distiller **Jim McEwan** Spirits auf höchstem Level und mit extremer Detailversessenheit erzeugt, stellt er mit diesem hoch-komplexen Islay-Gin einmal mehr unter Beweis. Beginnend mit dem perfektionierten Brennverfahren, zu dem – neben dem komplexen Brennvorgang in einer sehr besonderen Brennblase – ebenfalls der schonende Aufschluss der Aromen-Vielfalt, der neun klassischen Botanicals und der insgesamt 22 heimischen Wildkräuter und Blüten, gehört. Das Ergebnis ist eine Komposition, in deren Geschmack sich Destiller-Handwerk ebenso spiegelt wie der breite Kanon von pflanzlichen Geschenken der wilden Inselnatur. In dem Gin ist definitiv nicht ein einziges Marketingkraut am Start. Er hat eine sagenhafte Balance und Feinheit. Den müsst Ihr im Glas erkunden. Egal, ob mit Slim Tonic oder pur – ein Top-Tipp, das könnt Ihr so mitnehmen!

Als letzten im bebilderten Bunde der Weltspirituosen habe ich mir für Euch einen großartigen Kandidaten aus Amerika ausgesucht, aus dem Staate New York, **Brooklyn Gin**. Eine junge Gin-Marke, deren Drink sowohl als Bottle-Beauty wie auch inhaltlich voll überzeugt! Das geht bereits mit dem Öffnen der Flasche los, bei dem einem der massive Messingverschluss signalisiert: »Freu Dich, hier ist mehr als üblich drin!«

In der Tat, deutlich mehr: Ein Craft-Gin aus bestem Mais-Destillat und 11 Botanicals, von denen unterschiedliche Zitrusschalen eine besonders spannende Aromarolle im Mazerat spielen. Treffer versenkt! Der kräftige Wacholder ist gleichwertiger Kombattant der weiteren perfekt ausbalancierten Botanicals. Das verschafft dem Brooklyn Gin einen hohen Wiedererkennungswert und seine Beliebtheit. Es passt einfach alles. Handwerklich erzeugt wird er auf bester Destillationstechnik – einmal mehr von **Carl** in Good Old Germany. Das Ergebnis – mir ist das eine Wiederholung wert – gehört als Tipp zum Besten, was der Gin-Markt zu bieten hat! Und damit in jedem Fall in die etwas erweiterte Auswahl bei den globalen Drink-Kollektionen oder ins Top-20-Auswahlflaschen-Kernsortiment für reine Gin-Fans!

Nach diesem Heldenkanon, überwiegend mit Bebilderung, möchte ich noch weitere internationale Gins erwähnen. Vollständig wird die Auswahl ohnehin nicht, aber zumindest gehaltvoll abgerundet. Dazu darf weder ein fünffach destillierter **Hendrick's Gin** fehlen, noch **Cadenhead's Old Raj Dry Gin** mit seiner Safran-Infusion, geschweige denn **Dodd's Gin** mit seinem besonderen Brennverfahren. Nicht weniger Trinkfreude pur bieten **Martin Miller's Gin** sowie natürlich der unvergesslich gute und von meinen Experten geschätzte **Tanqueray No. Ten**, der die Zahl im Namen seiner Destillationsblase verdankt, die ihm im ersten Destillationsvorgang seine Zitrusaromen verschafft. Und ... und ... und ...

Aus den Niederlanden als Stammquelle aller »Wacholderartigen« kommen mit Gin im Namen zum Beispiel **Nolet's Dry Gin Silver**, **Rutte Celery Gin, No. 3 London Dry Gin**, **Loopuyt Dry Gin**, **De Borgen Holland Gin** und natürlich **Zuidam Dutch Courage Old Tom's Gin**. Lekker, lekker! Genau wie die belgischen Gins, von denen vor allem eine Reihe der **Filliers-Dry-Gin**- sowie **Forest-Dry-Gin**- und **Buss-Gin**-Kreationen ebenso beliebt wie auch gut erhältlich sind. Da deutsche Gins an anderer Stelle bereits Thema waren und ansonsten fast jede Gemeinde mit eigener Postleitzahl mittlerweile eigenen »local Gin« hat, lege ich dazu nur noch zwei Bottle-Beautys nach, die wirklich inhaltlich perfekt liefern: **Elephant London Dry Gin** und **Gin Sul**. Natürlich gibt es noch mehr gute deutsche Gins, Ihr findet sie schon! Aus Österreich und der Schweiz kommen vorzügliche Gin-Sorten zum Beispiel von **Reisetbauer**, **Xellent** und **nginious!** Unsere französischen Nachbarn können Gin ebenfalls auf ganz besondere Art. Vorneweg eindeutig als bestätigte Expertentipps: **Boudier Saffron Gin**, **Citadelle Gin** sowie **G-Vine** und natürlich **Grey Goose**. Aus dem benachbarten Spanien grüßen mit kräftigem »Hola« vor allem der **Gin Mare** und von Menorca der herkunftsgeschützte **Xoriguer Gin Mahon**, neben dem es dort mittlerweile noch viele weitere Gins zu entdecken gibt.

Übersee-Gin ist US-Gin, das liegt schlicht an den riesigen Getreidevorkommen der Nordamerikaner. Deshalb sind dort außer dem Brooklyn Gin etliche weitere Spitzen-Gins zuhause. Zu den bekanntesten und auch bei Bartendern hoch angesehenen zählen sehr unterschiedliche Gins von Marken wie **Corsair**, deren **Steam Punk Gin** Kult ist, sowie **Uncle Vals, No. 209, St. George, Roundhouse**. Und last, but not least **Bluecoat**, deren American Dry Gin als Champion im Medaillenrang auch bei uns seine Freunde hat, mich inklusive!

»Nicht berührtes Vorbringen wird bestritten«, würde mein Freund, Drinks-Mitgenießer und Anwalt Franz Obst ans Ende seines Vortrags setzen. Ich sage stattdessen »Tschüß und auf bald, Ihr Gins«. Mit einem letzten kühlen Gin Tonic in der Hand geht es zu den »Wässerchen«, sprich dem Vodka/Wodka.

VODKA/WODKA

Vodka/Wodka ist richtig klasse, wenn er mindestens 18 Euro in der 0,7-Liter-Flasche kostet und damit als hochreine erstklassig destillierte Qualitätsspirituose – mit oder ohne aromatisierende Fasslagerung – seinen ersten Leistungsnachweis für die Erwähnung in diesem Buch erbracht hat. Wodka-basierte Alcopops sind damit genauso raus wie die durchaus vertretbaren, aber bei den puren Drinks definitiv nicht erwähnenswerten Eckpreis-Wodkas in der Discounter-Liga.

EIN BLICK IN DIE GESCHICHTE

Das »Wässerchen« verfügt über eine im Vergleich zu den aromatischen Drinks wie Whisk(e)y, R(h)um, Gin & Co. weitaus unspektakulärere Erzeuger- und Herkunftsgeschichte, die sich überwiegend im Nordosten Europas zugetragen und entwickelt hat. Bis heute streiten sich dazu Russen und Polen so sehr um das historische Vodka-/Wodka-Ersterzeugerprivileg, wie dies die Schotten und Iren beim Whisky/Whiskey tun. Und jeweils beide zusammen darum, ob zuerst Vodka oder Whisky das Lebenslicht der destillierten Spirituosen erblickt hat. Drama, Drama ..., aber überhaupt kein Grund, sich in diese Themen einzumischen. Es reicht, hier festzuhalten, dass die erste klare, wodkaartige Spirituose auf Getreidebasis im 14. Jahrhundert im nördlichen Osteuropa gebrannt wurde. Ganz egal, ob dies in Polen, Russland oder vielleicht sogar in einem der baltischen Länder geschah. Der in der Region – dem Wodkagürtel – reichlich vorhandene Roggen bot das Erzeugerfundament dieser relativ leicht herstellbaren klaren Spirituose, die in ihren Ursprüngen aufgrund der simplen Destillierapparaturen aber deutlich niedrigprozentiger und natürlich längst nicht so rein wie heutige industriell erzeugte Wodkadestillate war. Klassische »Haus- und Hofbrände« von geschrotetem Getreide, was gemaischt, mit Hefe vergärt und dann mehrfach mit einfachen Mitteln der Kondensation, Destillation und Abscheidung von Vor- und Nachlauf zu höherprozentigem neutralem trinkbarem Alkohol gebrannt und filtergereinigt wurde. Genau nach dieser Urväter-Sitte wird selbst heute noch in vielen Privathaushalten Osteuropas in insgesamt großer Menge schlichter Wodka-Hausbrand mit allerlei abenteuerlichen Töpfen und Eimern still und leise erzeugt und verbraucht. Beliebt sowohl als Haushaltsreiniger oder Desinfektionsmittel wie auch zur inneren körperlichen Anwendung aus dem 100-ml-Wodkaglas, der »stopka«. Das sind »Wassergläser«, neben denen unsere Schnaps-Pinnchen wie putzige Fingerhüte aussehen.

Geschichtlich bleibt zu ergänzen, dass vor allem im zaristischen Russland schon früh der Besteuerungsnutzen, der mit mehrfacher Monopolisierung der Wodka-Erzeugung einherging, erkannt und weidlich genutzt wurde. Mit den üblichen Verwerfungen und Schwarzbrennerei-Exzessen, wie sie ebenfalls die anderen Spirituosen aus ihren jahrhundertelangen historischen Lebenszyklen kennen. Entscheidender ist, dass sich Wodka als Spirituose im Zeitenwandel qualitativ immer hochwertiger, damit reiner und alkoholhaltiger erzeugen ließ. Und, dass seit dem Technologie-Sprung der Säulendestillation vor allem die zunehmend perfektionierten Filterungsmethoden dazu beitrugen, Wodka zum Gattungsbegriff hochprozentiger und möglichst geschmacksfreier Mainstream-Destillate zu machen. Unabhängig davon, ob Feldfrüchte wie Getreide, Kartoffeln oder Zuckerrüben (Melasse) die Rohstoffbasis bilden, war es lange Zeit das wesentliche Ziel der Wodka-Erzeuger, ihren Destillaten den Geschmack völlig auszutreiben, um sie so zum perfekten Alkoholträger für Mixdrinks zu optimieren. So ist seit einiger Zeit zu beobachten, dass Wodka mit Eigengeschmack und Aromen-Charakteristiken im Trend liegen. Nicht nur bei verwöhnten »pur T-Genießern«, sondern ebenfalls in den Profibars.

Egal, in welche der beiden Richtungen das Pendel zukünftig stärker ausschlägt, Vodka/Wodka ist und bleibt sicher noch für lange Zeit die meist konsumierte und in den höherwertigen Markenvarianten ebenfalls genossene Spirituose der Welt. Daran haben nicht nur trinkerprobte russische Haushalte ihren Anteil, Vodka ist eine Weltspirituose mit extrem breitem Spektrum an Verbindungsmöglichkeiten mit allerlei Fruchtigem, Süß-Saurem oder Kräftig-Deftigem. Reichlich gute Gründe, ein paar ausgewählte Erzeugnisse hier als Drinks zu empfehlen. Warum dies im Vergleich zu anderen Spirituosen trotzdem etwas übersichtlicher ausfällt, wurde eingangs schon begründet. Aber zuerst, wie gewohnt, der warenkundliche Teil von Marian Krause.

FAKTENSAMMLUNG ZU VODKA/WODKA

Rohstoffe: Vodka/Wodka kann aus unterschiedlichen kohlenhydrathaltigen Ausgangsstoffen hergestellt werden. Meist wird Getreide verwendet, aber auch Kartoffeln und Melasse sind üblich. In den meisten Ländern gibt es keinerlei spezielle Beschränkung der möglichen Rohstoffe für Vodka/Wodka, sofern diese für die Herstellung von Spirituosen im Allgemeinen zugelassen sind. So wird beispielsweise in Australien, Italien, Frankreich oder den Vereinigten Staaten Vodka/Wodka mitunter aus Weintrauben produziert. Die wesentlichen Grundzutaten sind somit entweder: Weizen, Roggen, Kartoffeln und Melasse oder Trauben, natürlich plus Wasser und Hefe. Als Fußnote sei ergänzt, das Vodka/Wodka, der nicht aus den Rohstoffen Getreide oder Kartoffeln besteht, einen entsprechenden Hinweis auf dem Etikett tragen muss.

Destillationsverfahren: Vodka/Wodka kann in jeglicher Art hergestellt werden, meist allerdings im Patent oder Column Still. Auch hier die übliche Reihenfolge: Maischung, Fermentation, Destillation und eine nicht gesetzlich geregelte individuelle Filtration. Auf die Destillation folgt natürlich die Trinkstärkeneinstellung mit Wasser.

Geschmackliche Unterscheidungen: Je nach Vodka-/Wodka-Sorte leichte Zitrusnoten, Anis, Getreide, frisch geschnittenes Gras und warmes Brot.

Außerdem gelten folgende gesetzliche Regularien aus dem Jahr 2008 für Vodka/Wodka: Er muss mit mindestens 37,5 % vol. in der Flasche abgefüllt werden. Vodka/Wodka ist eine Spirituose aus Ethylalkohol landwirtschaftlichen Ursprungs, die durch Gärung mit Hefe gewonnen und aus Kartoffeln und/oder Getreide oder anderen landwirtschaftlichen Rohstoffen erzeugt wird.

Welche Sorten gibt es? Vodka/Wodka wird letztendlich nur durch Herkunft und den Basisrohstoff unterschieden. Die Anzahl von Filtrationsvorgängen und marketingspezifische Bezeichnungen, wie zum Beispiel »Superpremium«, sind gesetzlich nicht standardisiert und sagen nichts über die Qualität des Produktes aus.

Etikettensprache: Hersteller, Alkoholgehalt in % vol. sowie Menge in ml oder l.

Schon fertig. So klar und rein wie der Drink, so kurz und dabei gehaltvoll sind seine Basisdaten.

INTERNATIONALE VODKA-/WODKA-MARKEN

Diesmal drehe ich den Empfehlungsspieß schlicht um und beginne mit ein paar internationalen Wodkas, bei denen Ihr leider auf Bilder und Erzählgeschichten verzichten müsst, die es aber umso mehr verdienen, hier erwähnt zu werden. Ein kleiner internationaler Querschnitt in alphabetischer Reihenfolge.

Beluga Vodka, der in Russland extrem hohe Beliebtheit genießt und dessen Varianten Beluga Allure sowie Beluga Gold Line nicht nur die perfekten Begleiter zu Kaviar-Spezereien vom namensgebenden Stör sind – pur oder als edle Longdrink-Basis ebenfalls extrem gut! **Chopin Vodka** gibt es in der Roggen- sowie Kartoffelbrand-Variante, beide top! Genau wie der **Ciroc Vodka** aus Frankreich, der aus Trauben gebrannt wird und damit eine ganz eigene besondere Vodka-Aromenfarbe stellt. Sehr spannend sind ebenfalls die polnischen Debowa Vodkas. Dito die aus Geste gebrannten **Finlandia**-Klassiker aus dem hohen skandinavischen Norden. Mein Tipp aus Russland ist **Green Mark**, genau wie der **Imperial Collection Gold**, der aus gutem Grund das Bild von Zar Peter dem Großen in seinem Etikett trägt. Vintage-Vodka vom Allerfeinsten findet sich bei **Kauffman** in Moskau, Vodka-Genießer schnalzen da mit der Zunge und strecken die Arme danach aus. Fans von Kräuter-Wodka sind begeistert vom **Krzeska Vodka** aus Polen. Nicht nur als Hoflieferant des Kremls ist der in Kaliningrad erzeugte **Legend of Kremlin** eine perfekte Wahl. Genauso russische Topliga ist der **Mamont Vodka**. Zu den oft nachgefragten Vodkas kann der in Frankreich erzeugte **Poliakov** gezählt werden. Mit ihrem **Purity Vodka** tragen wir die Schweden in diese Empfehlungsliste ein. **Reyka Vodka** aus Island ist ein weiterer Geheimtipp, für den sich die Suche im Handel lohnt! Fans von Zitrusnoten im Wodka fühlen sich mit dem **Royalty Vodka** aus den Niederlanden extrem wohl.

Die »Sipsmith Boys« sind uns ja schon beim Gin positiv begegnet, mit ihrem **Sipsmith Barley Vodka** legen sie hier gekonnt nach. Bei **Smirnoff** liegt das Genießerpotenzial in den höheren Zahlenrängen, deren **Black Label No. 55** ist dafür eine Top-Referenz. Zum polnischen Wodka-Hochadel in Premiumqualität gehört neben dem nach einem König benannten **Sobieski Vodka** zudem der **Ultimat Vodka** in seiner saphirblauen Edelflasche. Sowie zusätzlich noch der **U'luvka Vodka** aus Breslau, dessen spannende Rohstoffbasis aus allen drei Hauptgetreiden Roggen, Weizen und Gerste besteht. Der meistverkaufte norwegische Premium-Vodka steht auch bei mir und meinen Experten sehr weit oben auf der Liste, auch wenn der aus Kartoffeln erzeugte und sechsfach gebrannte **Vikingfjord Vodka** hier zu den letztgenannten Tipps gehört. Der letzte Tipp (ohne Bild) ist der **Wyborowa Exquisite** in seinem vom Designer und Architekten Frank Gehry entworfenen schlanken Genuss-Flakon – dessen Inhalt hält, was die Flasche verspricht!

Wie war das gerade? Inhalt hält, was die Flasche verspricht? Oh ja, Männer, genau das machen wir sofort nochmal! Aber in einer ganz anderen Dimension. In der ein kanadischer Top-Act einen sensationellen Vodka verspricht, dessen Bottle schlicht Kult ist. Satter Kult, sonst nix – der Rest kommt vom Inhalt und dem prominenten Ideengeber. Wer sich den Vierzigprozenter nicht nach Hause holt, der ist hier beim Kerle-Vodka falsch. Must-Have mit fettem Ausrufezeichen! Oder es gibt ab morgen nur noch »Rumpelskova von Ballerbillig«. Will ja hoffentlich keiner. Deshalb holt Euch den coolen **Crystal Head Vodka** von Blues Brother und Ghostbuster **Dan Aykroyd** in die heimischen Hütten.

Lasst uns drüber reden! Von innen nach außen, wie es sich in einem Drinks-Buch gehört. Also zuerst über den Inhalt, denn das hat dieser Vodka wirklich verdient. Das ist kein Marketing-Hokuspokus, sondern ein Vodka, der sich dank seiner Erzeugerhistorie mit den Besten messen kann. Beginnend mit der Rohstoffbasis: »Peaches and Cream«-Mais und weitere Edelgetreidesorten plus

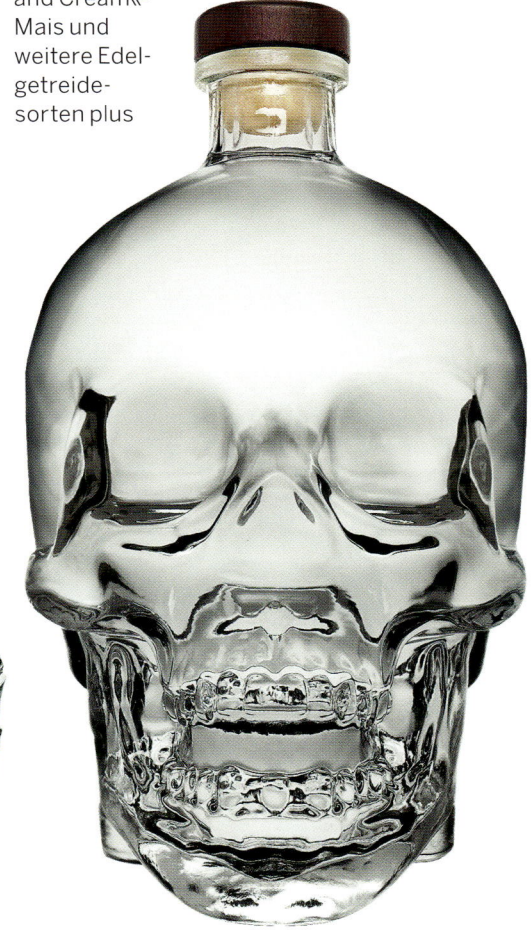

reines Gletscherwasser aus dem kanadischen Neufundland, dem Standort der Distille. Sonst nichts. Kein Schnick, kein Schnack – schon gar keine künstlichen Aromen oder Zuckerbeigaben. Nach Maischung und Fermentation folgt die erstklasse Vierfach-Destillation plus ein extrem aufwendiger siebenfacher Filterungsprozess. Bei dem das Vodka-Destillat die ersten drei Runden durch ganz spezielle Quarzkristalle, sogenannte Herkimer-Diamanten, gefiltert wird. So weit, so perfekt. Jetzt also in die Kristallschädel-Flaschen mit dem Story-Stoff. Diese Bottle-Beautys sind nicht nur verkaufsförderndes Deko-Element, sie haben vielmehr ihre ganz eigene Geschichte. Aykroyds Freund, der Künstler John Alexander, hatte die Idee dazu, als die beiden ihr Crystal-Head-Projekt an den Start brachten. Es heißt, er ließ sich dazu von der Symbolkraft von Kristallschädeln für mittelamerikanische Ur- und Kulturvölker inspirieren. Sehr besonders, geheimnisvoll und deshalb hier bestens aufgehoben. Bleibt nur noch, den Genussgeist nach den »technischen und mystischen Leistungsdaten« hinsichtlich seiner sensorischen Fähigkeiten durchzuchecken: Pur liefert er auf dem Gaumen leichte Anklänge von Zitrus, während sich im Nachklang warm-würzige fast malzige Getreidenoten mit einem Zuckermais-Ton verbinden. Alles in bester kristallklarer Balance. Deshalb ist mir der Crystal Head als Highball mit einem klassischen Soda am liebsten, Limettenscheibe dazu. Perfekt ist er!

Schwer zu toppen, oder? Höher, weiter, besser ist ja auch gar nicht der Plan. Anders und ebenfalls spitze schon eher. Dabei habe ich hinsichtlich des nächsten Kandidaten überhaupt keine Sorge. Es geht um inzwischen drei der angesagtesten deutschen Vodkas, die seit einigen Jahren dabei sind, ihr eigenes Anspruchssegment zu schaffen. So eine Art »New-German-Vodka-Standard«. Gemeint ist **Three Sixty Vodka**. Der Dreiklang von besten natürlichen Rohstoffen, präzisen detailgenauen Erzeugerprozessen in Destillation und Filtration sowie final der Emotionalisierung des Drinks, das ist hohe Kunst. Denn was helfen die besten Rohstoffe, wenn sie nicht perfekt verarbeitet werden? Und was nützt der qualitativ beste Vodka, wenn er nicht Neugier und Begehrlichkeit auslöst? Three Sixty Vodka ist in allen drei Disziplinen ein echter Leader und gehört genau deshalb zu den wenigen bebilderten Vodka-Tipps für Euch.

Als Rohstoffbasis dienen erstklassiges Wasser und beste Weizensorten. Sorgfältige Vierfach-Destillation und ein eigenständiges Hightech-Filtrationsverfahren stellen sicher, dass selbst kleinste Schwebe-Partikel aus dem Destillat entfernt werden und dass Three Sixty in stets gleichbleibender milder und weicher Genussqualität in die Designerflaschen gelangt.

Meine Favoriten sind der **Three Sixty Black** mit 42 % vol. im Zusammenspiel mit erstklassigen Fillern sowie in Shots, wie dem Bull Shot, oder in Cocktailklassikern, wie der Bloody Mary, und der für mich persönlich noch ausdrucksstärkere **Three Sixty Vodka 100 Proof** mit seinen rund 50 % vol. unter den gekreuzten Säbeln. Wenn er sich im Becher mit einem Spicy Ginger – aus der kleinen Glasflasche natürlich – zum Moscow Mule verbindet, ist meine Welt mehr als in Ordnung. Fast so sensationell wie eine richtig schnelle Nürburgring-Nordschleifenrunde im neuen 911er GT3!

Wie komme ich aus der Speed-Nummer jetzt wieder raus? Mit Ruhe. Vermittelt durch ein Vodka-Naturereignis aus Schweden. Souveränität, Tradition, Qualität. Mit solchen Attributen könnte sich ohne jede Prahlerei eine Vodka-Marke schmücken, die zu den Weltbesten gehört und der zig Millionen kluger Genießer ihren guten Geschmack anvertrauen. **Absolut Vodka**. Feld-in-die-Flasche-Vodkas in mehreren Qualitäts- und Leistungsstufen, von denen schon die Flaggschiff-Standard-Variante in der typischen Klarglas-Apothekerflasche eine Qualität bietet, mit der sich andere Wodkahersteller ebenfalls liebend gerne schmücken würden. Geht aber nicht, weil es nur bei Absolut schwedischen Vodka gibt, der aus bestem Winterweizen aus der südschwedischen Region Skane in Verbindung mit lokalem Quellwasser aus einer 150 Meter tiefen Quelle destilliert wird. Absolut verzichtet außerdem traditionell auf Filtration des Vodka.

Der **Absolut Blue** ist somit richtig gut, der **Absolut Elyx Vodka** aber eine eigene Liga. Geht gut ins Geld, ist dafür aber auch ein handcrafted Vodka, zu dem selbst der Erzeugerweizen noch mal eine andere Geschichte in Form eines ganz besonderen Anbaugebietes hat. Und die Destillation erfolgt in bester Handwerkstradition in uralten Kupferapparaturen, die zu einer besonderen Reinheit des Destillats beitragen. Kurz und gut, ein medaillengeschmückter Genuss-Champion mit herrlichen Geschmacksnoten von Weizen und Vanille. Ich gönne mir den Absolut Elyx am liebsten mit ein paar Gletschereis-Würfeln. Er verträgt natürlich ein gutes Tonic oder Soda Water und wird in der kreativen Hand des Bartenders zum Helden mit breitem Geschmacksspektrum.

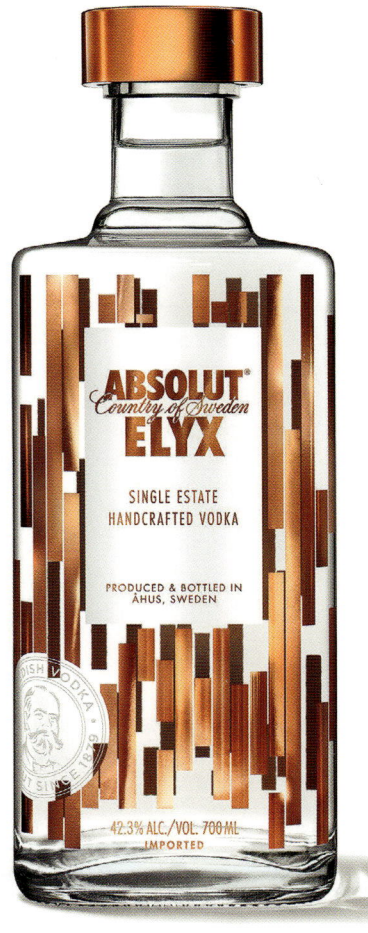

Das Vodka-Kapitel ohne einen Besuch in Polen, wäre ein Unding. Ganz egal, ob das Land nun historisch Mutter oder Vater der Vodka-Erzeugung ist: In Polen wird bester Vodka gebrannt – da gibt es kein Vertun. Deshalb kommt nun einer dieser »Helden« hier mit Wort und Bild in die Tipp-Galerie. Ich habe mir dafür **Belvedere Vodka** auserkoren, eine Vodka-Marke, die nach dem bekannten historischen Palast im Warschauer Westen benannt wurde, der übrigens heute als Residenz des polnischen Präsidenten dient. Das zeugt einerseits von ordentlichem Selbstbewusstsein, ist aber gleichzeitig auch ein Leistungsversprechen. Ein exzellent eingelöstes Leistungsversprechen, soviel ist sicher!

Belvedere hat mehrere Sorten im Portfolio, es gab unter anderem auch eine James-Bond-Spectre-Edition. Der abgebildete Superpremium-Vodka von Belvedere ist ein Roggen-Wässerchen in Reinkultur. Bei dem der Geschmack nicht weggefiltert wurde, sondern stilprägend ist. Großartiger Stoff, der in der Bestenliste der Roggen-Vodkas einen festen Platz hat und deshalb sowohl in Longdrinks wie auch in der reinen Begleitung von ein paar Eiswürfeln eine gute Figur macht. Gerade da spielt er für mich seinen sensorischen Spannungsbogen zwischen Vanilletönen, Pfeffer- und Gewürznoten und dem gut findbaren mild-würzig Roggengeschmack besonders gekonnt aus. Für mich eine erste Wahl!

Ein Vodka-Statement anderer Art, aber nicht minder klar, liefert der vorletzte Tipp in diesem Kapitel. Auf die feine russische Art und nicht die robuste. Mittlerweile gehört die noch relativ junge Vodka-Marke **Russian Standard** aus Sankt Petersburg zu den beliebtesten Premium-Vodkas im Lande. Dieses Interesse verdankt sie, neben der Reinheit aufgrund aufwendiger Destillationstechnologie, vor allem der eingesetzten Qualität der Winterweizen-Rohstoffe, die herausragend ist. Dass ein mehr an Marketing auch nicht schadet, um in der Highend-Liga der Edelbrände zu punkten und die frohe Botschaft von Status und Qualität zu verkünden, braucht hier nicht zu unterschlagen werden.

Meine Experten sind sich deshalb einig, dass der **Russian Standard Imperia** hier seinen Platz haben soll, und ich habe nach einer eigenen Probe keinerlei Zweifel an deren Urteil. Die Mischung aus besonderer Wasserqualität, aufwendiger Achtfachdestillation, Kristallquarz-Filterung und der Winterweizen-Selektion macht ihn einfach zum Standard mit Ausrufezeichen. Extrem mild, mit feinen Aromen mit Anklängen von Kräutern und Nüssen ist der Imperia ein Must-have-Vodka, wenn es um Weizen-Originale geht. Ich persönlich bringe ihn, wie seinen hier beschriebenen Vorgänger aus dem Nachbar- und nicht mehr Bruderland, am liebsten mit etwas Eis im Glas zur genussreichen Anwendung.

Zum Schluss des Kapitels haue ich noch einen Schuss raus, der einfach in die Kerle-Bar gehört, egal ob zum Trinken oder einfach nur als Blickfang: der **Kalaschnikow Red Army Vodka** in der Munitionskiste.

In dieser Kiste wird das komplette Equipment geliefert, Shot-Gläser und eine mit Kräuterlikör befüllte Handgranatenattrappe inklusive. Die Vodka-Sicherheitsreserve für ungefährliche Zeiten, entspannte »Home Defence« auf die Pure-Drinks-Art, Schluck für Schluck!

Kalaschnikow Red Army Vodka.
▼

Sehnsuchtsdrink mit abenteuerlicher Vergangenheit, genussreicher Gegenwart und unverändert großer Zukunft. Ich erspare Euch und mir in diesem Kapitel aus Gründen der besseren Lesbarkeit gleich mal die Schreibfeinheiten und werde diesen Drink bis auf die Region, wo es definitiv anders sein muss, schlicht Rum nennen. Reicht auch – drei Buchstaben, die es echt in sich haben. Geschichtlich wie im Glas!

KAPITEL 5

R(H)UM

KAPITEL 5

168 Eine Entdeckungsreise in die Heimat des Rums
171 Barbados
173 Kuba
177 Jamaika
179 Dominikanische Republik
183 Puerto Rico
185 Mittel- und Südamerika
190 Philippinen

EINE ENTDECKUNGSREISE IN DIE HEIMAT DES RUMS

Rum gehört – pur genauso wie als Cocktail – zu meinen absoluten Lieblingsspirituosen. Deshalb steht zwar keine Schiffsladung voll Rum-Fässern in meiner »Hütte«, aber 50 Flaschen werden es schon sein – inklusive der Tasting-Neuzugänge für die Buchrecherche. Vorher waren es immerhin gut 20. Rum ist einfach ein genialer Drink. Kopfkino-Spirituose mit Karibik- oder besser Tropenfeeling. Genau dort habe ich ihn übrigens für mich entdeckt. Klingt fast zu glatt, als dass es glaubhaft wäre, ist aber definitiv so. Einer meiner schönsten Kurzurlaube in den frühen 1980ern führte mich während einer interessanten Zeit in New York auf einen Sprung nach Jamaika. Und dort als Basisquartier ins Hotel Jamaica Inn in Ocho Rios. Ein sündteures, aber dafür auch traumhaftes Urlaubsrefugium mit feinsandigem Privatstrand, exzellentem Service und einer Bar, die keine Wünsche offen ließ. Weder den puren Rum noch deren Barrezept des **Planter's Punch** bekomme ich aus dem Kopf und vom Gaumen. Das ist da eingraviert. Genau wie die Erinnerung an einen gewaltigen Deckenventilator mit vier Flügeln der mittig (!) über meinem Kingsize-Bett im Zimmer angebracht war. Männer denken bei sowas einfach in Richtung potenzieller Störfälle deutlich weiter als Frauen. Das Ding war aber so bombensicher befestigt, wie die Drinks sensationell waren! Ein echtes Geschenk des Lebens, auf der Reggae-Insel von Bob Marley und Peter Tosh an die lokalen Genüsse herangeführt zu werden.

Außer dieser kleinen eigenen Rum-Entdeckerstory hat dieser Weltdrink natürlich eine viel größere Geschichte auf seinem aromatisch-exotischen Historienbuckel. Spirituosen wie Whisky, Rum, Gin und Co. sind Zeitkapseln, die viel mit Weltgeschichte inklusive Entdeckermut, Handel und kriegerischem Kräftemessen von Weltmächten, Verteilung und Ausbeutung von Naturressourcen sowie zeitgeschichtlichen Entwicklungen zu tun haben. Sie unterliegen in Jahrhunderte langen Zeitbögen Wandel und Weiterentwicklung. Das im Detail und faktengenau alleine für den Rum nachzuvollziehen und korrekt zu beschreiben, würde einmal mehr den Rahmen dieses Buches sprengen. Ich will schließlich keine Historikerpreise gewinnen, sondern Euch viel lieber auf unterhaltsame Art besonders spannende Drinks vorstellen. Deshalb mache ich es bei der Rum-Historie ziemlich kurz – nicht zuletzt wegen ein paar übler Schattenseiten, wie dem mit ihr untrennbar verbundenen Sklavenhandel.

Ich beginne mit Spaniern und Portugiesen, die als Seefahrer- und Handelsnationen das Zuckerrohr, dessen ursprüngliche Entdeckung wohl in den Nahen Osten einzusortieren ist, in die klimatisch besonders ertragreiche Region von Süd- und Mittelamerika trugen. Zuckerrohr als Rohstoff der Zuckergewinnung gedeiht am besten in tropisch-warmen Regionen mit reichlich Sonne und Feuchtigkeit. Christoph Kolumbus und weitere Seefahrer nach und mit ihm fanden daher in der Karibik erstklassige Möglichkeiten zum Anbau von Zuckerrohr. Schnell entstanden die ersten von Europäern gegründeten und von Einheimischen sowie afrikanischen Sklaven bewirtschafteten Zuckerrohr-Plantagen, in denen bereits im frühen 17. Jahrhundert der wertvolle Zucker aus aufgekochtem und zur Kristallisation gebrachtem Pflanzensaft gewonnen wurde. Bei diesem Verfahren fiel als Verwertungsrest neben den Faserrohstoffen, die als Brennmaterial wiederverwertet wurden, vor allem Melasse an.

Aus diesem zuckerhaltigen, zähflüssigen, braunen Sirup Alkohol zu destillieren, war dann kein großer Akt mehr. Taugliche Destillationsverfahren – vor allem die Pot-Still-Destillation – und die segensreiche Wirkung von Hefe zur Fermentation waren in Europa bereits hinreichend bekannt und verbreitet. Und da Melasse in Verbindung mit Wasser genau der richtige Gär-Treibstoff zur Alkoholgewinnung war, der in dieser Vorstufe bereits als beliebter Zuckerwein konsumiert wurde, ließ sich durch Versuch, Irrtum und erneute Versuche schnell relativ hochprozentiger Alkohol erzeugen. Der schmeckte zwar anfangs nicht, erfüllte aber seinen berauschenden Zweck. Durch Produktionsoptimierung kam es zu einer immer besseren Trinkqualität des Rums, den man als hochprozentige Trinkspirituose durch platzsparenden Export in Transport- und Lagerfässern auch wirtschaftlich immer mehr »versilbern« konnte. An zivile und militärische Abnehmerkreise vor Ort in der Region wie auch in Europa und später Amerika sowie Asien.

▲
Historische Hafenansicht auf Barbados.

Denn wo es militärisch knallt und donnert – genau das war im 17. bis 19. Jahrhundert in Übersee zwischen den europäischen Großmächten England, Spanien und Frankreich die Regel – da muss auch das Soldatenvolk bei Mut und Laune gehalten werden. Dazu spielte der Rum, vor allem bei den Seemannschaften – die Royal Navy vorneweg – eine zentrale Rolle. In der Karibik, wer wüsste das nicht, gab es noch eine weitere Zielgruppe für den Rum, das in staatlichen Kreisen nicht übermäßig beliebte Freibeuter- und Piratengewerbe. Diese Kaperfahrer und Kanonenbanden sprachen dem Rum denkbar trinkfreudig zu und vergossen das Blut ihrer Gegner zwar in Strömen, vom Rum jedoch fast keinen Tropfen. Der kampfstärkende Schluck aus Rum-Fass oder -Pulle war somit ein rechtsgrenzloses Unterfangen in diesen harten Zeiten.

Und Grenzgänger zwischen Freibeutertum und Piraterie wie der legendäre gebürtige Waliser **Henry Morgan** zieren heute unter der Marke »Captain Morgan« Etiketten von Rum-Flaschen. Wobei die Royal Navy dazu eine besondere Verbindung hatte, die von der Mitte des 17. Jahrhunderts bis ins Jahr 1970 – man mag es kaum glauben – in Form einer rechtssicher garantierten Grog-Ration, dem **»tot«**, für ihre Matrosen aufrechterhalten wurde. Anfangs verstand man darunter ein halbes **Pint Rum**, was einem Viertelliter entsprach und quasi auf Ex ohne Fremdflüssigkeit zur körperlichen Anwendung gebracht wurde. Ab 1740 befahl die Admiralität Wasserzugabe sowie – bei guter Führung und Leistung – additiv geschmacksfördernd Zitrone und Zucker zur Geschmacksverbesserung. Zweifellos die Geburtsstunde des **Grogs**. Ab 1850 verringerte sich dann die Rum-Ration auf 1/8 Pint pro Tag, was auch nach heutigen Maßstäben immer noch ein sehr ordentlicher Schluck aus der Pulle ist.

Die Royal Navy dankte es dem Rum jedenfalls auf ihre Art und trug ihn die ganze Welt. Doch nicht nur sie, kluge Händler und Destillateure machten aus Rum, der ab dem 19. Jahrhundert vor allem im kontinuierlichen Destillationsprozess erzeugt wird, einen der beliebtesten Drinks auf dem Erdball. Wobei die tropischen Klimazonen der Welt deutliche Erzeugervorteile, insbesondere beim Zuckerrohr, verbuchen können. Deshalb kommt nicht nur aus der Karibik sowie Mittel- und Lateinamerika erstklassiger Rum, sondern ebenso aus der

Region rund um den indischen Ozean sowie der Pazifikregion, wo mit den Philippinen ein wichtiger Abnehmermarkt zu nennen ist, der auch selbst Rum erzeugt.

Wie bei den anderen globalen Spirituosen waren auch bei Rum für dessen Verbreitung sowie die Höhen und Tiefen seiner weltweiten Präsenz vor allem politische Einflussnahmen sowie Rohstoffknappheiten von Getreide und Weintrauben verantwortlich. Mal belegten englische oder französische Herrschaftshäuser Rohstoffe wie Zucker und selbst den Rum mit Import- und Exportbeschränkungen wie hohen Zöllen und Besteuerungen oder gar kompletten Verboten und führten damit die Rum-Erzeugung an den Rand des Ruins. Mal waren es Missernten beim Getreide in England oder die Reblausplage in Frankreich, die dem Rum wieder zu glücklichen gegenläufigen Sonderkonjunkturen verhalfen. Ab dem späten 19. Jahrhundert bis in unsere Tage hinein sind es die politischen Verhältnisse vor allem in Mittel- und Südamerika sowie auf Kuba, die starken Einfluss auf Rum-Exporte haben.

Den weltweiten Siegeszug des Rums als eine der inzwischen meistgetrunkenen Spirituosen, konnte all das jedoch weder verhindern noch seine qualitative Weiterentwicklung als Schwergewicht unter den fassgelagerten Edelspirituosen beeinträchtigen. Was vor Jahrhunderten als »Kill Devil« genannter primitiver Zuckerrohrbrand für Matrosen begann, ist heute mit weltweit mehr als 15.000 Rum-Sorten als Genießer-Spirituose etabliert. Dabei kommen dem Rum als fassgelagertem Brand die klimatischen Gegebenheiten seiner feuchtwarmen Erzeugerregionen extrem entgegen. Rum verdunstet im Fass schneller den Alkohol – bis zu 7 oder 8 % sind ohne klimaregulierte Lagerung möglich – und nimmt auch deutlich schneller die Fassaromen an als die fassgelagerten Getreide- und Weinbrände der deutlich kühleren und trockeneren nördlichen Klimazonen, beispielsweise in Europa. Rum bietet somit schon als pure Spirituose eine sensationelle geschmackliche Bandbreite, die sich in den zahllosen Cocktail-Kreationen noch potenziert.

Bevor wir mit einer kleinen Auswahl dieser flüssigen Gold- und Platinspirituosen beginnen, hier ein paar fachliche Details von Marian Krause, die er diesmal noch um zwei unterhaltsame Zusatzinfos angereichert hat.

FAKTEN-SAMMLUNG ZUM RUM

Rohstoffe: Wasser, Zuckerrohr (als Melasse oder Saft) sowie Hefe

Destillationsverfahren: Rum kann und darf in jeglicher Form von Destillation hergestellt werden: Coffey Still, Column Still oder Pot Still

Hardfacts: Als die Begründer der modernen Rum-Herstellung gelten **Don Bacardi** und **Felice Presto**, die den Prozess der Herstellung des weißen Rums nahezu gleichzeitig um 1850 auf den karibischen Inseln Kuba und Jamaika entwickelten.

Welche Sorten gibt es? Original Rum: importierter originaler Rum, unverändert verkauft (bis zu 74 %). **Echter Rum:** wie Original Rum, hier jedoch auf Trinkstärke (min. 37,5 %) herabgesetzt. **Overproof Rum:** Rum mit einem Alkoholgehalt über 57,15 %. **Blended Rum:** Mischung verschiedener Original-Rums. **Rhum Agricole:** Rum aus landwirtschaftlicher Herstellung, welcher aus den französischen Kolonien kommt. Er unterscheidet sich von normalem Rum vorrangig durch seine Herstellung aus frischem Zuckerrohrsaft und hat nur einen Anteil von etwa 3 % an der gesamten Rumproduktion. **Spiced oder Flavoured Rum:** in entsprechendem Extraktionsverfahren aromatisierter Rum (min. 37,5 % – bei geringerem Alkoholanteil als »Spirituose« bzw. »Likör auf Rum-Basis« bezeichnet. Stichwort Captain Morgan bzw. Bacardi Oak Hear). **Cachaça:** brasilianisch-portugiesische Rum-»Variante« aus frischem Zuckerrohrsaft. **Rum-Verschnitt:** eine Mischung aus Rum und neutralem Alkohol aus anderen Rohstoffen. In Deutschland müssen mindestens 5 % Rum enthalten sein.

Etikettensprache: Hersteller, Alkoholgehalt in % vol., Menge in ml oder l, Art des Rums, Herkunft, Zusatz von Farbstoff. Das Alter kann, muss aber nicht ausgewiesen werden. Der Zusatz añejo auf dem Etikett zeigt an, dass es sich um einen gealterten Rum handelt. Havana Club verfährt beispielsweise nach dem »Youngest Drop«-Prinzip ähnlich wie beim Whisky. Das Alter des jüngsten Tropfens im Blend wird auf der Flasche angegeben. Somit ist Havana 7 beispielsweise bis zu 9 Jahre alt, da der jüngste Rum in der Flasche aber sieben Jahre »jung« ist, wird er auf der Flasche ausgewiesen.

Ach ja, zwei Dinge noch – zur Herkunft der Bezeichnungen »Proof« und »Grog«:

Warum wird Rum in Proof gemessen, und woher stammt das Wort? Es gab für einen Seemann wenig Schlimmeres, als betrogen zu werden. Schlimmer im Gefechtsfall war lediglich, wenn Rum versehentlich mit Pulver in Kontakt kam und dieses aufgrund von zu hohem Wasseranteil im Rum nicht mehr funktionstauglich war. Um zu testen und sicherzustellen, dass Rum nicht gestreckt oder gepanscht war, wurde dieser mit Schießpulver gemischt. Das Gemisch entzündete sich nur, wenn der Rum mindestens 57 % Alkohol enthielt. Damit gilt er als »Proof«. Aber nur in dieser britischen Seefahrerversion, die Amerikaner kennen den Begriff auch. Bei ihnen fällt der Alkoholgehalt allerdings niedriger aus. 100 britische »Proof« stehen somit für exakt 57 Prozent Alkoholanteil.

Das Wort Grog (Rum, heißes Wasser und Zucker) geht auf den Spitznamen Old Grog des Admirals Edward Vernon zurück. Dieser trug immer einen alten Mantel aus Grogram. Einen rauen Mantel aus grobem Stoff. Als der Admiral 1740 anordnete, dass jeder seine Ration Rum mit Wasser verdünnen solle, ging sein Spitzname auf das Getränk über.

Vielen Dank für diese Infos, Marian. Wir machen jetzt nach alter Piraten Sitte die Karibik unsicher, um bekannte Hotspots und geheime Verstecke kleiner Brennereien zu erkunden. Mit vollen Segeln steuern wir dazu die kleinen Antillen an, **Kurs Barbados**.

BARBADOS

Im Norden der Insel in **St. Lucy** liegt die älteste bekannte Rum-Destillerie zumindest der Karibik, wahrscheinlich sogar der Welt. Diesen Kanonenschuss ins Zentrum der Traditionsspirituose verdankt die Welt der seit 1703 aktiven Rum-Marke Mount Gay. Rund um den **Mount Gay** – in der Karibik gilt mangels Größenvergleichbarkeit mit hiesigen Gebirgen mancher Hügel als Berg – wurde bereits im 17. Jahrhundert Zuckerrohr angebaut. Da ergab sich der hochprozentige Zusatznutzen der Melasse relativ früh, nämlich als ein Brite namens **William Sandiford** zu Beginn des 18. Jahrhunderts aus fünf kleinen Zuckerrohrplantagen eine große machte und damit begann, nicht nur Zucker zu gewinnen, sondern auch aus der Melasse etwas Sinnvolles herauszuholen. Heute entstehen aus Vermaischung und Fermentation der zunächst mit eigenem Quellwasser vermengten Melasse und anschließender Zweifachdestillation eine ganze Reihe erstklassiger und weltweit geschätzter Rum-Sorten. Vor allem die sorgfältige Fasslagerung in ursprünglichen Weiß-Eiche-Bourbon-Fässern macht die hochwertigen klaren Mount-Gay-Rum-Sorten zu spannenden Botschaftern der karibischen Stilrichtungen.

Mir gefällt der Mount Gay **XO Reserve Cask** aus Barbados mit 43 % vol. besonders gut. Er ist dank seiner bis zu 15 Jahre alten Rumzugaben ein Spitzenblend wie aus dem Bilderbuch, vielfach prämiert und ausgezeichnet. Vor allem der Geschmack reifer

Früchte, eine kräftige Bananen-Note inklusive, zu denen sich karibische Gewürze wie Zimt- und Schokoladennoten gesellen, überzeugt mich. Meine Trinkwahl für diesen perfekten Einstieg lautet eindeutig: Pur genießen!

Mein zweiter Barbados-Tipp ist eine Art Hochzeit zwischen dem Besten aus zwei Welten. Wenn erstklassige Rum-Erzeugung auf traditionsreiches französisches Cognac-Knowhow trifft, dann liefert das Ausnahme-Qualität. Jede für sich mit eigenem Charakter, aber einer gemeinsamen Botschaft: Genuss ohne Kompromisse. Gemeint sind die Rum-Kreationen der **Plantation**-Serie von **Ferrand**, die erst in Barbados in Manufakturqualität aus besten Zutaten wie feinaromatischer Melasse destilliert und in ausgewählten Ex-Bourbon-Fässern langjährig und sorgfältig gereift werden, bevor sie nach der Reise ins französische Ars zum Finish in feinen Cognac-Fässern endveredelt werden. Dass bei so viel Aufwand Rum-Genussunikate entstehen, die mit ihren Trinkverwandten »von der Stange« herzlich wenig zu tun haben, versteht sich von selbst.

Ich habe für Euch – und natürlich für mich – kürzlich wieder einen dieser Rum-Aromen-Tresore geöffnet, den **Plantation Rum Barbados XO 20th Anniversary Rum**, bei dem bereits die extrem hochwertige Flasche mächtig beeindruckt. Und erst recht die Komposition seiner extrem lange gelagerten Rum-Schätze. Erst einmal offen und im Glas hat man sofort feine Duftaromen von Vanille, gerösteten Mandeln und fruchtiger Orangenmarmelade inhaliert. Im Mund ist dann die Fasshistorie von würziger Eiche ebenso präsent wie schwerer Blütennektarhonig, der von einer sanften Zuckerrohr-süße und wieder Fass begleitet wird. Im zweiten Schluck kommen Kakao und reife Rumrosinen dazu. Der Abgang ist dann schlicht wie ein perfektes Dessert, keine Spur von kratzendem Alkohol, stattdessen mild, geschmeidig, fruchtig-süß mit einem leichten Ausklang von schmeichelnder Vanille. Wer diesem Rum in einem Tasting begegnet, der schließt nicht nur spontane Freundschaft mit ihm, der notiert auch sofort die erste Bestellung. Ein anderer Plantation-Charakter, der mich besonders beeindruckt hat, ist der **Pineapple Stiggins' Fancy**, der zu seiner feinen Ananas-Aromatisierung eine Mazeratphase durchläuft, bevor er destilliert und gelagert wird. Ein »Teile-mit-Deiner-Frau«-Rum, der für Kerle, die ein Händchen für Cocktails haben, teure Karibikurlaube spart, weil er schon zuhause das komplette »Kuscheln-unter-Palmen-Emotionspaket« liefert, selbst wenn es draußen heftig schneit.

Weitere spannende Barbados-Rum-Tipps sind zum Beispiel der **Doorly's XO** und der zwölfjährige **Rum Sixty Six** aus der Foursquare Distillery.

Wenn wir mit passenden Winden in der karibischen See Kurs Nordwest halten, so landen wir unweigerlich auf **Martinique**. »Endroit parfait« für großartigen Rhum – also den Zuckerrohrbrand, der direkt aus Zuckerrohrsaft gewonnen und über den Vergärungsschritt zum »vine de canne« überwiegend in Kolonnenapparaten zum »Rhum Agricole« gedeiht. Drink-Pretiosen einer französischen Übersee-Region, die sich außerhalb des offiziellen Protokolls als fassgelagerte Spirituosen absolut mit den besten Cognacs des Mutterlandes messen könnten. Müssen sie aber nicht. Sehr exklusive Rhum-Sorten aus wenigen Destillerien wie **La Mauny**,

Clement, **Neisson**, **J. Bally** oder **Saint James** sind die Referenzen dieses Rhum-Quartiers, mit dem als einzigen für Rhum nach Qualitätsklassen geschützten Herkunftsnachweis AOC. aber für sehr hochwertige Rhums steht, die von Experten extrem geschätzt werden. Marken wie **Damoiseau**, **Longueteau**, **ReimonenQ**, **Karukera** und **Severin** setzen hier die Standards für Rhums mit besonderer Tiefe und sensorischen Höhepunkten.

Eine überschaubare Anzahl von Seemeilen nördlich von Martinique findet sich die nächste Rhum-Insel der Karibik, **Guadeloupe**. Aufgrund der geringen Größe der dortigen Zuckerrohrplantagen sind ebenfalls die Rhum-Destillerien eher kleine Betriebe. Was der Warenverfügbarkeit hierzulande zwar nicht zuträglich ist, dafür

Nach diesem Ausflug in das Inselreich der kleinen feinen und vielleicht auch etwas abseits unserer großen Rum-Pfade gelegenen Genusshelden der Karibik geht es nun in breitere Rum-Gewässer zu einigen karibischen Marken, die Ihr vielleicht doch nicht alle kennt, aber auf der Tipp-Liste haben solltet.

KUBA

Nach einem längeren Segeltörn an die Küsten von Kuba – politische Untiefen und Historienriffe mit scharfkantiger Systempropaganda mal außen vor, Rum ist schließlich ein klassenlos perfekter Drink – fühlen wir uns einfach wie im großen ewigen Weltfrieden. Und sehen uns auf Kuba als der mächtigen und bunten Rum-Insel nach den passenden Quellen für das feine Zuckerrohrdestillat um. Neben der Ursprungsheimat von Bacardi ist Kuba das Zuhause der zweiten historischen Welt- und Kultmarke des Rums. Um welche Marke es sich dabei handelt, ist den meisten von Euch klar, oder?

Natürlich **Havana Club**. Dass Kuba aufgrund seiner klimatischen Idealbedingungen zur Zuckerrohr-Kultivierung und den über Jahrhunderte bestehenden zahlreichen Zuckerrohr-Plantagen wie gemacht für Rum-Destillerien war und ist, bedarf keiner ausführlichen Erläuterung. Interessanter ist da schon, dass es ein Baske – also Spanier – namens **José Arechabala** war, der karibischen Rum nicht nur in den besseren Kreisen seiner Geburtsheimat hoffähig machte, sondern der auch als Gründer der Marke Havana Club angesehen wird. 1878 eröffnete er seine erste Destillerie namens »La Vizcaya« auf kubanischem Boden.

Offiziell wurde Havana Club jedoch erst 1934 zur Rum-Marke, nachdem nach einem eingängigen und werbewirksamen Namen für den vor allem in Nordamerika beliebten kubanischen Rum auf der Insel gesucht wurde. Im Sinne des stets anzustrebenden Weltfriedens und zum Erhalt einer schönen Rum-Story überspringen wir jetzt die über ein Dreivierteljahrhundert lange Zeit von politischen Wirren, Irrungen und Unterdrückungen. Unter den Bedingungen haben vor allem die lebensfrohen Kubaner sowohl auf der Insel wie auch außerhalb – im Exil – extrem gelitten. Wir hoffen mit den Kubanern auf noch mehr Freiheit – egal, wer dazu die politischen Initiativen ergreift oder befördert.

Der kubanische Rum steht jedenfalls für richtig gute Laune und Genuss-Erlebnisse. Nie war er wirklich besser als in diesen Tagen, das beweisen die Havana-Club-Qualitäten vortrefflich. Auch hier beginnt die Qualitätstreppe mit der Stufe weißen Rums, der als Havana Club **Añejo 3 Años** bereits dreijährig ist und – kohlegefiltert wie die meisten karibischen Rum-Sorten – fassgelagert wird. Ein Cocktail-Rum ohne Fehl und Tadel, zu dem es vom Master-Destiller von Havana Club, Don José Navarro, ein schönes Zitat gibt – was in der Übersetzung etwa so lautet: **»Der weißeste aller gereiften Rum-Sorten, der reifste aller weißen Rum-Sorten.«** Der selbstbewusste Mann weiß halt, was er in die Cocktailwelt entsendet. Für meine puren Genussansprüche an die Kerle-Drinks eignen sich jedoch die folgenden drei Tipps deutlich besser. Ernest Hemingway – einer der echtesten Kerle meiner Zeitrechnung – und seine Mojitos sowie Daiquiris mögen es mir verzeihen.

Der **Havana Club 7** ist bereits ein »Paradepferd« im Stall der bestens pur genießbaren klassischen Kuba-Rums. Er bietet alles, was einen guten fassgelagerten karibischen Rum-Blend ausmacht: Aromentiefe und eine breite typische Geschmacksvielfalt mit einem satten Tropenfrucht-Bouquet, aromatischen Honig- und Tabak-Noten sowie einem soliden Abgang mit leichtem Anklang von Pfeffer und angenehmen Fassnoten. Noch einige Stufen voller und komplexer ist der **Selección de Maestros** mit seinen gut angelegten 45 % Volumenalkohol. Seine klug vermählten Rum-Sorten mit langjährigem Fassfinish überzeugen an Nase und auf dem Gaumen durch feinste Kaffee-, Kakao- und Gewürznoten, die durch Honig- und Fruchtaromen sowie rauchige Holzanklänge komplettiert werden. Ein ölig-feines Rum-Elixier, was als Tipp einen sicheren Platz im heimischen Bestand erhalten sollte, auch wenn es so eine Qualität natürlich nicht für ein paar Kokosnüsse gibt. Der »Bottle-Beauty« daneben, der Havana Club **Pacto Navio**, dessen Name sich aus einem historischen Ereignis aus der kubanischen Geschichte des frühen 19. Jahrhunderts ableitet, ist mein ganz persönlicher Favorit. Ich bin und bleibe eben ein Fassaromen-Jäger und das ist die passende Beute für mich. Der Pacto Navio bietet vor allem dank Finish in Sauternes-Fässern eine Reichheit an Aromen und Geschmackshöhen, die mich fasziniert. Und mich gedanklich von den fröhlich-lauten Hafenbars Havannas entfernt, weil sie meine Sinne weit raus in die sanft wogende karibische See segeln lässt. Ein milder Verwöhn-Rum mit extrem spannender Aromen- und Geschmacksvielfalt, in der sich feine

Vanille ebenso wiederfindet, wie reifes Kernobst, Karamell und würzig-süßer markttrockener Karibik-Zimt. Mein Rum, immer mit zwei Flaschen Reserve!

In Kuba ist die Auswahl an offiziellen Rum-Destillerien, deren Rum den Weg zu uns in den Handel findet, natürlich überschaubar. Zu nennen ist vor allem **Ron Vacilón** als ehemalig rein lokaler Rum für die einheimische Bevölkerung, der aber inzwischen auch bei uns erhältlich und im Wachstum begriffen ist. Die nächste Rum-Station erwartet uns südlich von Kuba, auf **Jamaika**.

JAMAIKA

Der mit Abstand bekannteste Jamaika-Rum ist ganz klar **Captain Morgan**, da gibt es kein Vertun! Die Geschichten um den legendären Piraten des 17. Jahrhunderts und zeitweiligen Vize-Gouverneur von Jamaika prägen den unterhaltsamen Abenteuerteil der karibischen Rum-Historie so sehr wie die Royal Navy seinen globalen Wirk- und Einsatzbereich. Kein Wunder, dass aus so einer Story auch eine der weltweit größten Rum-Marken erwuchs. Die sich vor allem mit mainstreamfähigen Rum-Sorten ihren Markt erobert hat. Dazu zählen übrigens auch die bekannten und beliebten **Spiced Rums** als Spezialität der Marke.

In unsere Kerle-Kategorie gehört jedoch als Jamaika-Tipp vor allem die Marke **Appleton**. Deren Destillerie-Geschichte begann auf der Sonneninsel bereits 1749. Appleton zählt zu den ältesten traditionsreichen Rum-Erzeugern in der ganzen Karibik. Die feinen Blends von Appleton Estate sind so berühmt wie in Expertenkreisen hoch geschätzt. Für das eingangs erwähnte Traumresort Jamaica Inn in Ocho Rios ist Appleton übrigens ebenfalls unverändert die heimische Rum-Marke der ersten Wahl, wie mir deren Bar-Team auf Nachfrage kürzlich bestätigt hat! Berühmte Hotelgäste wie Marilyn Monroe mit ihrem Arthur Miller, James Bonds literarischer Vater Ian Fleming, Errol Flynn, Katherine Hepburn und zahlreiche weitere prominente Zeitgenossen haben dort vermutlich die vorzüglichen Appleton-Rum-Sorten pur oder im Cocktail-Gewand zu unvergesslichen karibischen Sonnenuntergängen genossen.

Mein Appleton-Highlight ist der aus 15 unterschiedlichen Rum-Sorten, die zwischen fünf und zehn Jahre in kleinen Eichenholz-Fässern reiften, vermählte

Estate V/X. Er bietet mir zu einem perfekten Preis-Leistungs-Verhältnis bereits das pure Rum-Erlebnis mit karibischem Sundowner-Feeling. Feine Töne und Noten von hellem Honig, Vanille, Karamell, Holz-Röstaromen

sowie Kakao plus Zimt machen diesen milden Klassiker zu einem Rum-Vergnügen ohne Reue. Dies dokumentieren eindrucksvoll seine zahlreichen internationalen Auszeichnungen. Deshalb ist er ganz klar ein Tipp für die Grundbestückung des Rum-Bestandes.

Der ergänzt werden könnte durch den **Appleton Estate 21 Years** aus gleicher Herkunftsquelle, allerdings in etwas anderer Preislage. Ein »Must-Have« nur für diejenigen, die Rum zu ihrer Genussleidenschaft machen. Dann aber mit kräftigem Ausrufezeichen! Die in ihm aufgegangenen Rum-Unikate haben samt und sonders 21 Jahre und mehr sorgsam überwachte und beschützte Rum-Geschichte mit bestem Fassfinish erlebt, bevor sie vom Blendmeister vermählt wurden. Wenn Ihr einen Tag des Rums in Eurem Kalender festlegen würdet, wäre dieses Elixier dazu ein mehr als würdiger Abschlussdrink. Er belohnt Euch mit einem Kanon aus Aromen und Geschmacksnoten, die wie ein erstklassiges mechanisches Schweizer-Uhrwerk an Nase, Gaumen und Rachen geräuschlos, aber wirkmächtig ineinander einrasten. Da sind trockene Zitrusfrucht, reife Orange, wenig Holz, reichlich dunkler Kakao, eine zarte Pfeffernote, reinste Vanille, aber auch dezentes tropisches Gewürz und feinster Karamellschmelz im Spiel. Vollendet mit einem furios-langen trockenen Finish, was noch einmal mit Rohrzuckersüße belohnt. Pur einfach exzellent.

Nach so einem Statement erspare ich mir und Euch die Auflistung weiterer guter bis sehr guter Jamaika-Rums mit Ausnahme von **Hampden Estate**. Die anderen findet Ihr schon …

Lasst uns eine kleine Pause machen. Und wo wir gerade in der Karibik sind, kurz über den besten Begleiter von fassgereiften puren Drinks – vor allem R(h)um – reden: feiner Tabak. Eine Manufakturzigarre ist der perfekte entspannende Genussverstärker eines mild süßen und reifen Rums edelster Art und Güte. Wer Tabakrauch nicht als Duft, sondern als Qualm wahrnimmt, für den sicher nicht – für alle anderen umso mehr. Zum schottischen Single Malt, insbesondere den Islay, ist mir eine gut gestopfte Pfeife fast noch lieber, beim Rum setze ich aber als herausragende Entspannungs- und Belohnungskombination absolut auf bestes karibisches oder südamerikanisches Zigarren-Rauchwerk. Was wozu am besten passt – also welche Zigarre zu welchem Drink – ist wahlweise Ansichtssache oder ein lebendiger Lernprozess. Nichts muss, alles kann – probiert es einfach aus! Ach ja, ein ganz anderer Tipp für die »Zigarro-Tarier« unter Euch: sensationell gut zum Rum passt statt der Zigarre natürlich auch dunkle Schokolade mit sehr hohem Kakaoanteil.

DOMINIKANISCHE REPUBLIK

Unser nächstes und damit ebenfalls letztes Rum-Ziel in der Karibik ist die »Kolumbus-Insel« Hispaniola, die wir in der Zweiteilung des bitterarmen Haiti auf deren Westseite und des All-Inklusive-Urlaubsparadieses **Dominikanische Republik** im Osten kennen. Licht und Schatten liegen hier, warum auch immer, schicksalhaft nah beieinander. Der Rum kann nichts dazu, er ist neben den drei großen »Ts« Tourismus, Tabak und Tropenfrüchte eine Haupteinnahmequelle für die einheimische Bevölkerung. Dass der Rum auch hier über den historischen Umweg der spanischen Eroberer, die erst das Zuckerrohr auf die Insel trugen, bis heute zu den bekanntesten Exporterzeugnissen gehört, ist hinreichend bekannt.

Zuckerrohr wurde auf Hispaniola bereits seit dem frühen 16. Jahrhundert angebaut. Aber erst die zahlreichen Exil-Kubaner, die in der Dominikanischen Republik ihre Chancen zum Aufbau neuer Existenzen suchten und fanden, machten diesen Inselteil im letzten Jahrhundert zur prosperierenden Heimat für erstklassige Rum-Sorten und edle Zigarren. Dass sich zudem viele europäische Urlauber vor Ort von den schmackhaften Rum-Qualitäten überzeugen lassen und dann auch zuhause ihre karibischen Lieblingsdrinks in bester Original-Erzeugerqualität genießen wollen, trägt zusätzlich zum Regalwachstum dominikanischen Rums im hiesigen Handel bei.

Zu den besten Destillerien gehört zweifellos **Matusalem**, deren **Gran Reserva 15** nach dem Solera-Prinzip entsteht, bei dem der älteste Anteil mit immer jüngeren Sorten verschnitten wird. Das trifft auch für den deutlich kostspieligeren **Gran Reserva Solera 23** zu. Dieser genießt selbst in Expertenkreisen nicht nur Kultstatus, sondern gehört zu den Top-5-DomRep-Rums. Beides Tipps meiner fachlichen Unterstützer, leider ohne passendes Bildmaterial. Was übrigens auch für die Premium- und Super-Premium-Rum-Kreationen gilt, wie die **PuntaCana Linie** von **Oliver & Oliver** oder **Cubaney**, **Barcelo**, **Opthimus** und einige andere dominikanische Rum-Marken.

Wir starten das bebilderte Rum-Projekt der DomRep einfach mit drei Super-gute-Laune-Sorten einer jungen, aber erstklassig destillierenden Rum-Marke, die nicht nur aufgrund ihrer qualitativen Leistungsdaten sauber liefern, sondern auch »Leinen los und Sonne an«-Drinks unter dem hellblauen Karibik-Himmel sind. Spaß im Glas ist ja immer mal wieder nett. **Atlantico Rum** ist aber mehr: eine Urlaubsverlängerung durch Trinkgenuss. Die »sunny side of life« als Rum-Erlebnis.

Die drei Rum-Sorten von Atlantico bestehen aus einem Blend von First-Class-destilliertem Melasse-Rum und Zuckerrohr-Rum, das

macht sie so besonders. Ich bin ja überwiegend bei Cocktails und Longdrinks ein Freund von weißem Rum. Der hier, **der Rum Platino** von Atlantico, dem nach der Fasslagerung nur durch sorgsame Filterung seine Klarheit zurückgegeben wurde, kommt mir aber wegen seiner aufregend vielschichtigen Süße auch pur ins Glas. Meiner Frau übrigens auch – definitiv ein Partner-Rum für gemeinsame Träumereien. Bestens geeignet für Urlaubsplanungen! Der Rum Reserva daneben ist alles andere als ein Platzhalter, er ist eine Solera-Type, die neugierig macht und zu Cocktail-Kreationen inspiriert. Da spielt er die Hauptrolle des Helden, der sein ganzes Potenzial dann in die Waagschale wirft und zeigt, wenn es am Spannendsten ist. Und das ist eben nicht immer gleich der erste schnelle Schluck. Ein Rum für Erkunder und Entdecker. Der immer mehr und verschiedene Facetten liefert, je länger man sich mit ihm befasst.

Wer noch mehr Aromen-Facetten sucht, der sollte sich beim Dritten im Bunde einbuchen. Der **Atlantico Gran Reserve**, der sich hier mit dem aus meiner Sicht besten Serviervorschlag – dezenter Deko und sonst nichts außer ihm im und am Tumbler – präsentiert, ist das Meisterstück der Reihe. Ein Feinschliff-Rum, dessen handwerkliche Erzeugung sich an Nase und im Mund mehr als deutlich zeigt. Beginnend mit der Präsenz fein aromatischer Noten von Honig, Rohrzucker, sanften Holztönen und viel reifer Frucht. Im Mund dann Karamell, helle gut akzentuierte Schokolade, Toffeesirup und dunkle Beeren, unterstützt, aber nicht überlagert

wieder von Röst-Aromen der Fassreife, die in ein langes, elegantes, leicht rauchiges Finish mit mild-süßer Alkoholnote als Abrundung münden. Karibik-Feeling von der besinnlich-träumerischen statt lauten Art. Kein Alltags-, sondern ein reifer spannungsreicher Belohnungsrum, der seinen Platz als Stand-Alone-Drink so sicher hat, wie er für Cocktail-Kreationen mit überschaubarer Anzahl bester Zutaten verwandt werden sollte. Ein Drink-Tipp für Genießer mit Zeit und feiner Sensorik.

Wer den Atlantico Gran Riserva versteht und schätzt, der hat auch Freude an meinem nächsten Entdeckerdrink. Dem vorletzten Bild-Tipp aus der Dominikanischen Republik, der mir erst in diesem Frühjahr unter die Nase und ins Glas kam, von dem ich aber spontan und mit bestem Gefühl eine Flasche erworben habe.

Der **Kirk and Sweeney 18 Years** liegt preislich im gehobenen Mittelfeld und ist dies allemal wert. Schon an der Nase ein Zuckerrohr-

Schwergewicht mit gehaltvollen Vanille- und Trockenfrucht-Aromen, entwickelt er auf dem Gaumen seine ganze harmonische Kraft: Würzige Zimt- und Muskatnoten vereinen sich mit Trockenfrüchten, bevor ein Anklang von hellem Tabak und frisch geröstetem mildem Kaffee ins Spiel kommen. Der Alkohol fügt sich harmonisch ein und unterstützt im mittellangen Nachklang Sherry- und Holztöne. Wer seine Spirituosenpräferenz beim Rum hat, der wird diesem Rum ebenfalls zu sich nachhause holen, da bin ich mir sehr sicher.

Den Abschluss der Hispaniola-Rums macht ein Familiendestillat, was die Insel erst verlässt, wenn es auf Flaschen gezogen wurde. Das heißt, der **Brugal 1888** ist vollständig lokal erzeugt, beginnend mit den drei Rohstoffen Wasser, Zuckerrohr und Hefe. Ein Original in Reinkultur, von dem jährlich nur 14.000 Flaschen abgefüllt werden.

Die Leistungsdaten dieses Bernstein-Klassikers sprechen für sich, beispielsweise durch die Fassreife, die in Ex-Bourbon- und ehemaligen Sherry-Fässern erfolgt. Das zahlt sich aus, denn der Brugal 1888 besticht ebenso durch seine feine Schokoladen-, Trockenfrucht- und Kaffee-Aromatik wie durch ein volles rundes Mundgefühl, bei dem Belohnungsgeschmack von Zimt, Süßholz, Toffee und Kakao die Hauptrolle spielt. Definitiv gute Gründe, sich beim Spirituosenhändler des Vertrauens nach einer der 14.000 Flaschen zu erkunden.

PUERTO RICO

Wir verlassen die Dominikanische Republik in östlicher Richtung. **Puerto Rico** erwartet uns als heutiger Rum-Standort der Marke, die schlicht das Synonym der fassgelagerten Zuckerrohr-Destillate ist: **Bacardi**. Das weltweite Symbol für Lebensfreude und Spaß mit Rum-Cocktails. Was uns über Jahrzehnte – erst überall, wo Bilder sich bewegten, und später nur noch in Kinosälen – mit seinem Happy-People-Karibik-Feeling zu seinen Drinks verführte. Keine Spirituosen-Marke hatte zu der Zeit mehr Einfluss auf Party-Getränke als Bacardi. War doch nicht verkehrt, oder? Kommt Jungs, mal ganz ehrlich. Wer aus dieser Zeit heute etwas schamhaft bereut, der tankt inzwischen am liebsten an der Steckdose und isst Veggie-Burger mit besonders viel Blattsalat plus zuckerfreiem Ketchup. Bacardi Cola war im richtigen Mischungsverhältnis – also nicht 1:1 – einfach super erfrischend, das lasse ich mir nicht kleinreden!

Aber es geht natürlich auch seriöser und für heutige Verhältnisse deutlich genussreicher bei und mit der Marke mit dem Fledermaus-Logo. Was für uns als Party-Rum begann, hat eine über 150 Jahre lange wechselhafte Unternehmensgeschichte, die auf Kuba begann. Aus dieser Zeit stammt übrigens auch der bis heute gehegte und gepflegte Hefestamm, dessen »Urahnen« immer noch im Fermentationsprozess von Bacardi Rum zum Einsatz kommen. Das nenne ich traditionsbewusste Nachhaltigkeit! Bacardi im Hier und Heute ist der größte Spirituosenhersteller der

Welt in Familienbesitz. Der von Hamilton, Bermuda aus geführte Konzern erzeugt äußerst beliebte Spirituosen – von Mainstream bis High-Premiumqualitäten – auf der ganzen Welt. Er verfügt über den Erdball verteilt über eine ganze Kollektion von Edeldestillerien, zu denen beispielsweise unter dem Dach von John Dewar's so ruhmreiche Whisky-Marken wie Aberfeldy, Aultmore, Craigellachie, Royal Brackla und The Deveron ebenso gehören wie die französische Grey-Goose-Vodka-Spezialität, Bombay Sapphire und Oxley Gin oder beispielsweise der vorzügliche Patrón Tequila aus Mexiko.

Mein **Bacardi-Rum-Tipp** wird nach dem uralten Originalrezept des Gründers **Don Facundo Bacardi** erzeugt und galt lange Jahre als der »Haus-Rum« der Familie Bacardi. Das heißt, er stand über Generationen lang nur der Familie zur Verfügung. Was sich erst kürzlich änderte. Dafür Danke. Denn für die **Ron Bacardi 8 Años-**Qualität wird extrem viel getan. Seine Rum-Basis aus entmineralisiertem Wasser, Zuckerrohrmelasse und der bereits erwähnten Hefe fermentiert unter ständiger Qualitätskontrolle, bevor Master-Destiller und anschließend besonders erfahrene Rum-Maestros zur Vermählung der Rum-Sorten, deren jüngste acht Jahre alt ist, Hand an den in amerikanischen Eichen-Fässern gelagerten Rum anlegen. Hohe Erzeugerstandards und mehr als ein Jahrhundert Rum-Erfahrung machen aus diesem sehr feinen Blend eine echte Bacardi-Rum-Referenz.

An der Nase liefert der bernsteinfarbene Rum ein fein abgestimmtes Klassiker-Repertoire von Vanille- und Honignoten sowie leichten süß-fruchtigen Ananasduft. Es folgt im Mund

noch mehr Frucht, vor allem Orangentöne, zu denen sich Holz- und Schokoladen-Noten sowie Karamell gesellen. Im mittellangen Finish machen sich erneut Vanille und Trockenfrüchte positiv bemerkbar. Eine absolut runde Sache, sowohl als purer »Sipping«-Genuss wie auch als feines Fundament, beispielsweise für einen erfrischenden Anejo-Highball mit Spicy-Ginger-Filler.

Sicher, das könnte jetzt noch zig Seiten so weitergehen, aber es gibt schlicht zu viele gute und exzellente Karibik-Rum-Sorten, um sie hier alle zu erwähnen. Von angemessener Beschreibung ganz zu schweigen. Meine Experten drängen trotzdem darauf, zumindest folgende Marken noch zu nennen, bevor wir zu ein paar Rum-Highlights aus der Weltauswahl kommen: Aus Trinidad und Tobago ist **Angostura** top, Costa Rica punktet vor allem mit den hochdekorierten **Centenario** Rums, von den British Virgin Island kommen mit **Pusser's** Historien-Rum-Sorten mit Royal-Navy-Abstammung, während nebenan im amerkanischen Teil der Jungferninseln auf St. Croix **Cruzan** beste Rum-Destillate bietet. Und … und … und …

Wir bleiben aber noch im Kerngebiet des Rums. Mit einem Sprung nach Bermuda, dessen traditionsreiche Gosling's Rums hier keinesfalls als Nennung fehlen dürfen. Der Gosling Black Seal Dark hat ebenso viele Fans wie der **Gosling Black Seal 151 Proof**, der mit umgerechnet 75,5 % Volumenalkohol ein wahrer »Bestprozenter mit Platzgarantie« im Kerle-Rum-Bestand ist. Vertut Euch aber bitte nicht, hier ist nicht nur viel Alkohol, sondern noch deutlich mehr spannende Aromen- und Geschmacksvielfalt am Start, die in der Kombination mit mineralarmem Wasser oder Fillern fast jede Schlacht im Glas gewinnt.

MITTEL- UND SÜDAMERIKA

Auf der folgenden Runde durch Mittel- und Südamerika gibt es noch mehr zu entdecken. Allein in Mittelamerika finden sich eine ganze Reihe hoch interessanter Rum-Destinationen, dazu zählt in jedem Fall Guatemala mit Rum-Spezialitäten vor allem von **Botran** und **Zacapa**. Genau wie Nicaragua, Costa Rica und Panama. Mit zum Beispiel Top-Marken wie **Flor de Cana**, **Cerro Negro**, **Centenario** und **Malecon**.

In Südamerika sind es vor allem die nördlichen Länder, bei denen Rum eine wichtige Rolle spielt. Kerle-Drinks der ganz besonderen Art habe ich bei einer Marke gefunden, die beim Aussprechen mehr rasselt als rinnt, obwohl ihre Rum-Sorten das genaue Gegenteil bieten. Da rasselt und rappelt nichts, die sind einfach nur Spitzenklasse und purer Genuss mit Must-have-Anspruch. Gemeint sind die Rum-Spezialitäten von **Dictador** aus **Kolumbien**. Eine markige Marke, deren Ursprung in der Tat bei einem im 18. Jahrhundert in Kolumbien robust regierenden spanischen Konquistador namens **Severo Arango y Ferro** liegt, der wegen seiner Amtsführung der »Dictator« genannt wurde. Einer seiner Nachkommen gründete Anfang des 20. Jahrhunderts die Destileria Colombiana und widmete sich ganz friedlich, aber leidenschaftlich der Wiederbelebung der alten kolumbianischen Rum-Tradition. Dem friedlichen Mann mit den hehren Zielen und wiederum seinen Nachkommen ist es zu verdanken, dass die Marke Dictador heute äußerst geschätzte Rum-Sorten überwiegend aus reinem Zuckerrohrsaft herstellt, die bei den besten Bartendern der Welt ebenso hoch im Kurs stehen, wie sie bei privaten Genießern begehrt sind. Dem schließe ich mich als bekennender Demokrat und genießender Dictador-Freund ganz klar an!

Egal ob die klassischen nach dem Solera-Prinzip gereiften Premium- und Extra-Premium-Rumsorten oder die genialen »100«-Kreationen, die im Rahmen der Destillation noch Mazerat-Zugaben von Kaffeebohnen und Orangen kennen, oder gar die »Best Of«-Range-von-Fass-Solitäre, die zwar nicht zu zweistelligen Europreisen zu haben sind, dafür aber einen sicheren Platz auf der Weihnachtsdrinks-Wunschliste verdienen. Man muss ja schließlich echt nicht jeden Kerle-Drink der Extraklasse immer selbst kaufen.

Der **Dictador Solera 12** Jahre sollte in Eure Rum-Auswahl kommen. Er überzeugt mich mit seinem ausgewogenen Bouquet von Karamell-, Honig-, Kaffee- sowie Kakaonoten

und den feinen Fassaromen sowie im Nachklang dezentem Rauch und feiner Vanille. Noch eine ganze Stufe komplexer ist der **Solera XO Perpetual**. Dieser Edel-Blend, dessen handwerkliche Erzeugung mit einer rund 60-stündigen Fermentierungszeit beginnt und der sich zudem durch Port-, Sherry- und Bourbon-Fassreife auszeichnet, überraschte mich mit sanften Kakao- und Karamellanklängen, zu denen sich in perfekter Harmonie feinste Fasstöne und reife Fruchtsüße gesellen. Eine absolut runde Komposition! Nach Auskunft meiner Experten toppt das noch einmal der jeweils von Master-Blender Hernan Parra komponierte **Best Of** mit seiner Auswahl der besten Fassinhalte des jeweiligen Jahrgangs. Hier das Beispielbild dieser »Dictador-Pretiose«, die ich bislang nicht verkosten konnte. Aber nach Weihnachten ist bekanntlich vor dem nächsten Weihnachtsfest. Wenn ich mehr weiß, erfahrt Ihr es in einer der Neuauflagen. Versprochen!

Bevor es lange Gesichter oder die erste Meuterei in der Leserschaft gibt: Nein, ich habe natürlich nichts übersehen und schon gar nicht vergessen. Ich mag eben eine gewisse geografische Reihenfolge und innere Ordnung im Rum-Kapitel. Deshalb, und nur deshalb, geht es jetzt erst nach **Venezuela**. Zu – na logisch – **Botucal**! Appetit und Fantasie anregendes Stimmungsbild zum Einstieg gefällig? Wird selbstverständlich geliefert ...

Die beste und günstigste Werbung für jeden puren Drink sind zufriedene kommunikative Genießer. Multiplikatoren, die nichts kosten. Mit einer Ausnahme und unverzichtbaren Vorleistung: Das hohe Invest in die erstklassige Produktqualität des Drinks. Auf Botucal Rum bin ich weder durch zahlreiche Werbeseiten in Lifestyle-Magazinen gestoßen noch durch Handzettelwerbung im Handel, geschweige denn aufdringliche Promo-Stände im Getränkehandel. Es war ein Tipp unter Freunden, der mir erst einen Botucal Rum ins Glas und dann die erste Flasche ins Haus gebracht hat. Zum Abschluss eines Grillabends gab es freie Rum- und Zigarrenauswahl durch den Gastgeber – einen wohlmeinenden Fingerzeig in Richtung einer dunklen Flasche mit mächtigem Retro-Briefmarken-Etikett inklusive. »Probiert mal, Jungs – habe ich kürzlich entdeckt. Echt top!«, Zitat-Ende. Na klar, haben wir genau das gemacht. Alle! Rum mit oder komplett ohne Eis in den Tumbler und probiert. Cheers! Ab da war es dann wenige Wochen später schlicht gesetzt, die Flasche in den heimischen Barschränken unserer Genießerrunde wiederzufinden. Mit zwei Ausnahmen, aber für diese beiden eingeschworenen Whisky-Heads ist Rum grundsätzlich kein sonderlich großes Thema. So schnell kann es gehen, wenn eine richtige perfekte Spirituose die Runde unter Männern macht. Um es ganz deutlich zu sagen, da ist Botucal natürlich kein Einzelfall, aber ein gutes Beispiel zum Kapitelende.

▲

Blick in ein Botucal-Warehouse
– Reife-Tresor für Rum-Legenden!

Verbunden mit einer klaren Botschaft an Euch als meine Leser: Egal was Euch besonders gut schmeckt – und gerade mal völlig egal, ob es hier auch im Buch steht – redet darüber, teilt Eure Entdeckungen, lasst Eure Buddies großzügig teilhaben. Nur so kommen gute Spirituosen ohne großes Werberauschen unters genussneugierige Kerle-Volk. Schon mal danke fürs Mitmachen und Weitersagen!

Zurück zu Botucal, deren Rum-Sorten meine Empfehlungen an sich schon nicht mehr brauchen, die hier aber trotzdem hingehören, weil sonst eine Lücke bliebe. Finden jedenfalls meine Experten. Nun denn: Die Spirituosenhistorie dieser familiengeführten Destillerie am Fuße der Anden ist vergleichsweise kurz, sie wurde erst 1959 gegründet. Der Standort wurde, wie bei den meisten Edel-guten Destillerien von Fass-Spirituosen auf Grundlage der lokalen Idealbedingungen sowohl für die Rohstoffseite wie auch das Reifeklima optimal gewählt. In einer Gegend, wo der Nachschub an bestem Zuckerrohr ebenso gesichert ist, wie die optimale Wasserqualität. Für den Rest waren und sind dann auch bei Botucal Destillier-Apparaturen – hier sowohl Pot Stills wie auch Kolonnengeräte – und bestausgebildete Mitarbeiter, also Master-Distiller und Master-Blender, zuständig. Plus unverzichtbare »pasión«, die erst aus all diesen Zutaten den perfekten Rum werden lässt.

Womit wir genau an der Stelle sind, wo meine erste Flasche von Botucal, der **Reserva Exclusiva**, wieder ins Spiel kommt. Er hat nicht nur reihenweise internationale Auszeichnungen gewonnen und Medaillen erhalten, er ist inzwischen ebenfalls einer unserer Amateur-Genießer-Favoriten beim Rum. Und das aus einer ganzen Reihe guter Gründe. Hier gilt mal wieder der schöne

Spruch »Beste Herkunft hat große Zukunft«. Rohstoffe, Destillation und Fassreife – alles tiptop. Wobei ich mir sicher bin, dass schon der aufwendigen Pot-Still-Destillation des Hauptteiles seiner Basis-Rum-Sorten erhebliche geschmackliche Bedeutung zukommt. Und natürlich der Fassreife – die hier in Ex-Bourbon-Fässern und ehemals mit Single Malt belegten Fässern stattfindet und deutlich auf die sensorischen Finessen einzahlt. Finalmente selbstverständlich noch die Blend-Zusammenstellung, die beim Reserva Exclusiva von Botucal aus 80 % schweren im Pot Still destillierten sowie 20 % leichteren Rum-Destillaten aus Säulen- und Druckkessel-Destillation stammt. Um als Kerle-Rum Lob und Anerkennung zu erhalten, muss eben erst richtig was geleistet werden!

Sachdienliche Tasting-Informationen zur Ergänzung gefällig? Zehn Männer, fünfzehn Tasting-Profile, der Klassiker. Der Reserva Exclusiva macht es einem wegen seiner Komplexität im Aromen-Spiel echt nicht leicht, da auf einen gemeinsamen Nenner zu kommen. Mich beeindruckt er jedenfalls immer wieder mit feinen Gewürznoten von karibischem Zimt und Muskatnuss in Verbindung mit warmen Tönen von reifem Kernobst und schmeichelnder Vanille sowie im Anschluss Toffeeakzenten. Wobei der zweite Schluck noch tiefere Geschmacksfarben wie Süßholz und Walnussnoten hebt, die von feinem Holz begleitet werden. Im Nachklang liefert er angenehm lang und belohnt dabei mit etwas dunkler Schokolade, um in bester Erinnerung zu bleiben. Was ihm zweifellos gelingt! Und neugierig auf seine Rum-Verwandten macht, von denen der **Blanco Reserve** ein Top-Genuss unter den weißen Rum-Sorten ist – der sowohl pur wie als Cocktail-Spirit Freude im Glas bereitet. Der schwerer findbare **Single Vintage** in der »Legt-nen-Fuffziger-drauf«-Kategorie ist ein stilprägendes Sonderklassen-Erlebnis, zu dessen Tasting-Details mir hier der Zeilenplatz fehlt.

Wofür der Platz aber immer reicht, ist ein Tipp zum Rum aus Guyana! Die **El Dorado** Rums von Demera Distillers, sind die Top-Referenzen dieses Rum-Hotspots. Sie werden in der Diamond Distillery, auf deren Grund und Boden auch das Zuckerrohr angebaut wird, auf uralter Brennereitechnik hergestellt. Rum-Aficionados auf der ganzen Welt begeistern sich vor allem für den **El Dorado 15 Jahre** und sind völlig hin und weg, wenn sie den noch exzellenteren **El Dorado 21** ins Glas und an den Gaumen bekommen. Ich hatte das Vergnügen noch nicht, werde mich aber in nächster Zeit mal darum bemühen!

Zum Schluss des Rum-Kapitels liefere ich eine kleine Auswahl von Empfehlungsmarken weltweit, wobei ich mich auf tropische Regionen beschränke, weil die neben dem perfekten Klima ebenfalls über die besten lokalen Rohstoffe zur Rum-Herstellung verfügen.

Wunderbarer Inselrum aus dem indischen Ozean kommt zum Beispiel von **Mauritius** und

CACHAÇA

Ohne den brasilianischen »Rhum«, den Cachaça, gehaltvolle Grundlage in jedem Fall unserer limonig-frischen Sommerdrinks, den Caipirinhas, würde hier etwas fehlen. In seinem Heimatland ist Cachaça die Lieblingsspirituose Nr. 1. Und dabei vor allem die Premium-Qualitäten als pure Drinks ohne Zu- und Beigaben. Dort verwendet man für den Caipi meist schlichte und gröbere Cachaça-Sorten, weil Brasilianer derartigem Caipirinha mehr Geschmack zutrauen. Außerdem nimmt man in Brasilien feinkörnigen weißen Rohrzucker statt braunem für diesen Fresh-Drink. Interessant? Übrigens wird der Cachaça nicht aus Melasse, sondern direkt aus Zuckerrohrsaft hergestellt, der nach Reinigung und Filterung sowohl mit Natur- wie auch Zuchthefen fermentiert wird. Wenn der »Vinho« durchgegoren ist, geht es ans Destillieren. Schon in der Auswahl der Rohstoffqualitäten und der Dauer des Gärprozesses trennt sich die Massenherstellung von der Qualitätserzeugung. Dies allerdings noch weit mehr bei der Destillation. Cachaça wird von zigtausend brasilianischen Brennereien hergestellt und zählt vom Ausstoß her zu den Massen-Spirituosen der Welt. Wobei nur ein geringer Anteil das Land zum Export verlässt. Deshalb wird der Großteil der späteren Flaschenware industriell kostengünstig in kontinuierlicher Kolonnen- oder Säulendestillation hergestellt. Und nur ein überschaubarer Anteil von Spitzendestillaten handwerklich in traditionellen Alambiques aus Kupfer. Hierbei gelingt es erfahrenen Brennmeistern, bei erstklassigen Zuckerwein-Vorprodukten mit nur einem Brennlauf aus dem Mittellauf sehr ordentliche Cachaça-Qualitäten zu gewinnen. Üblich sind aber auch hier bei hochwertigen handwerklich erzeugten Sorten Mehrfachbrände in zwei oder drei miteinander verbundenen Alambiques. Ähnlich wie wir es von der Pot-Still-Herstellung beim Whisk(e)y kennen.

Zur Fassreife der Spitzenbrände, die beim Cachaça mindestens ein Jahr dauern muss, um sie auszuweisen, kennt man in Brasilien im Gegensatz zum Rum keine Reife in vorbelegten Ex-Bourbon- oder Ex-Sherry-Fässern nur aus Eiche. Stattdessen wird Cachaça in Fässern aus heimischen Holzarten gereift und ausgebaut.

Zu den bekannten und bei uns für Caipirinha besonders beliebten Cachaças gehören vor allem **Pitu Premium do Brasil** und der in der abgebildeten Brennanlage hergestellte feine **Canario** Cachaça. Andere geschätzte und ebenfalls empfehlenswerte Marken, aber bei uns weniger bekannt, sind beispielsweise: **Nega Fulo**, **Ypioca**, **Cachaça 51** und **Iguaçu**.

Madagaskar. Meine Experten nennen dazu Marken wie **Saint Aubin**, **Green Island**, **Flamboyant** und **Dzama**. Natürlich kennen eine ganze Reihe weiterer Inselparadiese, in denen der Zuckerrohranbau beheimatet ist, auch feinste Rum-Destillate.

Indien gilt als zweitgrößter Zuckerrohrerzeuger der Welt, bei dem auch Rum ganz oben auf der Spirituosenliste steht. Die heimischen Marken **Amrut** und **Old Monk** liefern nicht nur die Lieblings-Rum-Sorten für zig Millionen Inder, sondern in ausgewählte Handelsstrukturen auch hohe Qualitäten zu uns nach Europa.

PHILIPPINEN

Die »Rum-Rundreise« endet beim drittgrößten Zuckerrohr-Anbauer der Welt, den **Philippinen**. Und dazu nehme ich mir noch Zeit und Seitenplatz für ein Tipp-Portrait mit Bild. Mit bester Begründung – nennt es gerne auch clever, falls Ihr die List, die sich hier verbirgt, ebenfalls anwenden wollt. Bei einem Buch mit dem Titel »Pure Drinks für echte Kerle« gibt es ja nix zu gendern. Wozu auch, es geht ja um Eure Hausbars und nicht die Eurer Klasse-Frauen. Vieles von dem, was sich hier im Buch findet, wird von ihnen eher nicht pur oder mit ein paar Würfeln Eis »gesippt«. Zu kräftig, viel zu rauchig, zu viel Fass, viel zu viel inhaltsschwere trockene Alkoholprozente. Oder ... oder ... Passt schon. Dadurch bleibt schließlich mehr für Euch selbst übrig! Wenn keine mächtige Cocktailbar – mit smartem jungem Bartender als Dienstleister – ein eigenes Drink-Spielzimmer belegt. Also bis dato wenig mit den Frauen zu teilen oder gar zu verteilen. Bis fruchtig-süßer Rum pur ins Spiel kommt. Der mit dem folgenden Drink zum echten Frauen-Versteher-Höhepunkt wird ...

Verlasst Euch einfach auf die wunderbare Wirkung des **Don Papa**-Rum von der philippinischen Zuckerinsel Negros. Läuft! Mit Euren Holden. Selbst bei lausigem Wetter, unverhofftem Spülmaschinenschaden oder nach verkohltem Hauptgang des Candelight-Dinners zum Hochzeitstag. Alles egal und sofort vergessen, wenn Ihr zwei Tumbler zieht und Don Papa stressless und beziehungsfördernd zur Anwendung bringt. Den Chill- und Kuscheldrink aus der Rum-Liga der besten Fassgelagerten.

Die Beste-Laune-Rum-Sorte von Don Papa wird zum Erhalt ihrer Reichweite ausschließlich aus inseleigenem Zuckerrohr im Small-Batch-Verfahren, also kleinen Einzelmengen, destilliert. Dann reift der als Top-Tipp abgebildete Klassiker, ein wahrer Premium-Agend-Rum, ganze sieben Jahre vor Ort am Fuße des Inselberges Mount Kanlaon in ausgewählten Ex-Bourbon-Fässern aus bester amerikanischer Weiß-Eiche. Aus diesem Fassnektar wird danach das Endprodukt komponiert. Das Ergebnis kann sich nicht nur hier sehen lassen, Ihr müsst es einfach selbst in bester Begleitung verproben und genießen. Allein geht natürlich auch, mit richtig guten Freunden sowieso. Trotzdem bleibe ich hartnäckig bei der anderen Genießer-konstellation. Aber ganz egal wie, wann und wo, Ihr werdet begeistert sein. Wenn Ihr nicht gerade zur Rum verweigernden »Just-Islay-Single-Malt-Fraktion« oder zu den »Gunpowder-proof-Gin-Puristen« gehört. Alle anderen belohnt Don Papa mit einem wunderbar süßen Bouquet an Tropenfrucht-Aromen, feinsten Vanille-Noten und Anklängen von milden hellen Kaffeesorten plus einem Hauch von Kokosnuss. Um ihn ganz spontan schon nach dem

ersten Kennenlernen zum Haus-Rum zu machen, braucht Ihr keine Rum-Experten zu sein. Entspannter Genießer reicht völlig. Mit der passenden Genießerin an Eurer Seite ... Das reicht jetzt – die Botschaft ist ja sicher angekommen.

Herzlichen Dank für Euer Interesse an diesem Kapitel. Nur noch einen Hinweis dazu: Es steht nirgendwo geschrieben, dass man seine Genießerleidenschaft nur an eine Spirituosenart vergeben dürfte oder muss. Perfekte Drinks sind keine Einbahnstraßen oder Sackgassen. Viele Whiskyfreunde – und das ist schon eine stark ausgeprägte Glaubensrichtung – konvertieren zwar nicht vollständig zu anderen fassgelagerten puren

Drinks, sie sind aber neugierig und aufgeschlossen gegenüber Spirits mit anderem Rohstoff-Fundament und besonderer Fassreife. Sagt also niemals »nie«, wenn Euch ein spannender neuer Drink aus einer wenig bekannten oder komplett neuen Aromen- und Geschmackswelt angeboten oder zum Tasting präsentiert wird. Ihr würdet einfach viel verpassen.

Genau die richtige Überleitung zu der im vorletzten Hauptkapitel zusammengefassten Auswahl weiterer besonders spannender Weltspirituosen. Pure Drinks, wie sie nicht nur hier im Buche stehen, sondern auch bei Euch zu Hause zum festen Bestandteil der eigenen Lieblingsauswahl werden könnten.

Nachdem wir die bedeutendsten und beliebtesten Weltspirituosen gebührend gewürdigt haben, geht es zum großen Finale der »Puren Drinks für echte Kerle« auf eine Speed-Dating-Runde in der wilden Mischung. Die folgende Auswahl an Kult-Drinks bietet erst internationale und danach deutsche Traditionsdrinks mit Zukunft plus Kerle-Spirits mit Gegenwartspower – in loser Reihenfolge. Ziemlich wild, aber ganz sicher nicht zufällig oder wahllos so zusammengefügt.

Übrigens flatterte gerade noch die aktuelle Absatzliste der weltweiten Top-50-Spirituosenmarken auf meinen Recherchetisch. Der absatzstärkste Markendrink weltweit ist? Whisky, oder? Pustekuchen! Südkoreanischer Soju der Marke Jinro belegt Platz eins und Chum Chuum Soju den dritten Rang. Aua! Das geschmacksarme und vergleichsweise niedrigprozentige südkoreanische Reisdestillat – was an Vodka erinnert – kennt hier kaum jemand. Und genau dabei werde ich es jetzt auch belassen. Nach der Winter-Olympiade in Südkorea 2018 weiß ich sicher aus erster Hand durch die Eurosport-Experten, die dort vor Ort sein werden, mehr. Aus diesem Grund hebe ich mir den Soju für später auf. Genau wie Obstbrände. Und all die großartigen Weinbrände als überwiegend fassgelagerte Kerle-Drinks, denen ich hier mit Ausnahme von spanischem Brandy noch keinen Platz bieten kann. Drink happens, oder so ähnlich.

Dann lasst uns loslegen: je ein Drink zu einem Land plus drei deutsche Kräuterliköre. Keine lange Vorgeschichte und historische Faktensammlung, Marian Krause und Andreas Künster, meine Bartender-Experten, halten ein waches Auge auf die korrekte Inhaltsqualität, heben sich aber ihre wertvollen begleitenden »Hardfacts« für spätere umfassendere Stories zu dem einen oder anderen der folgenden Kult-Drinks auf.

KAPITEL 6

NOCH MEHR KULT-DRINKS

KAPITEL 6

- **200** Tequila / Mexiko
- **207** Moonshine / USA
- **211** Aquavit / Norwegen
- **213** Pastis / Frankreich
- **214** Brandy / Spanien
- **218** Grappa / Italien

DREI DEUTSCHE KULT-DRINKS

- **222** Jägermeister
- **223** Blutwurz
- **224** Original Danziger Goldwasser

TEQUILA / MEXIKO

Zu den »kerligsten« Drinks mit aktuell hohem Promifaktor gehört der Agavenschnaps aus Mexiko. Der bei uns seit vielen Jahren auf Partys als eisgekühlter **Shot** mit einem Zutatenritual unter Verwendung von Handflächen sowie Salz und Zitrone berühmt und teilweise auch berüchtigt ist. Und dem Schauspieler und bekennenden Tequila-Genießer **George Clooney** beim Verkauf seiner eigenen Tequila-Marke »Casamigos« zu einem veritablen Sümmchen von knapp einer halben Milliarde Dollar verholfen haben soll. Aber selbst dies erst lange nachdem eingefleischte Westernfans mit cineastischer Neigung zu unterhaltend lauten Konflikten zwischen bösen Gringos und aufmüpfiger mexikanischer Landbevölkerung schon **Pulque** aus Kürbis-Kalebassen und dessen Destillatreduktionen **Tequila** oder **Mezcal** in Tonkrügen kannten. Hola, Hombre – für Tequila läuft's also schon ewig in Hollywood und den Innenstadt-Bodegas!

Vermutlich waren es vor ein paar tausend Jahre bereits die Azteken, die etwas von der Vergärung von »Agavenstückwerk« verstanden. Faktensicherer wird die Entstehung von Destillaten aus dem »Gärwein« mexikanischer Agaven aber erst mit dem Zeitalter der spanischen Eroberer im 16. Jahrhundert, die ihre Kenntnisse zur Destillation ins Land trugen und unters heimische Volk brachten. Dass es auch hier wieder eines jahrhundertelangen **Evolutions**prozesses von der schlichten **Alkoholer**zeugung bis zum Destillatergebnis bester Tequila- und Mezcal-Qualitäten bedurfte, ist so klar wie das heute perfekte Ergebnis dieser Zeitreise in Flasche und Glas. Dazu aber doch noch kurz Marian Krause mit ein paar O-Tönen zur Erzeugung von Tequila, der ja schlicht ein besonderer Mezcal aus spezifizierter Agavenart und mit zertifiziertem lokalem Herkunftsnachweis ist.

Der Agrarrohstoff von Tequila ist die Agave tequilana (blaue Weber-Agave), die in Mexiko wächst und dort ausschließlich kultiviert wird, um das Rohmaterial für Tequila zu erhalten. Ein Tequila muss grundsätzlich mindestens 51 % des Zuckers aus diesem speziellen Agavensaft enthalten. Tequila, benannt nach dem gleichnamigen Ort mitten in einem fruchtbaren Agavengebiet, darf nur aus fünf Regionen stammen: Jalisco, Guanajuato, Michoacán, Nayarit und Tamaulipas. Zudem findet meist eine zweifache Destillation der aus den Herzstücken der Agave, den »Piñas«, gewonnenen und fermentierten Pflanzensäften in Verbindung mit Wasser – zusammen das »Honigwasser« – in Kupferbrennblasen statt. Noch schnell die Sorten und Qualitäten: Da gibt es **»Mixto«** zum Einstieg sowie **»100 % Agave azul«** als Premiumprodukt, meist mit Fassreife. Was ist mit der Farbe? Da unterscheidet man ganz grob zwischen **Tequila blanco**, **plata** oder **silver** als klaren transparenten Drinks, die nach der Destillation auf Trinkstärke gebracht und direkt in Flaschen abgefüllt werden. Und **Tequila reposado**, der mindestens zwei Monate in Eichenholz-Behältern geruht hat, sowie **Tequila añejo**, der mindestens ein Jahr, aber weniger als drei Jahre in Eichenholz-Behältern lagert. Außerdem gibt es noch die Spitzenqualität **extra añejo**, das ist ein Tequila, der mindestens drei Jahre in Eichenholz-Behältern lagert. Und was ist dann **Mezcal**? Ähnlich, aber nicht genau gleich wie bei Bourbon und Tennessee Whiskey ist Tequila der strenger geschützte und lokal verortete Agavenbrand auf Basis nur einer Art dieser Pflanze, während der ursprünglichere und vielfach auch in handwerklicher Kleinproduktion gebrannte Mezcal aus bis zu 18 Agavenarten gewonnen werden kann.

Die Botschaft kommt an,
Padre azul gehört in richtige Kerle-Hände!

Na dann mal ran an die Tequilas. Allerdings nicht zu den »Hau-weg-auf-Ex-Schuss-und-Schluss-Hirnzellen-Killern«, sondern schnurstracks zu richtig guten Tequilas in der »Kerle-Referenzklasse«.

Dazu habe ich den perfekt passenden »Kerl« und seine Tequila-Empfehlung, für die er als Markenbotschafter sehr eindeutig den Daumen hebt, mitgebracht: **Padre azul Premium Tequila** und **Stefan Kretzschmar** passen somit in einen gemeinsamen Satz. Von dem Euch der zweite Name aufgrund seiner einzigartigen kämpferischen Sportlerkarriere

sicher viel geläufiger ist als der der noch jungen High-Premium-Tequila-Marke aus dem mexikanischen Jalisco. Vielleicht ändern wir das ja gerade. Grund dazu gibt es allemal, wie mir Stefan anlässlich eines Treffens erst erzählt und dann auch beim »Probierenlassen« eindeutig bewiesen hat. Hier das »Destillat« unserer Unterhaltung über den Kerle-Drink Tequila und warum ihm die Padre-azul-Spezialitäten besonders am Herzen liegen.

Eines gleich vorweg: Ich habe diesen sportlich sicher harten, aber menschlich absolut feinen und allürenfreien »Kerl« überhaupt nicht als angestrengten »Werbemissionar« seiner Tequilas wahrgenommen. Stefan ist aber auch kein »gekauftes Testimonial«, sondern einfach begeistert davon, was seine Freunde aus Österreich rund um Hans-Peter Eder ihm vor ein paar Jahren als Tequilas erstmalig präsentiert und dann ins Glas gezaubert haben.

Tequila kannte er vorher genau wie ich eher von der mit Vorsicht zu genießenden Seite. Und war deshalb völlig überrascht, dass da geschmacklich deutlich anderes und vor allem mehr ging. Das hat nicht nur seine Neugier am Tequila selbst geweckt, er begann sich auch für das aufwendige handwerkliche Herstellungsverfahren der High-Premium-Drinks seiner Freunde zu interessieren. Und bekam großen Respekt davor, was zwischen Feld und Flasche alles notwendig ist, um einen richtig guten Tequila zu erzeugen.

Das Interesse war geweckt und damit auch seine Bereitschaft, sich für die Verbreitung der **Padre azul Tequilas** zu engagieren. Wobei, das gibt Stefan offen zu, neben der Qualität der Spirits auch deren Auftritt, sprich ein passendes besonderes Flaschendesign, speziell für

▲
Immer bestens gerüstet:
Stefans »Tasting-Koffer« liefert erstklassige Genusslaune!

Marco Bachler, einen der Markeneigentümer, begeisterter Harley-Fahrer und verantwortlich für das Design, und ihn extrem wichtig war. Und da wurde seine Meinung und Einschätzung dann auch für die eigentlichen »Markenmacher« zur echten Hilfe. Spitzendrinks brauchen einen coolen authentischen Auftritt, sonst bleiben sie Geheimtipps. Wenn dann High Premium auch bei sowas in die Verlängerung geht und selbst die Flaschen handcrafted als kleine Kunstwerke entstehen, zeugt das schon von extrem viel Leidenschaft und Perfektionswillen. Echte Kerle, die selbst alles geben, verlangen schließlich selten weniger. Deshalb schätzen sie es, wenn ihre Drinks auch als »Bottle Heroes« volle 100 % »liefern«. Das Auge genießt schließlich mit!

Die Identifikation mit »seinen« Tequilas ist für Stefan deshalb, das ist mir schnell deutlich geworden, alles andere als ein Lippenbekenntnis. Er ist stolz darauf, sowohl an der Entwicklung beteiligt zu sein, wie auch andere für drei High-Premium-Tequilas zu begeistern, die ihm selbst vor allem pur schmecken. Aber er macht auch unmissverständlich klar, dass er sie genießt und nicht kippt. Wobei besondere Anlässe, wie beispielsweise der Aufstieg seines Leipziger Handballvereins »SC DHfK« im Jahr 2015 in die Bundesliga, offenbar genau die richtigen Gelegenheiten für ihn sind, mit seinen Jungs mal etwas großzügiger ins Padre-azul-Depot zu greifen. Allerdings aufgrund der Qualität des Stoffs ohne »Synapsen-Bingo« am nächsten Morgen. Padre-azul-Cocktails sind – da sind wir beide »Pur-Puristen« uns schon wieder ziemlich einig – nicht sein Ding. Mit Ausnahme eines richtig gut aufgestellten **Tequila Sunrise** lässt Stefan Kretzschmar nur ein Glas an seine Tequilas. Und überlässt ansonsten die große weite Welt der Mix- und Mischvarianten still genießend denen, die es mögen und sich damit auskennen. Soll es ja reichlich geben. Ein guter Zeitpunkt, sich mal mit seinen puren Tequilas live zu befassen. Dazu hat Stefan – in bester Bond-Manier – einen edlen Padre-

Pádre azul

IMPORTED BY:
NOM 1466 CRT

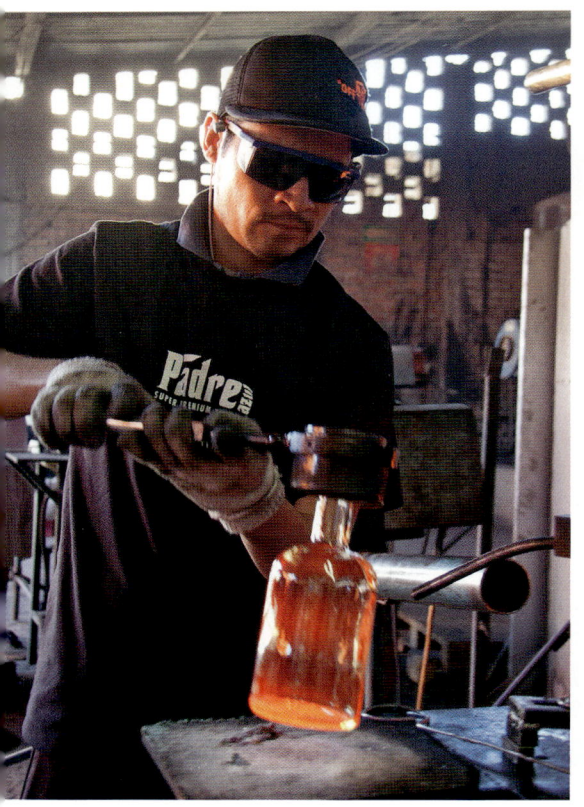

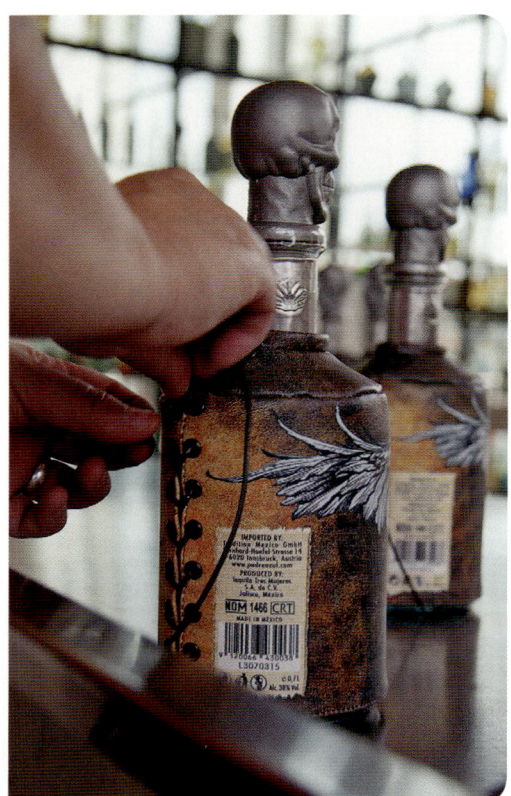

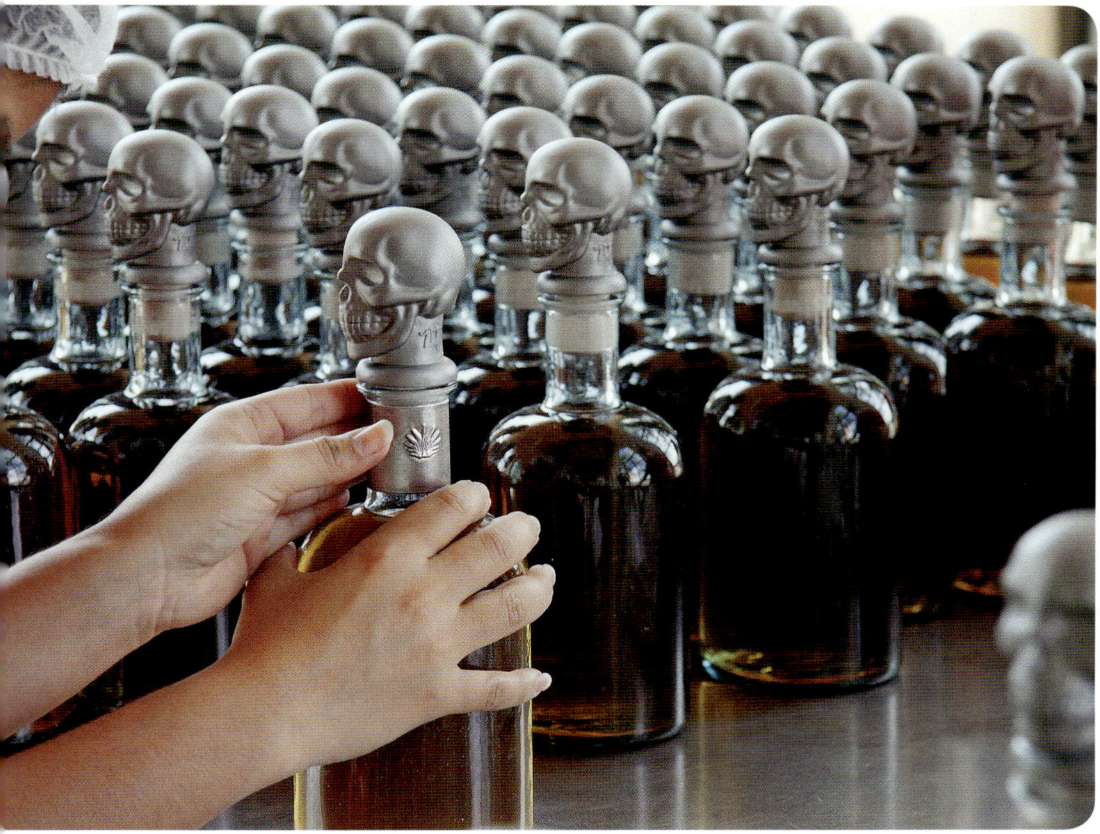

azul-Koffer mit seinen Tequila-Genusswaffen mitgebracht. Also: Koffer auf, Flaschen und Shotgläser auf den Tisch und los. Er hat seinen Favoriten ja schließlich schon. Und ist gespannt, wie ich mich entscheide.

Sorry, aber ich muss erstmal die Flaschen in Ruhe »begreifen« – und das ganz praktisch, weil mir sowas noch nie in die Finger gekommen ist. Wie verrückt ist das denn? Ein ein Viertelpfund schwerer Scull-Verschluss – der Totenschädel ist übrigens das mexikanische Symbol für ewige Freundschaft – plus handgefertigte Flaschen im geschnürten Ledermantel. Auf so Wahnsinnsideen kann man doch nur kommen, wenn vorher bester Tequila in breiten Strömen geflossen ist, oder? Stefan Kretzschmar grinst und sagt dazu natürlich nichts. Passt schon!

Die drei Padre-azul-Tequilas in den Sorten Blanco, Reposado und Añejo sind es jedenfalls absolut wert, nicht nur wegen ihrer coolen Bottles im Ledermantel und dem hammermäßigen Scull-Verschluss in Hütte und Heim aufgenommen zu werden, der Inhalt geht qualitativ genauso mit! Nachdem ich alle drei ausprobiert habe, ist meine persönliche Entscheidung aber ganz klar für den Añejo gefallen. Ein Tequila-Geschmacks-Feuerwerk der edelguten Fasslager-Art, mit einem ganzen Netz voll perfekt spielbarer Aromenbälle. Die leichteren davon bieten helle Karamell- und Vanille-Aromen, die komplexeren Kaffee- sowie dunkle Kakao- und auch dunkle Nuss-Aromen. Der Padre azul Añejo ist damit ganz klar mein Tipp für Tequila-Fans, die am kerligen Außenauftritt ihrer Drinks genauso viel Spaß haben wie an der Inhaltqualität der Flaschen. Wohl wissend, dass so etwas auch preislich nicht in der Kreisklasse zu finden ist. Herzlichen Dank an Stefan Kretzschmar für diese Erfahrung. Die Ihr übrigens auch machen könnt. Ich soll Euch dazu von ihm grüßen. Mit einem kräftigen »Salud, Compadres!«

Nichts gegen die Sombrero-Liga von **Sierra**, aber irgendwie entwickelt man sich ja weiter. Von wegen »weniger ist mehr«. Dass der Tequila-Marktführer **Destilerías Sierra Unidas** auch für solche Fälle bestens gerüstet ist, beweist er mit dem Sechs-Sorten-Angebot der Flaggship-Reihe **Milenario**, die definitiv zum Kreis der Top-Tequila-Qualitäten gehört und deshalb mein zweiter Tequila-Tipp mit Bild wird.

Dieser sorgfältig zweifach destillierte Sierra Milenario **Tequila Extra Añejo** mit seinen perfekt »verbauten« 41,5 % Volumenalkohol lagert bis zu vier Jahre in Fässern aus französischer Limousin-Eiche, einer Fassklasse, bei deren Erwähnung Kenner genusshungrig in Richtung Glas und Flasche schielen. Und das bei diesem Extra-Añejo als Super-Premium-Tequila aus besonders gutem Grund. Schon beim Nosing entpuppt er sich als Karamell-, Schokoladen- und Früchtebelohnung, die auf dem Gaumen durch die Präsenz von herrlicher Fasswürze, feiner Vanille, reifen süßen Früchten – Kirschen inklusive – und dunkel würzigem Honig noch getoppt wird und in ein langes elegantes Finish mündet.

Außerdem sind die **Jose Cuervo** Tequilas richtig klasse, die ebenfalls aus Jalisco stammen. Deren Namensgeber Jose Maria Guadalupe de Cuervo hat 1795 die erste und damit älteste Brennerei im Städtchen Tequila gegründet. Meine Tipps dazu stammen aus der »1800 Linie«. Sowohl der **1800 Tequila Reposado** als auch sein klarer Verwandter, der **1800 Silver Tequila**, als großartiger Blanco-Tequila, sind perfekte Vertreter der edlen traditionellen Tequila-Art! Weitere zu empfehlende Tequilas aus den zirka 100 Destillerien mit ihren zig Marken und Sorten stammen beispielsweise von **Corralejo**, **Espolòn**, **Sauza** und ein paar anderen.

Wie war das eigentlich noch mit den kleinen und großen Sprüngen? Von Menschheit, Mond und so. Es ist mir entfallen. Aber vieles deutet darauf hin, dass es jetzt einen mächtigen »Hopser« in eine ganz andere »Drink-Ecke« gibt. Frei von jahrhundertelanger Tradition und Weiterentwicklung, handverlesenen Rohstoffen, sorgfältigster mit bestem Brennerei-Equipment und edel kultivierter Fassreife erzeugter Spitzenware. Meine Experten sind ja gerade alle in Urlaub, da tobe ich mich mal kurz aus. Einfach Spaß im Glas mit einem robusten, urtümlichen Drink, der mitten in der DMAX-Fancommunity zuhause ist. Tradition aus und Mondlicht an für ...

MOONSHINE / USA

DMAX hat nicht grundlos mit »Moonshiners« ein sehr beliebtes Serienformat zu diesem »Do-it-yourself«-Kultdrink aus gemaischtem Getreide im Programm. Moonshine ist mittlerweile – den Fachmeinungen einiger Drink-Traditionalisten zum Trotz – ein ziemlich facettenreicher Drink, der die Anfänge und Hintergründe seiner Entstehung den Prohibitionszeiten verdankt. Dem Alkoholerzeugungs- und Verkaufsverbot, das in den Vereinigten Staaten in den 1920er- und 1930er-Jahren für alle Staaten galt, das zum Teil aber in einzelnen Bundesstaaten bis heute nachwirkt. Auch wenn die eine oder andere »Spaßbremse« die vermeintliche oder reale Illegalität der Moonshine-Schwarzbrennerei bei Vollmond oder in unwegsamen Waldregionen im Whiskeygürtel der USA als Marketingfolklore bekritteln mag – spannende Geschichten liefert die Bach- und Buschbrennerei allemal und zuhauf. Zumal neben robusten Rohbränden bei Moonshinern, die von den richtig erfahrenen Schwarzbrand-Haudegen erzeugt werden, in der Tat auch manch feines Stöffchen gedeiht. Deren Moonshine hätte absolut das Zeug, als White Dog in besten Weiß-Eichen-Fässern zu richtig gutem Whiskey zu reifen.

Moonshine ist jedenfalls ein Kultdrink mit reichlich Abenteurer-Spirit und Tatkraft in Schraubglas oder Flasche. Der als Trenddrink längst den ausgetretenen Provinzlatschen frech-fröhlicher Schwarzbrenner-Rotten in Arkansas, Virginia, Tennessee und Kentucky entwachsen ist. Und es zum Teil – die richtig guten Qualitäten – sogar bis in die wählerische Barszene geschafft hat. Die harte DMAX-Fan-Zielgruppe hat wahrscheinlich eine ganze Batterie von diesen Pullen und Deckelgläsern im heimischen Bestand. Und kann somit die Moonshiners-Serie mit permanenter Synchronverkostung quasi in »3D« begleiten.

So weit kommt es jetzt nicht, aber ein paar Top-Moonshiner stelle ich Euch hier schon ins Tipp-Fenster. Versehen mit dem erlaubten, wenn nicht sogar notwendigen »Programmhinweis«, dass sich vor allem unter **www.dmax-shop.de/drinks/moonshine/** sowie **www.urban-drinks.de/moonshine/** sowohl die Tipp-Ware wie auch weitere »Mondschein-Trinkgewächse« leichter finden lassen als im klassischen Getränkehandel.

Mein erster Tipp ist ein USA-Original aus Virginia: Der **Tim Smith Climax Moonshine** mit freundlichen 45 % Volumenalkohol. Unterhaltsame Geschichten dazu liefert Euch das laufende DMAX-Programm oder die DMAX-Videothek zum jederzeitigen Abruf. Einfach auf **dmax.de** ins Suchfeld »Tim Smith« eingeben! Tim, der als Schwarzbrenner eine Zeit lang »most wanted« war, ist jedenfalls ein echter Moonshine-Hero – drüben in der neuen Welt und bei uns. Und sein **Climax Moonshine** aus Mais, Roggen, Gerstenmalz und Zuckerrohr ist richtig klasse. Frisch, rund und aromatisch – nicht mehr ganz »vom Wald ins Glas«, dafür aber mit fairen, sauberen, milden Getreidearomen und einer abrundenden Süße. Er ist pur auf Eis ohne jedes Gekratze genauso genießbar wie zum Beispiel mit einem spicy Ginger als Highball.

Der zweite im Moonshine-Bunde hat eine völkerverständigende Auswanderungsgeschichte im Erzählgepäck, bei der hierzulande wahrscheinlich jedem Migrationsbeauftragten die Haare zu Berge stehen würden. In der Kurzfassung geht das Ganze so: Ein deutscher Einwanderer landet Ende des 19. Jahrhunderts mit seiner Familie in Amerika und macht sich zu Prohibitionszeiten mit besonders hochprozentigem Schwarzgebrannten nützlich. Was ihm die Anerkennung seiner Konsumenten und reichlich Ärger mit dem Gesetz beschert. Super, oder? Zum Happy End ohne Knastgitter, aber dafür mit Liefersicherheit in unsere Refugien wird das Ganze, nachdem das Ur-Rezept über einen seiner Nachfahren auf verschlungenen Wegen auch hier in Deutschland landet. Inzwischen wird der **Floyd's 55** mit 55 % vol. als einer der stärksten Moonshiner der Welt in Lizenz und bester Destillatqualität – ordentlich besteuert – in Nordbayern hergestellt.

Aber Achtung: Bei allen Zutaten und Rohstoffen plus Brenndauer und Alkoholanteil wird sich streng an das Originalrezept gehalten und nicht an eine abgeschwächte Boulevard-Version. Die Wasserqualität der Maische ist natürlich um Längen besser als ursprünglich, genau wie der professionelle Gär- und Brennprozess. Von dem, was da heute fertig aus der Destillen-Vorlage fließt, hätte der »Ur-Floyd« als Schwarzbrenner sicher gerne stolz einen sehr ordentlichen Schluck aus dem Henkelglas genossen. Und dann anerkennend gemurmelt: »Well done, german distillers!« Finde ich ebenfalls und mache deshalb diesen gehaltvollen Moonshine mit seinem begriffften Deckelglas gerne zum Tipp.

Kurz vor Schluss und neuem Kultdrink noch der Hinweis auf die richtig guten **Ole Smoky Moonshiner** aus Tennessee, von denen ich einen auch persönlich verprobt habe. Ob Euch die aromatisierten Sorten auch munden, ist Eure Geschmackssache – ich bin da raus.

Zurück in die Welt der Kult-Drinks, die zwar keine eigenen TV-Serien haben, dafür aber Sender- und Empfängerprogramme liefern, die weit über Kopfkino hinausgehen. Wobei, wäre das nicht ein ultimativer Trinkspruch: »Cheers, auf mein Kopfkino, möge es nie dröhnen und nur flimmerfreie Bilder liefern!« Aufgekratzte Autorenprosa – direkt vor einem Top-Drink vom anderen Ende der Welt.

AQUAVIT / NORWEGEN

Komm mir da bloß keiner mit »Vatters frostiger Verteiler nach fettigem Futter«. Aquavit ist ein Kultdrink, wie ihn die alten Wikinger nicht besser mit der Streitaxt in feindliche Burgtore hätten hämmern können. Oder schlichter formuliert: Voll auf dem Punkt und absolut gehaltvoll! Keine Frage, Aquavit hilft natürlich bestens als entspannender »Menüfolger« – dafür ist der im Mazerat seines Destillats enthaltene Kümmel wie geschaffen. Aber Aquavit ist vor allem ein Kultklassiker, der – wenn die Qualität stimmt – nicht zwingend geeister Flaschen oder TK-Gläser bedarf. Weil er, vor allem ohne die Schockfrostung der ätherischen Öle seiner Kräuter- und Gewürzzugaben, eine großartige Aromafülle liefert und sich somit sowohl bei Zimmertemperatur pur sowie in Cocktailbegleitung bestens genießen lässt. Ein Belohnungsdrink ohne Abstriche, der in den hohen Qualitätsstufen definitiv in die Weltauswahl der besten puren Drinks gehört. Fast auf Augenhöhe mit klassischen **London Dry Gins**, mit denen er sich meist das Basisdestillat Kartoffel- oder Weizenbrand und ganz grundsätzlich das Mazeratverfahren seines Innenlebens teilt – eine hochwertige Gewürz- und Kräuterbasis.

Aquavit bleibt ein skandinavischer »Charakter-Spirit«, der denen, die ihn schätzen, extrem viel zu bieten hat! Ich habe jedenfalls mit ein paar besonders guten Aquavit-Sorten ewige Freundschaft geschlossen. Mein später Dank dafür geht – wenn es ihn irgendwo auf der »Barfly-Welt« noch gibt – an Kjell, einen genialen Bartender, der mich vor über fünfundzwanzig Jahren im historischen Fefor Høifjellshotell in Norwegens Wintermitte mit dem Genusspotenzial von erstklassigem Aquavit vertraut gemacht hat. Skål!

Ziemlich egal, ob jetzt **Linie Aquavit** aus Norwegen oder **Aalborg Jubilaeums Akvavit** (andere Schreibweise plus Weizenbrand statt Kartoffelbrand als Ausgangsspirituose) aus Dänemark – das läuft ähnlich wie BMW und Rolls Royce, richtig guter (bekannter) skandinavischer Aquavit kommt von der **Arcus Gruppe**. Und vorzüglicher deutscher Aquavit, den es schließlich auch gibt, von **Helbing** aus Hamburg! Da es mein Wunsch und Wille ist, Aquavit hier als norwegisches Kümmeldestillat zum Kultdrink zu erklären, wird ein Linie Aquavit das Tipp-Thema sein.

Wer die Geschichte des **Linie Aquavit** als der ältesten Aquavit-Marke Skandinaviens nicht kennt, der hat den kompletten Drink verpennt: Die Basis des goldgelben Linie Aquavit ist zunächst mal extrem reiner, so gut wie geschmacksneutraler Kartoffelbrand. Er wird zusammen mit Wasser, ausgewählten Sorten Kümmel, Koriander, Anis und anderen – geheimen – Gewürzen als Mazeratmischung destilliert. Das Herzstück des hochprozentigen Destillats wird dann mit neutralem Alkohol und weichem Wasser gemischt, in Fässer gefüllt und gelagert. Es bleibt wohl für immer ein Rätsel, warum die Norweger nicht auch zu einer Gin-Nation wurden – schließlich wächst dort bester Wacholder in Hülle und Fülle. Aber eben auch eine Art von wildem Kümmel, die besonders reich an ätherischen Ölen ist und deshalb seit Urzeiten von der Landbevölkerung – die häufig selbst ihren Schnaps brannte – als besonderes Leib- und Magenkraut geschätzt wird. Da werden sich die klugen Nordmänner einfach ihren exklusiven Teil gedacht und destilliert haben, Gin kann schließlich fast jeder, perfekten Aquavit offenbar nicht.

Vielleicht lief das Ganze auch viel zufälliger. Und damit auf die gleiche Art, wie der schmackhafte norwegische Aquavit dann »auf Linie gebracht wurde« – durch einen glücklichen Zufall. Durch Fernreisen-Reifung, um es mal salopp zu formulieren. Die Legende besagt, dass ein für den Verkauf in Australien vorgesehener fassgelagerter Aquavit seine Ausschiffung am anderen Ende der Welt nach einer stürmischen Äquatorüberquerung schlicht versäumt und somit wieder die ergebnislose Rückreise nach Oslo angetreten hat. Von wegen »ergebnislos« – wieder zuhause angekommen, hatte er eine sensorische Fassreife erlangt, von der man ab da in Norwegen und anderswo beim Aquavit nicht mehr lassen wollte. Kunststück, bei den Temperaturschwankungen auf See, raues Meeresklima inklusive.

Somit wurde die versehentliche logistische Irrfahrt auf See zum fest eingeplanten permanenten Reife-Ritual mit zweifacher Äquatorpassage – in riesigen 500-Liter-Fässern – bestimmt. Und da vom maßvollen Aquavit-Genuss aus Weltreise-Fässern bekanntlich noch keiner gestorben ist, lebt der feine Linie Aquavit bis heute. Eine schöne wahre Geschichte, und ganz sicher kein Märchen!

Die in Sherry-Fässern gereiften Linie-Aquavit-Klassiker haben einen festen Ankerplatz in meinem gut belegten Flaschenhafen. Wobei mir persönlich der Linie **Double Cask Aquavit**, der weitere 12 Monate in Port-Fässern reift, nachdem er von seiner Seereise zurück ist, am besten schmeckt. Nach insgesamt knapp zweieinhalb Jahren Fassreife, in ruhendem und bewegtem Zustand, gibt er pur bei Zimmertemperatur neben reichem Kümmel-, Anis- und Orangenschalenduft dann im Mund seine erstklassigen Fassaromen preis. Und überzeugt zusätzlich durch milde Alkoholunterlegung. Eine gute Belohnungswahl, nicht nur nach Fjordwanderungen oder Angelexkursionen an Norwegens Küsten, sondern auch an heimischen Winterabenden, ganz ohne Polarlichter am Firmament.

Nun auf zu unseren französischen Nachbarn und deren markantem Mittelmeer-Drink.

PASTIS / FRANKREICH

Frankreich ist ja vor allem für seine edlen Cognacs in Genießerkreisen berühmt. Ich bin mir gemeinsam mit meinen Expertenfreunden ziemlich sicher, dass der Cognac pur wie mit Cocktail-Unterstützung der kommende große Spirituosentrend bei den fassgereiften sein wird. Zurzeit wird viel diskutiert, probiert, beurteilt und debattiert. Deshalb halte ich es auch ganz gut aus, mir die feinen fassgereiften französischen Weinbrände noch für die nächste Ausgabe des Buches aufzuheben. Und sie dann – genau wie Obstbrände, den herrlich fruchtigen Calvados inklusive – in kompletten Einzelkapiteln zu beschreiben. So viel Muße habe ich mit der deutlich überschaubareren Auswahl an erfrischen Anis-Spirits nicht. Sie sind als französischer Kultdrink jetzt und hier gesetzt! Was in der Schweiz mit dem sagenumwobenen Absinth – der als Sucht und Elend fördernder Wermutdrink erst in Verruf und dann unter Verbotsbann geriet – begann, findet sich heute in der harmlosen wermutfreien Anisée-Genussabwandlung als Nachahmung = französisch »pastiche« in Form von Pastis in fast jedem schicken städtischen Bistro sowie urigen Dorfkneipen auf dem Land wieder. Je südlicher, desto Pastis.

Frankreichs Mittelmeerinsel Korsika – meine »Teilzeit-Heimat« für ein paar Jahre in den 1980ern – hat mich und den Pastis zu Freunden werden lassen. Und dabei ist es bis heute geblieben. Ich weiß mich da in bester Gesellschaft mit vielen Festlandsfranzosen und Korsen, obwohl man beide in einem Satz selten so entspannt zusammenbekommt, sowie jeder Menge frankophiler Spirit-Kerle. Wo immer zudem kampferprobte Friedensbewahrer im Dienste der Grande Nation, die häufig das Zeichen der Schwertlilie auf ihren Uniformen tragen, nach hartem Einsatz zum Entspannungsteil von Tag oder Nacht übergehen und dabei an die Heimat denken, ist meist die ein oder andere Flasche Pastis im Spiel. Mehr Trinkgenuss und gleichzeitig Kerle-Referenz geht kaum für einen Drink. Und der Pastis hat sich Anerkennung und Interesse wahrlich verdient. Das heute überwiegend aus dem Anethol des Sternanis (früher echtem Anis), aus Fenchelsamen, Süßholzwurzel als Hauptbestandteilen von Mazerat oder Infusion sowie zahlreichen weiteren Gewürzen, wie zum Teil Melisse, Minze, Thymian, Koriander, Kamille etc., bestehende Gemisch, was gemeinsam mit Zucker und Wasser zum Destillat-Endergebnis mit 40 bis 45 % Volumenalkohol zusammenwächst, ist ein Aromentresor ganz eigener Art und Güte. Der in meist südfranzösischen Handwerksdestillen sowie von großen Marken wie Ricard und Pernod erzeugt wird. Als Anisée trinkt man ihn landestypisch mit Eiswasser (und in jedem Fall ohne Eiswürfel im Glas!) gemischt. Wobei der Pastis ein Fünftel oder Sechstel der Mischung ausmachen sollte, damit er nicht zu scharf wird und die Geschmacksnoten seiner Aromen sich am besten hervorheben. Die milchige Farbe entsteht durch den »Louche-Effekt«, der auf den Anetholanteil des Anis oder Sternanis zurückzuführen ist, sobald der bis dahin klare hochprozentige Likör auf das Eiswasser trifft. Die genaue Erläuterung der biochemischen Reaktion liegt außerhalb meines limitierten Themenwissens.

Spielt ja auch keine Rolle, Pastis ist in der traditionellen Eiswasser-Verbindung – für die aber bitte erst das Wasser und dann der Pastis ins Glas kommt – wie auch in zahlreichen Mix- und Mischvarianten ein feiner Drink. Egal, ob als Aperitif oder ohne nahrhafte Begleitung genossen, Pastis ist eine Belohnung für die Geschmackssinne, die sich nur noch durch die lokale Verbindung mit bestem Mittelmeerklima während der Anwendung toppen lässt. Als Winter- oder Schlechtwetterdrink käme mir ein guter Pastis jedenfalls nicht ins Glas. Und ich bin hier beim Wasser besonders wählerisch. Frisches Quell- und Gebirgswasser macht für mich den perfekten Pastisgenuss aus, dann schmeckt er mir fast überall, wo Mittags- und

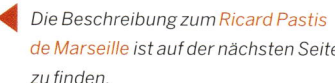

Die Beschreibung zum Ricard Pastis de Marseille ist auf der nächsten Seite zu finden.

Abendsonne scheint. Also nicht nur am Mittelmeer oder den kleinen urbanen Fischerkneipen im Hafen von Calvi. Eine meiner Lieblingssorten beim Pastis bleibt der **Casanis**, ein Pastis de Marseille mit korsischen Wurzeln, der bis heute nach dem Originalrezept hergestellt wird und einen besonders hohen geschmacksprägenden Anetholanteil (bitte nicht mit Äthanol verwechseln!) enthält. Ein wunderbarer Pastis, den ich allerdings am liebsten mit noch weniger Wasser im Verhältnis 1 zu 4 trinke.

Außerdem bekommt und schmeckt mir aus dem Pernod-Ricard-Unternehmenslager deren klassischer **Ricard Pastis de Marseille** ebenfalls so gut, dass ich ihn hier mit Bild als Tipp hervorhebe. Er hat zudem den logistischen Vorzug, in jeder gut sortierten Spirituosenabteilung des hiesigen Lebensmittelhandels verfügbar zu sein. Ein denkbar gutes Zeichen dafür, dass der Pastis auch bei uns inzwischen in der Beliebtheit im Kommen ist – wenngleich ich mir schon etwas mehr Auswahl wünschen würde. Ich möchte daher zum Schluss noch einmal auf den **Absinth** als Urvater des Pastis zurückkommen. Zu dieser Spirituose mit viel Erzählgeschichte und intellektuellem Genießerhintergrund entwickelt sich still, aber nicht unbeobachtet vor allem in Frankreich, aber ebenfalls seinem Ursprungsland, der Schweiz, eine Manufakturerzeuger-Riege, die sehr vielversprechend hinsichtlich seiner Zukunftsperspektive ist. Da die Leidenschaft für dieses Aromenelixier heute im Vergleich zu seinem historischen Hoch keine Leiden mehr schafft, empfehle ich schon jetzt, auf Absinth ein waches Auge zu haben und sich mit ihm intensiver zu befassen. Ich werde das sicher auch in der nächsten Ausgabe tun. Santé! Der nächste Kultdrink wartet schließlich schon, direkt hinter der französischen Grenze.

BRANDY / SPANIEN

Kein Weinbrandkapitel im Buch und trotzdem jetzt der Brandy? Das passt ja wohl nicht zusammen. Doch, tut es. Weil Brandy zwar spanischer Weinbrand ist, aber mehr noch eine Kerle-Botschaft. Der feine Drink – ein uralter Gran Reserva – nach einem erstklassigen Erfolgsmoment! Egal, ob kluger Lebensentscheidung, perfektem Deal oder erstklassigem Fünf-Gänge-Menü. Läuft! Entweder zwischen künftigem Schwiegervater und willkommenem Schwiegersohn, Vater und Sohn, Käufer und Verkäufer, Gastronom und Gast oder zwischen zwei Freunden, die sich zwanzig Jahre nicht gesehen haben. Der Brandy-Pakt – Ziel gemeinsam erreicht! Salud, Cheers oder zum Wohl! Brandy in großer Runde? In Spanien vielleicht, aber nicht bei uns. Brandy ist ein Drink, für den man keine große, sondern nur richtig gute Gesellschaft braucht.

Über seine Herkunft und Erzeugung ließe sich in epischer Breite berichten. Spannende Geschichten mit großen Erzählbögen. Aber hier soll nur das Ergebnis in Flasche und Schwenker das Thema dieses spanischen Nationalweinbrands sein, der überwiegend in der Region Jerez de la Frontera an der spanischen Atlantikküste erzeugt wird. Und zu dem uns vor allem der überlebensgroße schwarze Osborne-Stier der Marke **Veterano** einfällt, der sich überall in Spanien aus der Landschaft erhebt. Das Symbol einer Marke, aber in unserer Wahrnehmung gleichzeitig auch das Synonym für spanische Weinbrände, die nach dem Solera-Prinzip in mit Sherry vorbelegten Fässern gereift sind.

Beim **Brandy de Jerez** spielt aber im Unterschied zu anderen geografisch herkunftsgeschützten internationalen Weinbränden nicht so sehr die Herkunft des Trauben-Rohstoffes, sondern vor allem der Ort der Fassreife die entscheidende Rolle. Erstklassige **Solera Gran Reserva Brandys** erhalten ihre charakteristische Aromentiefe und Geschmacksnoten je nach Art der Vorbelegung der Reifefässer. Das Destillat dieser Spitzenliga mit Reifedauer von mindestens drei Jahren – als Solera Gran Reserva – heißt »holandas«. Für die Qualitäten darunter, also die einfacheren **Solera Brandys** mit einer Mindestfassreife von sechs Monaten oder die **Solera Reserva** mit mindestens einem Jahr Fassfinish, mischt man die aufwendig erzeugten »holandas«-Brände mit höherprozentig in Kolonnenapparaten gebrannten einfacheren »destillados«, bevor sie mit Wasser reduziert in die Fassreife gehen.

Dass wir hier in die Top-Liga Solara der Gran Reserva Brandys die Tipps »einparken«, ist eh klar. Tipp Nr. 1 kommt von Osborne. Er ist eine Art Haus- und Familienbrandy der Traditionsmarke mit Gründungsjahr 1772.

Der **Conde de Osborne** ist ein Spitzen-Brandy, der bis 1964 ausschließlich von der Familie Osborne selbst konsumiert wurde, als **Solera Gran Reserva** der Luxusklasse. Der Conde de Osborne reift über zehn Jahre in Fässern aus Weiß-Eiche, die zuvor für die Alterung des süßen Sherrys **Pedro Ximénez** benutzt wurden. Ich hatte ihn noch nicht im Schwenker, aber einer meiner Experten schätzt besonders seinen Duft von Pflaumen-, Rosinen- und Vanillenoten und lobt seinen milden Geschmack von Holz, Sherry sowie Kakao und seine feine Süße. Wobei er ebenfalls anmerkt, dass sich im langen Abgang kräftige Fasstöne mit deutlicher Sherrynote bemerkbar machen. Ein Highclass-Brandy wie aus dem Bilderbuch – und das zu einer attraktiven Preis-Leistung. Beste Voraussetzungen für einen Kultdrink!

Was nicht weniger für den zweiten Tipp gilt, den **Lepanto Solera Gran Reserva** von **Gonzalez Byass**.

Ein Rasse- und Klasse-Brandy in Reinkultur. Erzeugt wie die besten Cognacs durch Zweifachdestillation im Alambique, nur aus Sherrytrauben der Weißwein-Rebsorte Palomino Fino und nach dem Solera-Prinzip 15 Jahre fassgereift. Mit seinen 36 % Volumenalkohol ist er eine sensationell milde Brandy-Referenz. An der Nase punktet er mit einer komplexen Aromenvielfalt, aus der sich sehr klar Vanille, heller süßer Karamell und feine Mandeln identifizieren lassen. Es folgt ein absolut ausgewogenes Mundgefühl, zu dem der Lepanto Geschmacksnoten von reifen getrockneten Aprikosen, süßen Rosinen, röstfrischen gebrannten Mandeln und mildem Sherry an den Gaumen entsendet. Der Ausklang ist langanhaltend und elegant. Ein »best Buddy« für Kaminabende mit einer guten Zigarre oder ein Sundowner auf der Segelyacht eines guten Freundes in einer stillen Bucht an der Costa de Almería.

Weitere erstklassige Brandys finden sich zum Beispiel in den Beständen von **Cardenal Mendoza**, **Suau**, **Torres**, **Esdor** und **Peres Barquero**.

Eine internationale Kultdrink-Auswahl ohne italienische Beteiligung wäre wohl wie ein Sportwagen-Parcours ohne Ferrari, Lamborghini oder Maserati. Also herzlich wenig wert. Da könnte man das Buch vielleicht früher zuklappen. Was mir überhaupt nicht gefallen würde, es kommen schließlich noch einige richtig spannende Drinks.

GRAPPA / ITALIEN

Herr, wirf Buchseiten vom Himmel. Vierzig Seiten wären jetzt prima, dann wird das ein schönes rundes Grappa-Kapitel, in dem alles Wesentliche drin ist. Kommt nix von oben? Schade, denn wir sind jetzt schon bei über 200 Seiten. Wie soll da der Grappa noch angemessen Platz finden? Okay, der Grappa hat so viel selbstbewusste Substanz, dem macht es herzlich wenig, wenn er hier bei den Kerle-Drinks auf ein paar gehaltvolle Spitzentresterbrände verdichtet wird. Vielleicht auch besser so, wo ja die Weltspirituosen Whisk(e)y, R(h)um, Gin und Wodka ohnehin die vorderen Seitenplätze belegen und er als eine der rassigsten Genuss-Spirituosen eine dezente Nebenrolle zugewiesen bekommt. Er wird es mir nicht nachtragen, denn in meiner ganz persönlichen Spirituosenwelt hat er einen Spitzenplatz, weit vor den meisten wesentlich trendigeren Gins und Vodkas mit ihren riesigen Fan-Gemeinden. Der italienische Tresterbrand, das Kulturelixier der nord- und mittelitalienischen Genusswelt, ist eine eigene kleine Spirituosenklasse. In Grappa vereint sich das Unverfälschte der Weintrauben. Er »liefert« keine Aromen, er schenkt sie. Grappa ist sich selbst genug. Aufgrund der begrenzten Verfügbarkeit spielt er als offensiver Kerle-Drink eben keine herausragend plakative Rolle.

Grappa ist in jedem Fall ein Urgestein der Destillatentwicklung. Der Bauernschnaps aus den Resten der Weinerzeugung, den Pressrückständen, wurde erstmalig urkundlich im Jahre 1451 als »grape« im Friaul erwähnt. Was heute schon fast despektierlich klingt, war jahrhundertelang guter Brauch und Bestandteil der möglichst vollständigen Verwertungskette von Agrarerzeugnissen. Auch die Reste mussten noch ein positives Ergebnis bringen – entweder als Viehfutter, Brennstoff oder Dünger. So eben auch beim Grappa – nach der Mostgewinnung für den Wein aus den Resten von Schalen, Fruchtfleisch, Kerngehäusen und zum Teil auch Stielen und Stengeln der Trauben in Verbindung mit Wasser und Hefe ein Vergärungsprodukt zur Destillatherstellung. Aus diesem Gemisch als Gärmasse wurde robuster und zum Teil sehr hochprozentiger Bauernschnaps chargenweise in Brennblasen gewonnen. Gehaltvolle Hausbrände, die jahrhundertelang selten die Umgebung ihrer Erzeugung im Friaul, Trentino, Piemont, der Lombardei und den angrenzenden Regionen Norditaliens verließen. Erst im letzten Jahrhundert wurde Grappa vom nationalen Brand der Italiener dann zur bekannten Qualitätsspirituose auch außerhalb der italienischen Grenzen. Grappa hat inzwischen einen ebenso festen Platz in den Spirituosenbeständen von Freunden und Förderern der gepflegten Trinkkultur wie in zahlreichen Bars und Spitzenrestaurants. Grappa ist kein Hype und kein Megatrend, aber er ist als Aromendrink gesetzt und geschätzt.

Heute sind es ausgewählte Flaschen des berühmten Grappa-Familienclans **Nonino**, von **Berta**, **Sibona**, natürlich **Bertagnolli**, aber vor allem **Carlo Bocchino** und **Jacopo Poli**, die meine kleine Grappa-Welt bereichern. Zwei davon stelle ich Euch bebildert vor …

Den Anfang macht **Poli**, die Meisterdestillerie, die auch bei uns mit ihren schlanken edlen Grappaflaschen, die selbstbewusste italienische Designmoderne mit der Handwerkskunst des Grappa-Brennens verbinden, sehr bekannt ist. Das Familienunternehmen aus dem Herzen Venetiens blickt auf eine Brennereihistorie von inzwischen fast 120 Jahren zurück und rühmt sich zu Recht, einer der ältesten und erfahrensten Grappaerzeuger im Lande zu sein. Ich bin immer wieder von der Kreativität und handwerklichen Sorgfalt begeistert, die in jedem **Poli Grappa** steckt. Poli kreiert aus dem Tresterkonzentrat jeder herausragenden Traubensorte ganz besondere Grappa-Geschmacks-Charaktere. Unikate, die die ganz eigene Destillierhandschrift dieser leidenschaftlichen Familien von »Grappa-Machern« selbst dann erkennen lassen, wenn keine Flasche auf dem Tisch steht, da sind sich vor allem meine italienischen Expertenfreunde als wahre Grappakenner absolut einig.

Ich habe Euch zwei dieser Poli-Grappe mitgebracht, die sowohl bei uns erhältlich sind als auch nicht zu gewaltig ins finanzielle Kontor schlagen.

Der aus dem Trester von Merlot- und Cabernet Sauvignon-Trauben gewonnene milde kristallklare **Sarpa** mit seinen feinen Frisch Floral- und Kräuteraromen gehört als Finale zu meinen Lieblingsdigestifs nach einem erstklassigen italienischen Menü. Da fehlt dann gemeinsam mit einem Espresso aus einer guten Siebträgermaschine definitiv nichts mehr. Der dreizehn Jahre im **Barrique** gereifte Jahrgangsgrappa – hier für Adleraugen der Jahrgang 1999 – Poli Barrique mit seinen unverdünnten 55 % Volumenalkohol ist ein völlig anderes Belohnungskaliber, das für jährlich nur neun Barrique-Fässer auf das Allerfeinste destilliert wird. Perfetto! Eine Trauben- und Fassreife-Story im Glas, die großartige Grappa-Geschichten vom Anfang mit der Traubenlese im Weinberg bis zur entschleunigten Fassreife erzählt. Der Poli Barrique zaubert die lebensfrohe und gleichzeitig leidenschaftliche italienische Genusskultur in den Grappa-Kelch. Ein Handwerkselixier zum Wegträumen, mit viel Tiefe und besten Aromen von Kaffee, Kakao, reifem Trockenobst und Eichenholz – unterlegt mit kraftvoller, aber nicht kratziger Substanz des Alkohols. Ein Genusstipp, der sein Geld wert ist!

Das Finale der kleinen Weltreise zu den internationalen Kult-Drinks für echte Kerle widme ich einem Grappa, der auch für mich etwas sehr Besonderes ist. An dem Punkt belaste ich mich jetzt nicht mehr mit irgendwelchen banalen Preisen in Euro, sondern lass es einfach nur noch fließen. Behutsam, in einem schmalen Rinnsal, bei dem ich keinen Tropfen von dem Grappa verschwenden möchte, der hier als letzter Tipp in den Grappa-Kelch kommt.

Schon beim Namen **Carlo Bocchino** nicken Grappa-Spezialisten anerkennend. Die Familiendestillerie aus Cannelli im Piemont wurde 1898 von Carlo Bocchino gegründet und befindet sich heute unter der Leitung von Carlo Micca Bocchino. In all den Jahren blieb man der Tradition treu, in bester Handwerkstradition feinste Grappe, vor allem aus den Trestern der Moscatotrauben der eigenen Heimatregion, zu brennen. Natürlich gibt es bei Bocchino mit dem Sigillo Nero auch einen sehr ordentlichen Einstiegs-Grappa, aber die wahre Meisterschaft der Grappa-Brände beweist die Familiendestillerie beispielsweise mit ihrem im Barrique ausgebauten **Grappa della Cantina Privata**, der aus dem Trester von 65 % Nebbiolo- und 35 % Moscato-d'Asti-Trauben gewonnen wird und den es in den Fassreife-Stufen von 8, 12, 18 oder 21 Jahren gibt.

Mein Favorit ist aber der vielfach prämierte **Riserva Carlo Bocchino**, dessen Namen an den Firmengründer erinnert. Zu seiner Herstellung werden die ältesten und edelsten Trauben des Piemonts ausgewählt, deren Trester dann schonend im Dampfverfahren destilliert werden, bevor der Ausbau und die lange, sorgfältig überwachte Reife in Eichenfässern ihn zu einem der perfektesten mir bekannten Grappa-Destillate werden lässt. Ein Einser-Grappa mit dickem Plus dahinter, der wirklich alle Sinne begeistert. Beginnend mit seiner reifen Farbe von goldenem Herbst. Im Kelchglas duften Röst- aromen und Weinbeerentöne, die von feiner Würze abgelöst werden. Seine ganze Klasse spielt er dann auf dem Gaumen mit einem ganzen Bouquet fein austarierter Geschmacksnoten aus, die zu komplex sind, um sie aufzählend auf wenige Einzelkomponenten zu beschränken. Einfach sensationell gut. Ein Grappa-Tipp für weit fortgeschrittene oder sehr aufgeschlossene Genießer in unserer Kerle-Liga, ganz klar. Und damit ein mehr als standesgemäßer Abschluss der internationalen Kultdrink-Auswahl dieses Buches.

DREI DEUTSCHE KULT-DRINKS

Die Auswahl der puren Drinks hört dort auf, wo sie begonnen hat, bei uns zuhause in Deutschland. Mit einer dreiteiligen Auswahl von Kultlikören, die als Drinks so deutsch sind wie wenige andere. Als bekannte Markenspirituosen oder als Synonyme ihrer Drink-Gattung. Ich bin ganz offen: Nach den vielen internationalen Kerle-Drinks, wie zuletzt dem Grappa, die sich vor allem durch ihre Rohstoffauswahl, die unterschiedlichen Herstellungsverfahren sowie die verschiedenen Qualitätsstufen unterhaltsam beschreiben ließen, und für die deshalb weniger Spirituosenmarken selbst zum Tipp-Thema wurden, ist das jetzt nochmal ein gewaltiger Sprung in eine ganz andere Richtung. Sicher nicht, weil diese deutschen Kult-Drinks als Liköre von ihrer Herkunft und Qualität weniger zu bieten hätten, sondern weil sie einfach ganz eigene Typen sind. Bei denen sich die Diskussion über geschmackliche Finessen und Stärkenprofile in eine andere Richtung entwickelt. Man mag sie ganz einfach, oder …

Eben. Als Risikoausgleich habe ich mich dazu entschieden, sowohl der »Kerle-Jugend« wie auch der »Ü-40-Liga« was Passendes zu liefern. Und um noch den letzten »Schluckaktivisten« zu vergrämen: Auch wenn einer dieser Kultliköre sehr wache und fitte Party- und Feiersubstanz in seinen Flaschen trägt, »Hau-Weg-den-Stoff«-DNA hat keiner der Drinks in seiner Erzeuger-Agenda. Im Gegenteil: Mit dem richtigen Maß genossen, haben sie viel mehr zu bieten, als der mehr oder minder sportliche Volumenalkohol-Anteil es vermuten lässt. Genug der einleitenden Worte und auf zu den Drinks.

JÄGERMEISTER

Die Wahrscheinlichkeit, als Naturfreund ohne Pirscherfahrung einem Rotwild-Geweihträger – wir Jäger nennen sie Rothirsche – in freier Wildbahn zu begegnen, ist heutzutage statistisch so hoch wie ein Vierer mit Zusatzzahl im Lotto. Die Wahrscheinlichkeit, dem Kräuterlikör-Synonym Jägermeister irgendwo auf der Welt nicht zu begegnen, ist im Vergleich dazu deutlich geringer. Die von **Curt Mast** in den 1930er-Jahren im heimischen Wolfenbüttel entwickelte Kräuterlikörspezialität ist der »deutsche Kultshot around the world« und in über 120 Ländern erhältlich. Das heißt auch überall dort, wo man weder Tempo-Taschentücher, Dr. Oetker-Pizza, Persil-Waschpulver oder Haribo-Gummibärchen kennt. Adidas, Aspirin und Jägermeister – zwischen denen es keinerlei taugliche Zusammenhänge außer ihrer internationalen Bekanntheit gibt – aber schon! Ich bin ja selbst ganz ordentlich herumgekommen. Wenn ich unterwegs mal was aus der Heimat trinken wollte, war auf zwei Marken immer Verlass: Beck's und Jägermeister! Wobei der Jägermeister für mich so eine Art »Multitool der Kerle-Drinks« ist: Mit nichts lässt sich besser und magenfreundlicher aus Shotgläsern anstoßen als mit diesem Kräuterklassiker, der weniger durch seinen Alkoholanteil als durch die erstklassige Kräutermixtur seiner vier Mazerate »liefert«. Jägermeister trinkt und – ich füge gerne an – genießt, wer seine Kräuter und das Aromenspektrum zu nutzen und zu schätzen weiß. Klar geht das unheimlich gut auf riesigen Partyevents beim begeisterten Jungvolk, für das es mittlerweile deutlich mehr Jägermeister-Mix- und -Misch-Rezepte gibt, als jeder noch so kapitale Hirsch Enden an seinen Geweihstangen hat. Cool, cooler, Jägermeister!

Aber auch ohne Dezibel-Challenge und Mix-Zugaben ist der Jägermeister mit seinen sorgfältig ausgewählten 56 Kräutern, mit Geschmacksmarkern vor allem von Sternanis, Ingwer, Zimt und Orangenschalen ein geschätzter Genussbegleiter für viele Anlässe, gepflegte Grillrunden und aushäusige Jagdexkursionen inklusive!

Der mehr als guten Ordnung halber sei erwähnt, dass sich in der Liga der bekannten deutschen Kräuterliköre und Bitter noch andere beliebte »Schwergewichte« finden. Allein die Namen sind schon gelebter Kult und Leistungsversprechen für magenfreundlich aromatische »Kräuterlinge« mit klug dosierter Volumenalkohol-Power unter den Deckeln und Verschlüssen. Ich meine beispielsweise **Hirschkuss**, **Killepitsch**, **Kuemmerling**, **Underberg** und **Wurzelpeter**.

Nach so viel welt- und mindestens landesweiter Prominenz wird es Zeit, einen Kultdrink mit (noch) deutlich weniger Marketing-Rauschen, aber allerbestem regionalem Kräuterfundament auf den Tipp-Schild zu heben. Möge er dadurch so viel an Popularität und internationaler Verbreitung gewinnen, dass ich ihn bei der nächsten Teilnahme an einer traditionellen Stammesmahlzeit der Massai im ostafrikanischen Busch nach lecker »Warzenschwein-Rippchen aus dem Erdloch« und reichlich Saroi von fröhlichen Stammesältesten kredenzt bekomme.

BLUTWURZ

Bislang noch das hochgeschätzte Stamm- und Stammes-Kräuterdestillat bajuwarischer Mannsbilder, allerdings bereits jetzt mit erkennbaren trendbestimmenden Tendenzen Richtung skandinavische Küstenlinie und südeuropäische Sonnenparadiese. Für den **Blutwurz-Kräuterlikör** von **Penninger** läuft es derzeit extrem gut. Die hochprozentige Kräuterspirituose, die mit satten 50 % Volumenalkohol ihr Mazerat aus der Essenz zerhackter Blutwurz-Wurzeln und weiterer allerdings geheimer Kräuter begleitet, hat sowohl eine magenberuhigende Wirkung wie auch eine geschmacklich hoch interessante Aromenvielfalt. Dass der Hersteller, der Traditionsbetrieb Penninger, von dem – aufmerksame Leser werden sich erinnern – ebenfalls der Granit Gin stammt, extrem viel von Kräuter- und Gewürzkombinationen im Destillat versteht, zeigt der Blutwurz ganz deutlich. Da mittlerweile auch eine ordentliche Portion Marketing-Knowhow dem Außenauftritt des Drinks beigemischt wurde, sind die Rahmenbedingungen für einen Kultdrink besser als je zuvor.

Der **Blutwurz Black** liefert sich ein Aufmerksamkeitsgefecht zwischen Flasche und Inhalt. Was wegen dem trendigen Bottle-Design immer knapper zugunsten der fein bitteren Aromenmischung ausgeht. Wobei – ganz ehrlich – wer die neben der Bitternote gut identifizierbaren feinen Ingwer-, Zimt- und Vanillentöne, die vor allem von Nelken-Aroma begleitet werden, erst mal im Glas und dann auf dem Gaumen hatte, der findet die Flasche zwar immer noch extrem hip, hat aber seinen echten Spaß mit dem Inhalt, der richtig sauber zieht! Und es durchaus rechtfertigt, beim nächsten Penninger-Blutwurz-Kauf im Regal mal wieder zur braunen Standard-Buddel mit dem typischen Pflanzenmotiv zu greifen. Dem Kultfaktor des Drinks tut das, wenn überhaupt, nur hinsichtlich der Außenwahrnehmung maßvollen Abbruch. Obwohl im internationalen Drink-Business ja Scull-Darstellungen in der Tat unverändert für Aufmerksamkeit sorgen, wie wir vom Vodka und Tequila wissen.

Der dritte und letzte deutsche Kultdrink befasst sich als historischer Monolith der deutschen Kräuterlikör-Kultur mit so zeitgeistigen Überlegungen erst gar nicht. Das macht ihn ganz sicher weder cool noch hip, aber es stößt ihn auch die nächsten 500 bis 1000 Jahre nicht von seinem Sockel des »Ewigkeitslikörs« aus deutschen Landen. Wer als Kräuterlikör auf eine Lebensdauer von über 400 Jahren verweisen kann, der spielt als Kultdrink in seiner eigenen Liga. Der »Methusalem« unter den deutschen Likören scheint also in der Tat so etwas wie ewiges Spirituosenleben in seinen alkoholischen Genen zu haben. Genau das, was sich der Gründer seiner Herkunftsdestille anno 1598 von diesem Drink als Wunderwirkung versprach. Kräutergold im Glas, das …

ORIGINAL DANZIGER GOLDWASSER

So musste es ja kommen, bei einem Spirits-Buch von DMAX. Ohne Goldfunde geht da selbst für Kerle-Drinks nichts zu Ende. Ich liebe es, wenn so ein Plan funktioniert – insbesondere, wenn ich zum Finale kein verkratztes Silbertablett mit ein paar schlichten Kornpinnchen über den Lesetresen schieben muss, sondern noch einmal mit einem geschichtsschweren Highlight aufwarten kann, das richtig kultig ist. Im Ursprung als Medizin destilliert und schon damals mit dem Pentagramm zur Abwehr des Bösen wie auch als Positivzeichen für Gesundheit und Wohlbefinden versehen, verfügt das **Danziger Goldwasser** bis heute über eine hoch zufriedene Genießergemeinde. Die großzügig Abstand von der Vorstellung genommen hat, Original Danziger Goldwasser könne die Pest heilen oder zumindest Furunkel verschwinden lassen. Früher erwartete man nun einmal deutlich mehr von Spirituosen als heute.

Was keinesfalls bedeutet, dass das Original Danziger Goldwasser – Nachahmer gibt es wie bei vielen anderen Markenerzeugnissen leider auch hier – als würziger Kräuterlikör nicht zumindest für die kleineren Wunder taugen würde. Da ist zum einen der »Aha-Effekt«, wenn man feststellt, dass tatsächlich reines Blattgold – wenn auch in minimaler Dosierung – in diesem klaren Likör-Klassiker schwebt und daher mitgetrunken wird. Es ist aber vor allem den Kräutern und Gewürzen des Destillatauszugs zu verdanken, dass dieser Historienlikör einen ganzen Strauß sehr harmonisch abgestimmter Aromen in die »Kerle-Körper« entsendet. Fast würde ich von einer Likörversion eines guten Gins sprechen, wenn nicht andere Aromaten, wie beispielsweise Anis, Koriander, Muskat und Zimt neben und zum Teil vor den ebenfalls vorhandenen Wacholderbeeren in Erscheinung träten. Eine feine komplexe Aromenvielfalt, die es mir sehr leicht macht, das Original Danziger Goldwasser als einen der drei deutschen Kultliköre für Kerle zu küren. Wobei Ihr nicht in Danzig nach seiner aktuellen Erzeugeradresse suchen solltet, sondern im Süden Niedersachsens, wo er seine Heimat bei einem der letzten großen deutschen Spirituosenhersteller in Familienbesitz gefunden hat. Reichlich gute Gründe, gelegentlich ein Glas dieses Likörs genussvoll zu leeren und sich ein paar unbestimmte Gedanken zu den nächsten erstklassigen deutschen Kerle-Drinks zu machen.

In diesem Buch allerdings nicht mehr, denn unsere Reise durch die erlebnis- und ergebnisreiche Welt der puren Drinks hat nun ihr Ende gefunden. Danke, dass Ihr dabei meine Lesegäste wart! Ich mache jetzt große Pause, nehme mir ein gutes Glas Xxxxxx und gönne mir dazu das 2008er Album »Beste Lage« von Klaus Lage. Meine Tasting- und Cocktail Experten-Freunde Marian Krause und Andreas Künster übernehmen somit das spannende Schlusskapitel.

Das »Do-it-yourself«-Kapitel liefert nun den informativen Abschluss des Buches. Mit dem passenden Knowhow zu den Themen Tasting, Hausbar und erstklassiger Cocktailgenuss erweitert sich der Anwendungsnutzen unserer »Puren Drinks« noch einmal deutlich. Und bekommt den passenden Feinschliff für den ganz großen Spaß im Glas.
Wer die Drinks pur und – bis auf Wasserbeigaben – unverdünnt bevorzugt, der erfährt nun, wie genau das zum erstklassigen Gemeinschaftserlebnis durch ein Tasting wird.
Und die Gruppe von »Genuss-Kerlen«, die schon immer Freude an gelungenen Misch- und Mix-Experimenten hatte, wird über die Informationen zum passenden »Werkzeugkasten« in Form des wichtigsten Hausbar-Equipments ebenso begeistert sein wie von der kleinen, aber feinen Auswahl besonderer Cocktailkreationen – Zubereitungstipps inklusive.
Ab jetzt gilt also: Nachmachen und Mitmachen nicht nur erlaubt, sondern absolut gewünscht ...

KAPITEL 7

RUND UM TASTING, DIE EIGENE HAUSBAR UND DEN PERFEKTEN COCKTAILGENUSS

KAPITEL 7

232 Was in keiner Hausbar fehlen darf

DIE WELT DER COCKTAILS UND 10 KLASSIKER

238 Espresso Martini
239 Don Lockwood
240 Gin Basil Smash
241 New York Sour
242 Mint Julep
243 Bobby Burns
244 Club Land
245 El Presidente
246 Penicillin
247 Mojito

ShakeKings:
Marian Krause (links) und sein Freund und Kollege Andreas Künster (rechts).

RUND UM TASTING, DIE EIGENE HAUSBAR UND DEN PERFEKTEN COCKTAILGENUSS

Nun haben die Tasting- und Bar-Experten Marian Krause und Andreas Künster von **ShakeKings** (www.shakekings.com) das Wort.

Marian Krause, der als Bartender sowohl Cocktail-Seminare durchführt, als auch viele spannende Rum- und Whisky-Tastings veranstaltet, erklärt zuerst, was er für ein heimisches Tasting mit »best Buddies« empfiehlt.

Gute Vorbereitung, gute Laune, die richtigen Freunde und bloß keine ganze Batterie an Flaschen, so klappt das Tasting zuhause perfekt und liefert einen rundherum gelungenen Abend, an den sich alle »unverkatert« noch lange gut erinnern werden. Hier die »Zutatenliste«.

1. ANZAHL DER TEILNEHMER:

Ein freundschaftlicher Rahmen von bis zu zehn Personen ist für ein Tasting perfekt, denn es sollen sich ja auch Gespräche und Diskussionen um die Drinks entwickeln können.

2. ANZAHL DER SPIRITUOSEN:

Sechs Spirituosen sind optimal, acht noch machbar, danach wird es vor allem für Laien schon sehr komplex und anstrengend. Staffeln würde ich von leichtem nach starkem Geschmack oder nach der Stärke des Alkohols. Möchtet Ihr verschiedene Spirituosen testen, empfehle ich, mit den leichten hellen Spirituosen anzufangen (Vodka, Gin, leichter Rum).

3. WAS IHR FÜR EIN TASTING BENÖTIGT:

Selbstverständlich braucht Ihr sogenannte Nosing-Gläser, die sich durch ihre Form perfekt zum Erkunden von Spirituosen eignen. Stilles Wasser sowie etwas Weißbrot zum Neutralisieren sollte ebenfalls vorhanden sein. Wenn Ihr möchtet, könnt Ihr auch Kaffeebohnen auf den Tisch stellen, um Eure Nasen nach all den Eindrücken zu neutralisieren. Ein Apfel hilft ebenfalls, um den Geschmack auszugleichen. Praktisch ist eine Pipette, aber sie ist nicht zwingend von Nöten. Wasser kann man auch so vorsichtig nachgießen, um die Trinkstärke der Spirituose herunterzusetzen, wenn man das möchte.

4. SPUCKEN ODER SCHLUCKEN:

Letztendlich bleibt es jedem selbst überlassen, ob er das Probierte schluckt oder nicht. Ausspucken ist beim Tasting erlaubt. Allerdings solltet Ihr dabei bedenken, dass Ihr dadurch auf einen wesentlichen Teil des Tastings verzichtet. Spuckt Ihr die Probe aus, entgeht Euch der Nachklang oder Abgang, auch Finish genannt. Der Drink wird also definitiv nicht so stark wahrgenommen. Und gerade bei gelagerten Spirituosen ist der Nachklang ein essentieller Bestandteil und macht ihre Komplexität aus.

5 SCHRITTE ZUR RICHTIGEN VERKOSTUNG:

1. FARBE
2. SCHLIEREN
3. NASE
4. GESCHMACK
5. ABGANG

Wer zu Optik, Aroma (Nase), Geschmack (Zunge/Mund) und Finish ins Detail gehen möchte, dem empfehle ich den folgenden Link auf dem alkoblog: www.alkoblog.de/whisky-tasting-wheel/. Die Infos, die Ihr dort findet, sind richtig spannend, selbst für Profis.

5. NACH DEM TASTING:

1. Spuren verwischen. Also alles schön selbst abräumen und die Nosing-Gläser höchst persönlich in die Spülmaschine packen – insbesondere, wenn Kinder zum Haushalt gehören oder man vom eigenen Partner die Freigabe für eine spätere Wiederholungsveranstaltung erwartet! 2. Keine Teilnehmer nach dem Ende der Veranstaltung im eigenen Wagen abreisen lassen. Stattdessen entweder »Taxi Mutti« oder »Taxi Gewerblich« für die eingeladenen Freunde organisieren. Und notfalls auch selbst bezahlen. Alles andere geht für Gastgeber einer Tasting-Runde gar nicht. Das war's, gutes Gelingen!

Und weiter im Takt, jetzt kommt die Hausbar dran!

WAS IN KEINER HAUSBAR FEHLEN DARF

Ihr möchtet in Eurer Hausbar klassische Drinks nach Rezept selbst mixen. Dafür benötigt Ihr die nachfolgende Grundausstattung. Wie im richtigen Leben ist alles natürlich immer abhängig von den eigenen ästhetischen sowie qualitativen Ansprüchen. Preislich sind hier nach oben keine Grenzen gesetzt: »Just Heaven is the limit.« Ganz egal, ob es um die Qualität der Spirituosen oder das professionelle Barwerkzeug geht.

Wenn man pro Basisspirituose im Schnitt zirka 30 Euro ausgibt (Vodka günstiger, Scotch meist teurer), liegt man schon in einem qualitativ sehr guten Feld. Barwerkzeug in unterschiedlichen Preisklassen findet Ihr im erstklassigen Haushaltswarenhandel oder im Netz bei Themenshops wie **barstuff.de**. Die Basisspirituosen gibt es, wie bereits beschrieben, im gut sortierten Getränke- und Lebensmittelhandel oder ebenfalls im

Netz. Wer seine alkoholfreien »Mixkomponenten« mit besonderen Zutaten und Fillers auf Profiniveau anreichern möchte, der findet diese beispielsweise auf **cocktailian.de**.

Nachfolgend – ohne Anspruch auf Vollständigkeit – eine kompakte Empfehlungsliste für die heimische »DIY-Cocktailbar«, allerdings ohne Möblierung und die unverzichtbare Grundausstattung mit den richtigen Genuss-Kerlen als Gästen.

BASISSPIRITUOSEN:

Gin, Vodka, Rum leicht, Rum gelagert, Bourbon, Scotch, Tequila oder Mezcal – optional nach eigenem Geschmack

AUSSERDEM:

süßer Wermut, trockener Wermut, Campari, Cointreau, Zuckersirup (2:1)

TOOLS:

2 Shaker, Strainer, Finestrainer, Rührglas, Rührlöffel, Jigger (Barmaß), Schneidebrett, Messer, Zestenreißer oder Sparschäler, Muddler bzw. Stößel, Eisschaufel, Eiskühler und eventuell eine Barmatte

VERBRAUCHSMATERIALIEN:

frische Früchte (Zitrone, Limette, Orange), Zucker für Sirup, Trinkhalme, Servietten, Filler, wie richtig gute Bitterlimonaden, zum Beispiel Tonic Water, Soda Water, Bitter Lemon, Ginger Ale/Ginger Beer etc.

GLASWARE:

Tumbler, Longdrink-Glas, Cocktailschale und Martinispitz

Fertig ist der Lack! Fehlen nur die passenden Rezepte und die gut gelaunten Gäste. Gäste habt Ihr hoffentlich selbst genug am Start, ein paar richtig gute Rezepte gibt es nach einer Einführung in die Welt der Cocktails von uns.

DIE WELT DER COCKTAILS UND 10 COCKTAIL-KLASSIKER

Ein guter **Cocktail sollte stets erfrischend und eiskalt** sein. Er verlangt aber nicht zwangsläufig nach dem überall bekannten **Shaker**. Viele der klassischen Drinks werden in einem sogenannten **Mixing-Glas** gerührt. Haben die Spirituosen in etwa dieselbe (warme) Temperatur, vermischen sie sich optimal. In einem Shaker werden die Drinks daher schneller herabgeführt und mit mehr Schmelzwasser versehen. Einige Aromen wollen aber gar nicht so stark gekühlt oder verwässert sein, da sie ansonsten nicht ihre gesamte Bandbreite entfalten können. Das gilt es in unserem Beruf abzuwägen.

Als Faustregel gilt: Drinks, die rein aufs Spirituosen und/oder Zucker und Bitters bestehen, werden **gerührt**, zum Beispiel Martini, Manhattan oder Old Fashioned. Drinks, die Spirituosen mit frischen Säften und Zucker oder auch Sahne beinhalten, müssen immer **geshaked** werden, damit die einzelnen Komponenten die gewünschte Verbindung eingehen und schnell genug heruntergekühlt werden können.

Das **Shaken** ist somit das schnellste Kühlverfahren. Wie eingangs schon angesprochen, hat es leider auch diverse Nachteile: Bei bestimmten Zutaten – wie Wermut oder Weinspirituosen – kann es in Verbindung mit Eis zur Eintrübung kommen. Daher benutzt man für sie ein Mixing-Glas und verrührt die Zutaten inklusive Eis in kreisenden Bewegungen in das Glas. Nach etwa 15 bis 20 Sekunden, wenn das Mixing-Glas kalt und deutlich beschlagen ist, solltet Ihr die gewünschte Kälte und Verwässerung erreicht haben. Danach wird der Drink mit dem sogenannten **Strainer** in Euer vorgekühltes Cocktailglas abgeseiht.

Mit etwas Übung kühlt man seinen Drink in etwas unter 15 Sekunden auf die gewünschte Temperatur herunter. Wichtig ist, dass Ihr Euch Eure Arbeitsschritte vorher genau überlegt und alles vorbereitet und griffbereit habt. Denn es gilt, schnell zu sein. **Merke: Lieber kräftiger als zu lange shaken.** Ab einem gewissen Punkt wird der Drink nicht mehr kälter, er verwässert nur. Die Eiswürfel kühlen am besten bei einer Temperatur von 1° bis 0°C, sollten also gar nicht unbedingt direkt aus dem Eisfach kommen. Ihr merkt, dass Euer Drink die richtige Temperatur hat, wenn der Shaker fast zu kalt ist, um ihn anzufassen.

Der Shaker wird so verschlossen, dass beide Teile an einer Seite eine gerade Linie bilden. Wir nehmen den Shaker fest an beiden Enden in unsere Hände und sichern ihn damit vor dem Aufspringen. Nun wird der Shaker waagerecht und mit dem Aufsatz in Richtung Brust kräftig und natürlich so schnell wie möglich geschüttelt. Die Arme werden dabei etwas geöffnet, die Schultern bleiben locker, um mehr Energie aufwenden zu können. Ihr müsst Euch vorstellen, dass ein Profi so um die 200 Drinks am Abend zubereitet – also muss das alles ohne größere Anstrengung erledigt werden können. Das kleinere Shaker-Teil ist dabei oben und zeigt in Richtung Eures Körpers. Sollte also versehentlich etwas schief gehen, landet der Drink zumindest nicht auf Eurem Gast. Nach wenigen Sekunden ist das Schütteln beendet, Ihr öffnet den Shaker und seiht den Cocktail ins Glas ab. Bei Cocktails mit feineren Gewürzen wie Basilikum oder Thymian nutzt Ihr das **Double-Strain-Verfahren**, also das Doppelte absieben, damit keine kleinen Stückchen ins Glas gelangen.

Es geht bei den Techniken um folgende Unterschiede. 1. Wie kalt muss mein Drink sein? 2. Wie viel Schmelzwasser soll er bekommen bzw. benötigt er? 3. Welche Zutaten möchtet Ihr kombinieren?

Wir empfehlen einen sogenannten **Tin Tin Shaker**. Anders als der **Boston Shaker** (Metall plus Glasteil) besteht er baugleich aus zwei Metallteilen. Das Glas kann nicht brechen und die beiden Metallteile verschließen sich durch die Kälte und das daraus entstandene Vakuum besser.

Diverse **Longdrinks** oder auch **Highballs** werden im Glas gebaut, sprich direkt im Gästeglas zubereitet. Als bekannteste Vertreter sind hier der **Mojito** oder Longdrinks wie **Gin & Tonic** zu nennen.

Ein Highball ist eine Kategorie bei den Cocktails und ein enger Verwandter des Longdrinks. Highballs bestehen aus einer Basisspirituose, wahlweise weiteren Zutaten sowie einem kohlensäurehaltigen »Filler«, zum Beispiel Sodawasser. Ein Longdrink enthält ebenfalls meist nur eine Spirituose und wird dann mit einem alkoholfreien Getränk aufgefüllt.

Dies zur Einführung. Nun kommt die Belohnung! Wir haben Euch ein paar Cocktailklassiker als Ideen mitgebracht, eine kurze Info zu deren Herkunft gibt es als Bonus dazu!

ESPRESSO MARTINI

Der Drink wurde von **Dick Bradsell** Ende der 1980er Jahre erfunden, dem Londoner Bartender der **Fred's Bar**. Angeblich soll ein damals noch recht junges Model (unbestätigten Gerüchten nach soll es sich um Kate Moss gehandelt haben) in seine Bar gekommen sein und einen Drink mit den Worten bestellt haben: »Wake me up, and then fuck me up.« Der Drink sollte sie zuerst aufwecken und dann umhauen.

40 ml	Vodka
20 ml	Kahlúa
30 ml	Espresso
10 ml	Zuckersirup (2:1)
Technik	Shaken
Glas	Martinischale
Eis	—
Deko	Kaffeebohnen

DON LOCKWOOD

Der Cocktail wurde nach **Gene Kellys** Figur aus dem US-amerikanischen Film-Musical »Singing in the Rain« aus dem Jahr 1952 benannt. Erfunden wurde er 2010 in einer New Yorker Bar namens **Dutch Kills** vom Bartender **Abraham Hawkins**. Er ist ein Twist des Old Fashionend.

Unter einem **Twist** versteht man die Neuinterpretation eines Klassikers. Ein **Old Fashioned** ist einer der wichtigsten klassischen Cocktails. Im 19. Jahrhundert wurde er als **Whiskey Cocktail** bezeichnet, er entspricht noch heute der Urform eines »Cocktails«. In seiner ursprünglichen Definition besteht er aus einer Spirituose, Zucker, Wasser bzw. Eis sowie Cocktailbitter.

30 ml	Bourbon Whisky
30 ml	Scotch Whisky
10 ml	Ahornsirup
2 dash	Angostura Bitters
Technik	Rühren
Glas	Tumbler
Eis	Eiswürfel
Deko	Orangenschale

Anmerkung: Unter einem »Dash« versteht man einen kleinen Spritzer einer Zutat.

GIN BASIL SMASH

Der Gin Basil Smash ist wahrscheinlich, gerade für die deutsche Barkultur, DER Neo-Klassiker schlechthin. 2008 erfand ihn **Jörg Meyer** in seiner Hamburger Bar **Le Lion – Bar de Paris**.

Eine etwas aromatischere Abwandlung lässt sich erstellen, wenn man den Gin halb und halb mit Kümmel aufteilt.

60 ml	London Dry Gin
30 ml	fr. Zitronensaft
20 ml	Zuckersirup
8–10	Basilikumblätter
Technik	Shaken
Glas	Tumbler
Eis	Eiswürfel
Deko	Basilikum

NEW YORK SOUR

Der **New York Sour** wurde 1880 in Chicago gemixt. Er ist ein Twist seines großen Bruders, des **Whiskey Sour**. Heutzutage haben Bartender sich darauf geeinigt, den »New York« mit Eiweiß zu servieren. In der Originalrezeptur war dies allerdings nicht vorgesehen. Während der Prohibition erfreute sich der Drink großer Beliebtheit. Eine weitere Variante ist das **Floaten mit Portwein**. Dann heißt dieser erfrischende Cocktail **Continental Sour**.

Anmerkung: Von Floaten spricht man, wenn man auf einen bereits bestehenden Cocktail, eine weitere Zutat vorsichtig aufgießt.

50 ml	Whisky (Bourbon)
30 ml	fr. Zitronensaft
20 ml	Zuckersirup
10 ml	Rotwein (float)
	(Eiweiß)
Technik	Rühren
Glas	Tumbler
Eis	Eiswürfel

MINT JULEP

Der **Mint Julep** wurde 1803 als die erste Spirituose beschrieben, die Minze enthielt. Wahrscheinlich wurde der Mint Julep aber schon viel früher getrunken. Bereits Jahrhunderte zuvor gab es einen arabischen Drink namens **Julab**, eine Spirituose mit Rosenblättern. Dieser Drink wiederum wurde mit in die Mittelmeerregion genommen, wo die Rose durch Minze ersetzt wurde. 1938 wurde der **Mint Julep** das erste Mal beim **Kentucky Derby** serviert, dem berühmtesten Pferderennen der USA. Bis heute hat sich diese Tradition gehalten und an zwei Renntagen werden bis zu 100.000 Mint Juleps gemixt.

50 ml	Whisky (Bourbon)
10 ml	Zuckersirup (2:1)
8–10	Minzblätter
Technik	Bauen
Glas	Julep (silber)
Eis	Crushed Ice
Deko	Minze

BOBBY BURNS

Der Bobby Burns wurde nach dem schottischen Poeten **Robert Burns** benannt. Der genaue Ursprung dieses Drinks ist nicht bekannt. Er wurde das erste Mal im **Original Savoy Cocktail-Buch** (1930) von **Harry Craddock** erwähnt.

40 ml	Scotch Whisky
20 ml	roter Wermut
1 BL	Benedictine
2 dash	Angostura Bitters
Technik	Rühren
Glas	Cocktailschale
Deko	Orangenschale oder Cocktailkirsche

CLUB LAND

Den Club-Land-Cocktail findet man im **Café Royal Cocktail-Buch** von **William J. Tarling** (1937). Er ist eine nasse Martini-Variante und einer der bekanntesten klassischen **Vodka-Cocktails**. In dem genannten Buch werden um die 25 Vodka-Cocktails beschrieben, für die Zeit, in der das Buch erschienen ist, eher ungewöhnlich.

40 ml	Vodka
20 ml	weißer Portwein
2 dash	Angostura Bitters
Technik	Rühren
Glas	Martinischale
Eis	—
Deko	Zitronenschale

EL PRESIDENTE

Die Kreation des Drinks geht auf einen amerikanischen Bartender namens **Eddie Woelke** zurück. Er arbeitete während der Prohibition in **Havannas Jockey Club** und benannte den Drink nach **Gerardo Machado**, dem »El Presidente«, der das Land von 1925 bis 1933 regierte. In jener Zeit wurde selbstverständlich auch der Drink entwickelt.

45 ml	gelagerter Rum
20 ml	Lillet blanc
10 ml	Cointreau
5 ml	Grenadine Sirup
Technik	Rühren
Glas	Martinischale
Eis	—
Deko	Orangenschale

PENICILLIN

Der Penicillin-Cocktail ist ebenfalls ein moderner Klassiker, welcher im New Yorker **Milk & Honey** von **Sam Ross** erfunden wurde (zwischen 2000 und 2005). Er ist ähnlich wie ein Whisky Sour aufgebaut, versprüht aber eine würzige Balance, die vor allem von Honig und frischem Ingwer geprägt ist.

40 ml	Scotch Whisky
25 ml	fr. Zitronensaft
20 ml	Honigsirup (1:1)
3 Stk.	Ingwer
	(Eiweiß)
Technik	Shaken
Glas	Cocktailschale

MOJITO

40 ml	Rum
20 ml	fr. Limettensaft
2 BL	Rohrzucker (weiß)
8–10	Minzblätter
fill up	Soda Water
Technik	Bauen
Glas	Highball
Eis	Eiswürfel
Deko	Minze

Die Geschichte des Mojitos geht bis ins Seefahrerzeitalter um 1550 bis 1600 zurück. Die Zeit, in der Queen Elizabeth I. ihre Seefahrer und Freibeuter um die Weltmeere schickte. 1655 wurde sogar eine tägliche Ration Rum für jeden Matrosen der Royal Navy per Gesetz verabschiedet. Dass damals zur Prävention von Krankheiten ebenfalls Kräuter und Zitrusfrüchte hinzugegeben wurden, ist nicht erstaunlich. Unter den Seefahrern befand sich ebenfalls Sir Francis Drake, ein Freibeuter, der erste englische Weltumsegler. Als er auf einer seiner Fahrten erkrankte, wurde er angeblich mit einem Getränk aus Minze, Zucker und Aguardiente de Caña (ein einfacher Zuckerrohrschnaps) geheilt. Von seinen spanischen Widersachern wurde Drake »El Draque« (span. der Drache) genannt. So nannte man auch das Getränk, das später mit Rum gemischt wurde. Der Vorreiter des Mojitos war geboren. Als Mojito wurde diese Mischung – beziehungsweise Abwandlungen des Drinks – erst ab Anfang des 20. Jahrhunderts bezeichnet. Vorher war nie wirklich von Minze die Rede.

Wir wünschen Euch künftig viel Freude bei Euren Tasting-Runden und Cocktail-Exkursionen!

Cheers!

Marian & Andreas

NÜTZLICHE INFO-KONTAKTE

www.kenn-dein-limit.de
www.shakekings.com
www.carl.info
www.wilhelm-eder.de
www.anwaltskanzlei-obst.de
www.schott.com

www.spreewood-distillers.com
www.sassekorn.de
www.number-nine.eu
www.friedrichs-gin.de
www.obsthof-am-berg.de
www.brennerei-liebl.de
www.granit-gin.de

www.deutsche-whiskybrenner.de
www.world-spirits.com
www.alkoblog.de
www.spirituosenjournal.de
www.mixology.eu
www.spirituosen-verband.de
www.aboutdrinks.de
www.urban-drinks.de
www.dmax-shop.de

www.chivas.com
www.douglaslaing.com
www.wolfburn.com
www.glenmorangie.de
www.tomatin.com
www.dewars.com
www.glenfiddich.de
www.thedalomore.com
www.thebalvenie.com
www.edradour.co.uk
www.glendronachdistillery.co.uk
www.theglenlivet.com
www.glenfarclas.co.uk
www.glengrant.com
www.aberlour.com
www.laphroaig.com
www.bowmore.co.uk
www.bruichladdich.com
www.kilchomandistillery.com
www.springbankwhisky.com
www.auchentoshan.com

www.birkenhof-brennerei.de
www.lantenhammer.de
www.slyrs.de
www.monkey47.com
www.billgin.de
www.habbel.com
www.sauerlaender-edelbrennerei.de
www.scheibel-brennerei.de
www.brennerei-ziegler.de
www.windspiel-manufaktur.com
www.finch-whisky.de

www.highlandparkwhisky.com
www.bushmills.com
www.tullamoredew.com/en-gb
www.jamesonwhiskey.com/de
www.teelingwhiskey.com
www.kilbegganwhiskey.com
www.thequietmanirishwhiskey.com
www.jackdaniels.com
www.georgedickel.com
www.mitchers.com
www.jimbeam.com
www.makersmark.com
www.knobcreek.com
www.elijahcraig.com
www.woodfordreserve.com
www.jamesepepper.com
www.wildturkeybourbon.com
www.whisky.suntory.com
www.nikka.com

www.thomas-henry.de
www.fever-tree.de
www.schweppes.de
www.fentimans.de
www.beefeatergin.com
www.gordonsgin.com
www.haymansgin.com
www.gunroomspirits.com
www.plymouthgin.com
www.sipsmith.com
www.brokersgin.com
www.bulldoggin.com
www.bombaysapphire.com
www.thebotanist.com
www.brooklyngin.com

www.crystalheadvodka.com
www.threesixty-vodka.com
www.absolut.com
www.belvederevodka.com
www.russianstandardvodka.com
www.redarmyvodka.de

www.mountgayrum.com
www.plantationrum.com
www.havana-club.com
www.captainmorgan.com
www.appletonestate.com
www.atlanticorum.com
www.3badge.com
www.brugal-rum.com
www3.bacardi.com
www.dictador.com
www.botucal.de
www.donpaparum.com
www.padreazul.com
www.sierratequila.com
www.linie.com
www.pernod-ricard-deutschland.de
www.osborne.de
www.gonzalezbyass.com
www.poligrappa.com
www.bocchino.com
www.jaegermeister.de
www.penninger.de
www.hardenberg-wilthen.de

www.alkoblog.de/whisky-tasting-wheel/
www.barstuff.de
www.cocktailian.de

DANKSAGUNG

Mir fällt ein Glas vom Herzen: Das Buch ist im sprichwörtlichen »Kasten«, meine Arbeit damit getan. Der perfekte Zeitpunkt, um den Autorendank an Unterstützer, Tippgeber und aktive Mitmacher zu formulieren und möglichst gerecht zu verteilen.

Als erstes fällt mir dazu meine Frau ein – die sich nicht nur als »Tasting-Taxi-Pilotin« verkehrsrechtliches Sonderlob verdient hat, sondern trotz zahlreicher Wochenend-Ausfälle wegen meiner Schreiberei äußerst großzügig darauf verzichtet hat, unseren gemeinsamen Freund Franz Obst als möglichen Scheidungsanwalt zu konsultieren. Danke, Birgit!

Als unverzichtbare Tippgeber, Unterstützer und somit aktive Mitmacher danke ich in loser Reihenfolge namentlich sehr herzlich Christof Friedsam, Marian Krause, Andreas Künster, Markus Eder, Franz Obst, Dr. Klaus Hagmann, Hans-Gerhard Fink, Helmut Koch, Guido Klaumann, Martin Beck, Stefan Kretzschmar, Gerhard Frank, Pascal Topalis, Sabrina Rohs und Julia Eversmann.

Mein Dank an die zahlreichen Unterstützer in den kleinen, mittleren wie auch großen Spirituosenunternehmen – ich nenne sie ja lieber Erzeuger und Créateure – sowie Importhäusern und Agenturen fällt nicht minder herzlich aus! Egal, ob »Sie« oder »Ihr« – ohne diese Mitmacher, die großartiges Story- und Bildmaterial geliefert haben, wäre es mit den ganzen spannenden Erzählgeschichten zu den Spirituosen wenig bis nichts geworden. Danke auch dafür, dass mich keiner werblich bedrängt hat.

Mein abschließender Dank – in prozentualer Fass-Stärke – geht natürlich nach Süddeutschland an die Teams in und um den Verlag Müller Rüschlikon und DMAX. Stellvertretend für alle dortigen Mitmacher(innen) möchte ich sehr herzlich meiner Programmleiterin und Cheflektorin Claudia König und Laura Lamertz als erneuter Kreativunterstützerin von DMAX danken!

BILDNACHWEISE

ALBA IMPORT oHG: S. 93, 94 (oben), 102; **Andrew Swinbank/Shutterstock.com:** S. 221; **©Oleksandr Babich – Fotolia.com:** S. 44, 49 (oben), 54 (unten), 92 (unten rechts), 116, 154, 230, 235, 250, 251; **Barcardi GmbH, John Dewar & Sons:** S. 83, 84, 85, 97 (unten), 127, 139, 149 (unten), 184 (rechts); **Beam Suntory Deutschland GmbH:** S. 100, 101 (oben), 122, 131 (links), 148 (unten), 183 (rechts); **Hausbrennerei Billen:** S. 56, 57; **Birkenhof-Brennerei GmbH:** S. 48, 49 (unten), 50 unten; **Black Forest Distillers GmbH:** S. 55; **Borco Markenimport Matthiesen GmbH:** S. 78/79, 98 (unten), 131 (rechts), 160 (rechts), 189, 206; **Bremer Spirituosen-Contor GmbH:** S. 92, 147, 183 (links); **Brown-Forman GmbH:** S. 20, 112/113, 117, 118, 119, 123, 124; **Brymer/Shutterstock.com:** S. 26/27; **Campari Deutschland GmbH:** S. 98 (oben), 109, 149 (oben), 177, 178; **Carl GmbH Historische Brennerei:** S. 17 (klein), 21, 22; **canadastock/Shutterstock.com:** S. 74/75; **Rolf Deilbach:** S. 12/13, 32, 33, 34, 35, 91, 120, 123, 151; **Diversa Spezialitäten GmbH:** S. 101 (unten), 103, 115, 126, 150 (oben), 166/167, 169, 171; **Dean Drobot/Shutterstock.com:** S. 225; **Wilhelm Eder GmbH:** S. 23, 24, 25; **EGGERS & FRANKE GmbH:** S. 107, 108, 212, 214, 215 (oben), 216/217; **FERRAND DEUTSCHLAND GMBH:** S. 172; **Finch-Whisky-Destillerie:** 38/39, 43 oben, 45, 66/67, 68; **Patrick Foto/Shutterstock.com:** S. 129; **Funny Solution/Shutterstock.com:** S. 54; **Habbel Destillerie:** S. 58, 69, 60; **Hardenberg-Wilthen AG:** S. 224; **Henrich GbR:** S. 72; **Thomas Henry GmbH & Co. KG:** S. 142, 143, 144, 184 (links); **David Himbert/Shutterstock.com:** S. 192/193; **Karissaa/Shutterstock.com:** S. 43 (unten); **Marian Krause/Andreas Künster:** S. 230 (oben); **Lagerkorn GmbH:** S. 40/41, 46/47, 70; **Lantenhammer GmbH:** S. 51; **Martin Lehmann/Shutterstock.com:** S. 231; **Lemonstorm GmbH:** S. 14, 207; **Mack & Schühle AG:** S. 121; **Mast-Jägermeister SE:** S. 222; **Matthiesen GmbH & Co. KG:** S. 152/153, 155, 162/163; **MBG INTERNATIONAL PREMIUM BRANDS GMBH:** S. 186; **Moët Hennessy Deutschland GmbH:** S. 94 (unten), 95, 160 (links); **MStudio/Shutterstock.com:** S. 6/7; **AleksandrsMuiznieks/Shutterstock.com:** S. 236/237; **OleksandraNaumenko/Shutterstock.com:** S. 156; **Nella/Shutterstock.com:** S. 86; **Number Nine Spirituosenmanufaktur GmbH:** S. 71; **RA Franz Obst:** S. 29; **PackShot/Shutterstock.com:** S. 180/181; **Alte Hausbrennerei Penninger GmbH:** S. 223; **Pernod Ricard Deutschland:** S. 89, 99, 110, 111, 136/137, 138, 145, 148 (oben), 159, 173, 174/175, 176, 213, 233 (oben); **Poli Distillerie SRL:** S. 219; **Romanno/Shutterstock.com:** S. 132/133; **Sauerländer Edelbrand GmbH:** S. 62; **Schneider & Levi GmbH:** S. 157; **Schott Zwiesel AG:** S. 81, 97 (oben), 232, 233 (unten), 234, 235, 238–247; **Schwarze & Schlichte GmbH:** S. 158; **Sélection Prestige GmbH:** S. 150 (unten), 161; **Stifos/Shutterstock.com:** S. 104/105; **Stockcreations/Shutterstock.com:** S. 248/249; **RuslanSemichev/Shutterstock.com:** S. 90; **Spreewood Distillers GmbH:** S. 69; **Emil Scheibel Schwarzwald-Brennerei GmbH:** S. 61; **Sierra Madre GmbH:** S. 16/17, 19, 96, 125, 140, 146, 179, 182, 187, 188, 190, 191; **Slyrs Destillerie GmbH & Co. KG:** S. 52/53; **thanosquest/Shutterstock.com:** S. 228/229; **Tradition Mexico GmbH:** S. 196/197, 200, 201, 202, 203, 204, 205; **Truhelen/Shutterstock.com:** S.15; **Wavebreakmedia/Shutterstock.com:** S. 198/199; **Weinland Ariane Abayan GmbH & Co. KG:** S. 10/11, 218, 220; **Wein Wolf GmbH & Co. Verwaltungs KG:** S. 215 (unten); **Windspiel Manufaktur GmbH:** S. 64, 65; **wineshopper gmbh:** S. 208/209, 210; **Gebr. J. & M. Ziegler GmbH:** S. 63

Vektorgrafiken: Tracie Andrew/Shutterstock.com: Cocktail-Glas; **EngravingFactory/Shutterstock.com:** Ähren; **MoreVevtor/Shutterstock.com:** Beeren; **Sabelskaya/Shutterstock.com:** Agave; **VectorPot/Shutterstock.com:** Fass; **Vector Tradition SM/Shutterstock.com:** Schiff

Zwiesel Kristallglas

SPEZIALISTEN FÜR DRINKGENUSS.

Unsere Bar Kollektionen lassen keine Wünsche offen. Perfekt zugeschnitten auf Cocktails, Aperitifs und Digestifs sind diese funktionalen und formschönen Gläser echte Allroundtalente. Aktuelle Bartrends aber auch die Ansprüche im privaten Umfeld werden perfekt umgesetzt. Sie bieten Gläser für Aperitifs, Digestifs, Cocktails, Whisky, Longdrink und vieles mehr.

shop.zwiesel-kristallglas.com
www.zwiesel-kristallglas.com

DMAX BÜCHER FÜR ECHTE KERLE

272 Seiten, 393 Bilder,
Format 120 x 170 mm
ISBN 978-3-613-50849-1
€ 19,95 / € (A) 20,60

256 Seiten, 446 Bilder,
Format 170 x 240 mm
ISBN 978-3-613-50832-3
€ 19,95 / € (A) 20,60

256 Seiten, 498 Bilder,
Format 170 x 240 mm
ISBN 978-3-275-02062-1
€ 19,95 / € (A) 20,60

256 Seiten, 573 Bilder,
Format 170 x 240 mm
ISBN 978-3-613-50791-3
€ 19,95 / € (A) 20,60

Stand September 2017
Änderungen in Preis
und Lieferfähigkeit vorbehalten.

Überall, wo es Bücher gibt, oder unter
WWW.MOTORBUCH-VERSAND.DE
Service-Hotline: 0711/78 99 21 51

Müller Rüschlikon